¡OÍME BIEN, SATANÁS!

CARLOS ANNACONDIA

CASA
CREACIÓN
Para vivir la Palabra

Para vivir la Palabra

MANTÉNGANSE ALERTA;
PERMANEZCAN FIRMES EN LA FE;
SEAN VALIENTES Y FUERTES.
—1 CORINTIOS 16:13 (NVI)

¡Oíme bien, Satanás! por Carlos Annacondia
Publicado por Casa Creación
Miami, Florida
www.casacreacion.com
©2021 Derechos reservados

Copyright © 2021 por Carlos Annacondia
Todos los derechos reservados.

El «Manual de liberación spiritual» que se incluye en esta edición especial está autorizado por el Ministerio Mensaje de Salvación. Todos los derechos son reservados y pertenecen a Carlos Annacondia.
Copyright © 2021 por Carlos Annacondia

ISBN: 978-1-955682-11-4
E-book ISBN: 978-1-955682-12-1

Desarrollo editorial: *Grupo Nivel Uno, Inc.*
Diseño interior: *Grupo Nivel Uno, Inc.*

Nota de la editorial: Aunque el autor hizo todo lo posible por proveer teléfonos y páginas de internet correctos al momento de la publicación de este libro, ni la editorial ni el autor se responsabilizan por errores o cambios que puedan surgir luego de haberse publicado.

Impreso en Colombia

21 22 23 24 25 LBS 9 8 7 6 5 4 3 2 1

DEDICATORIA

Dedico este libro a mi Señor y Padre, a Jesucristo y al Espíritu Santo, único autor de estas páginas.

A mi amada esposa María, mi ayuda idónea y madre de mis nueve hijos, junto a quienes llevamos el peso del ministerio. A mi madre por sus fieles oraciones. A los pastores Manuel A. Ruiz de Panamá, que me alcanzara el mensaje del evangelio; Jorge Gomelsky y Pedro Ibarra, a quienes en distintas etapas de nuestro andar cristiano Dios los usó para forjar nuestras vidas en Cristo.

Y lo dedico muy especialmente a todos los que sienten pasión por las almas perdidas y que anhelan ardientemente que Dios los use. Ruego al Señor que este libro sea un instrumento de inspiración para todos ellos.

AGRADECIMIENTOS

A Gisela Sawin, redactora de estas páginas.

A Editorial Casa Creación, por la confianza dispensada a mi persona.

A los colaboradores del ministerio «Mensaje de Salvación».

A los pastores que día a día apoyan nuestras campañas. A los intercesores.

A los que con sus ofrendas apoyan el ministerio para continuar ganando almas para Cristo.

A los que con sus testimonios llenaron las páginas de este libro.

CONTENIDO

Prefacio a la nueva edición 7

Prólogo del Rvdo. Claudio Freidzon 9

Introducción 13

1. El llamado de Dios 17
2. Unción en el ministerio 31
3. Autoridad por medio de la fe. 45
4. Demonología I. 55
5. Demonología II 67
6. Los endemoniados. 77
7. La liberación espiritual 87
8. El peligro del ocultismo. 103
9. El poder del perdón. 113
10. El bautismo en el Espíritu Santo 129
11. Cobertura espiritual 139
12. Guerra espiritual I. 147
13. Guerra espiritual II 159
14. El toque sanador 167
15. El mundo para Cristo 185

Conclusión: «¡*Oíme bien, Satanás!*» 195

Manual de liberación 197

Acerca del autor 237

PREFACIO A LA NUEVA EDICIÓN

El libro que tiene en sus manos, *¡Oíme bien, Satanás!*, ha sido inspirado por el mismo Espíritu Santo, el cual me dio hasta el título de la obra para que escribiera anécdotas y experiencias inspiradoras con el objeto de motivar a todo creyente —que siente la carga de predicar a Jesucristo como Salvador— a capacitarse para ministrar a tantas almas que se pierden tan cerca de uno.

Aunque nunca busqué ni esperé que esta obra tuviera tanto éxito —ya que no tengo ningún tipo de pretensiones— siento que, para mí, es una bendición y un privilegio que Dios me dio el hecho de ver que ha sido publicada en inglés, italiano, árabe y muchos otros idiomas.

Debo contarles, sin jactancia alguna, que —un día en particular— recibí una llamada que me sorprendió enormemente. Se trataba de un creyente que vivía en Macedonia y que estaba leyendo el libro. El hombre, muy alegre, me dijo: «Hermano Annacondia, me siento como el varón macedonio que se le apareció en visión a Pablo. Estoy leyendo su libro escrito en mi idioma, en griego».

En esta obra se respira la inspiración del Espíritu Santo, ya que solo Él fue quien me dirigió a escribir cada palabra plasmada aquí. Nada de lo relatado en estas páginas es fruto de mi intelecto. Soy un simple ser humano que le cree a Dios y que ha sido usado como instrumento suyo al servicio de su Reino. A Él le plació revelarme su Palabra y ungirme para servirle.

Dios bendiga a todo aquel que lea este libro con el deseo de ser instrumento para rescatar a los pecadores. Solo me queda decirle que ponga por obra lo que Dios nos ordenó: «Id por todo el mundo y predicad el evangelio a toda criatura … Y estas señales seguirán a los que creen: En mi nombre echarán fuera demonios; hablarán nuevas lenguas ... sobre los enfermos pondrán sus manos, y sanarán». Esto es un mandato, no es un simple dicho. Es la Gran Comisión que Jesús le dio a toda su iglesia.

Que Dios bendiga su vida.

CARLOS ANNACONDIA

PRÓLOGO

Es un gran privilegio para mí poder presentar este libro del evangelista Carlos Annacondia. Como compatriota, me siento honrado de que Carlos —con su testimonio impecable y transparente— sea un embajador argentino que nos representa excelentemente en todas partes del mundo.

Desde 1983 hasta el presente, su ministerio no ha cesado de crecer y ser eficaz para el Reino de Dios ganando almas para Cristo y movilizando a la Iglesia en pos de la Gran Comisión.

En la década del ochenta, Dios levantó al hermano Carlos como el portavoz del mensaje de salvación para un pueblo abatido y derrotado en su orgullo. Fue el instrumento que Dios escogió para un avivamiento que estremeció a toda Argentina. Su fidelidad, su entrega, su fe en los milagros y las señales produjeron un despertar en la iglesia en cuanto a la evangelización. La iglesia salió de los templos para anunciar el evangelio con un renovado fervor, marcando un nuevo tiempo para nuestro país. Hoy, su ministerio abarca todas las naciones del mundo.

Conocí a Carlos Annacondia en el año 1983. En aquel tiempo, fungía como profesor de Teología en el Instituto Bíblico Río de la Plata, el seminario de las Asambleas de Dios en Argentina. A través de mis alumnos me enteré de la campaña evangelística que se estaba realizando en la ciudad de La Plata, sita a cincuenta kilómetros de Buenos Aires. El evangelista era Carlos Annacondia, que apenas comenzaba de lleno con su ministerio evangelístico y yo aún no lo conocía.

Sin embargo, los comentarios de mis alumnos, que estaban colaborando en esa campaña, me cautivaron. «Es extraordinario lo que sucede, miles de personas aceptan a Jesucristo como su Salvador cada noche y el poder de liberación es tan fuerte que debemos permanecer hasta altas horas de la noche orando por los endemoniados», decían. Así que, inmediatamente, me dije: «Debo conocer a este hombre».

Aquella noche me dirigí a La Plata, hasta el lugar de la campaña. La realidad que tenía delante de mis ojos superaba en demasía al informe de mis alumnos. Había una multitud que rodeaba la plataforma y reinaba un clima de gran expectativa. A la hora en que se inició el culto, el evangelista subió a la plataforma con su Biblia en la mano y en cuanto comenzó a hablar, sentí la fuerte unción del Espíritu Santo. Luego vino la oración. No era una oración corriente. Tenía un peso de autoridad que parecía electrizar al ambiente. «¡OÍME BIEN, SATANÁS!», fueron las palabras que iniciaron la confrontación. A partir de allí, en el nombre de Jesús, el hermano Carlos reprendió frontalmente a todas las potestades y demonios que estuviesen en aquel lugar afectando a los asistentes.

Los efectos de esa oración no se hicieron esperar. Muchas personas cayeron al piso dando gritos, temblando y con otras manifestaciones externas que revelaban un problema espiritual en sus vidas. ¡Eran cientos! Los colaboradores se llevaban a algunos y los atendían en un sitio especial. La autoridad de Jesús se manifestó en ese lugar de una manera impresionante. Después vino la predicación. Y cuando el hermano Annacondia hizo el llamado evangelístico, con un amor que solo podía venir de lo alto, la gente comenzó a correr hasta la plataforma. Con lágrimas en los ojos pedían por su salvación. Me fui de aquel lugar conmovido en mi espíritu, con una nueva visión ardiendo en mi corazón…

Con el tiempo, entablamos una amistad profunda. Comenzamos a reunirnos todos los jueves, junto a otros pastores amigos, para orar y compartir la carga por los perdidos. Recuerdo algunas ocasiones en que poníamos en medio nuestro un mapa de Argentina y pedíamos a Dios un avivamiento para cada lugar del país. Eran momentos de una frescura espiritual indescriptible.

Carlos Annacondia es un hombre de Dios. Su testimonio de humildad y amor por las almas se hace evidente para todo aquel que lo conoce. Es imposible estar con él y no hablar de la obra de Dios y del amor por los perdidos.

Este libro lo despertará espiritualmente. Las señales que siguen a los que creen serán una realidad en su vida cuando tome toda la autoridad que Dios le ha conferido. El hermano Carlos conoce estos temas como pocas personas. Son parte de su experiencia y tiene mucha autoridad para enseñarlos. El ministerio de Carlos Annacondia desafió mi vida como pastor. Esas noches de campaña que no quería perderme impregnaron mi corazón de aquella atmósfera de fe y milagros. Es mi más sincero deseo que esto mismo le suceda a usted. Que pueda recibir a través de este libro la carga y el poder para ser un testigo fiel y victorioso. Con todo mi afecto en Cristo,

RVDO. CLAUDIO J. FREIDZON
Conferenciante internacional
Pastor de la Iglesia «Rey de reyes»
Buenos Aires, Argentina.

INTRODUCCIÓN

Durante el primer año después de haber conocido a Cristo, sentí una carga muy fuerte en mi corazón. Mi ruego más profundo era por mi país puesto que sentía que Argentina se estaba perdiendo. Cada día lloraba sobre el mapa de mi nación y ponía mis manos sobre una de sus provincias rogando por las almas perdidas de esos lugares. Así pasaba horas reclamando a *Argentina para Cristo*.

En ese tiempo, el ministerio Mensaje de Salvación que hoy dirijo, aún no existía, pero Dios me mostró libros, muchos libros, en los que figuraba mi nombre. Esa visión fue muy clara. De todas formas, cuando algo surge en mi mente —por lo general— espero que Dios me empuje. Constantemente le digo: «Señor, si esto es tuyo, impúlsame a hacerlo». Y así fue que Dios me impulsó a realizar esta publicación, como lo ha hecho en cada acto de mi existencia.

Solo algunos libros, aparte de la Biblia, han hecho un gran impacto en mi vida. Nunca olvidaré los momentos en los que leí algunos de Kathryn Kulhman. Libros de milagros que me hacían llorar. Obras que cada vez que las leía me instaban de una manera muy fuerte a doblar mis rodillas y a orar. De alguna manera, decía: «Señor, dame lo que esa mujer tenía». Al fin, eso que tanto le pedí, Dios me lo dio. Por lo que hoy siento gozo al ministrar salvación al perdido y mostrarle el camino, la verdad y la vida.

A través de estas páginas, deseo que usted se eleve a una esfera en la que experimente sucesos sobrenaturales, cualquiera que sea el lugar que ocupe en el Cuerpo de Cristo. Todos los testimonios que hallará aquí tienen un único objetivo: inspirarle y animarle en la búsqueda de las dimensiones sobrenaturales de Dios.

En mi humilde oración, y como único propósito, deseo que estas páginas generen luz para entender lo que quiero transmitirle y que dejen en usted una experiencia diferente, una huella imborrable en su ser. No es mi intención llenar estantes de bibliotecas con mi trabajo ni que mi nombre figure en un libro. No me mueve el éxito ni la fama. Mi sola razón es llevar bendición a su vida. Que usted pueda descubrir el respaldo de las señales de Dios a todo aquel que en Él cree. Y que al finalizar la lectura de esta obra, pueda sentir lo mismo que siento yo y así unirnos hoy en un solo clamor: *El mundo para Cristo.*

Y les dijo:

Id por todo el mundo y predicad el evangelio a toda criatura.

El que creyere y fuere bautizado, será salvo; mas el que no creyere, será condenado.

Y estas señales seguirán a los que creen: En mi nombre echarán fuera demonios; hablarán nuevas lenguas; tomarán en las manos serpientes, y si bebieren cosa mortífera, no les hará daño; sobre los enfermos pondrán sus manos, y sanarán.

Y el Señor, después que les habló, fue recibido arriba en el cielo, y se sentó a la diestra de Dios.

—SAN MARCOS 16:15-19

CAPÍTULO 1

EL LLAMADO DE DIOS

CURACIONES MILAGROSAS Y SUCESOS INEXPLICABLES EN ENSENADA.

Cinco redactores del diario *El Guardián* fueron testigos, en la noche del 26 de mayo de 1984, de sucesos cuya preponderancia paranormal y veracidad no admiten reparos de ninguna naturaleza. Diseminados entre las cuatro mil personas que se congregaron en torno al palco de la iglesia evangélica, los hombres de prensa vieron caer como fulminadas a más de trescientas personas ante el solo toque de las manos del predicador cristiano Carlos Annacondia... y constataron varias curaciones. De los cinco profesionales ubicados por el rotativo, tres eran católicos, uno cristiano nominal y el restante, ateo.

Ante los ojos de aquel grupo humano acostumbrado a analizar los hechos con absoluto criterio imparcial y frío raciocinio desfilaban —como en una insólita revista— señoras echando espuma por la boca, niños que caían sobre la hierba mojada, damas desplomadas sobre el barro —tres de ellas con lujosos abrigos de piel— y centenares de jóvenes de ambos sexos, ancianos y hombres de condición humilde que se esforzaban para no caer.

Nada de cuanto se expone aquí es exagerado. Todos los rostros de «los tocados» por el evangelista Annacondia mostraban visibles formas de dolor o alegría que no podían calificarse como presuntas dramatizaciones. Se trataba de gente muy sencilla, incapaz de realizar montajes escénicos ni de recibir mensajes telepáticos con tanta fidelidad. Aquel escenario sugería días bíblicos, horas del cristianismo primitivo, pero no un acto preparado de antemano para engañar a incautos.

Annacondia no es hipnotizador. Utiliza la Palabra de Dios como fuente de transmisión directa, de la que no se separa. Ninguna frase suya se aparta ni un ápice del evangelio. Él manifiesta no curar a nadie, puesto que «es Dios el que sana». Y las curaciones son numerosas. Una cronista de *El Guardián* que padecía una lesión en el menisco de su rodilla izquierda, debido a una caída accidental, dejó de sentir dolores y al fin pudo doblar su pierna (hacía tres meses que estaba así).

A pesar de la opinión de numerosos investigadores y redactores, «las casi treinta mil personas que asistieron al evento, constituyen un sólido testimonio de que sucedieron cosas inexplicables, pero reales, todas esas noches de oración. Noches en las que solo se habló de Cristo, de Dios, y solamente de ellos».

De esta manera se expresó uno de los diarios que con sutileza e indiscreción se ocultó entre la multitud con el objeto de detectar un posible fraude entre tantos milagros. Por lo visto, no solamente no lo hallaron, sino que además comprobaron —con asombro— las sanidades milagrosas.

Cada noche de campaña es extraordinaria. Los cánticos de alabanza llenan el auditorio, las manos levantadas revelan el deseo de adorar al Señor. Las personas expresan felices los milagros sobrenaturales que ocurren en sus vidas. Pero uno de ellos, en particular, llamó mi atención a tal punto que me conmovió. Se trata de una mujer que había experimentado un gran milagro y esa noche nos contó lo siguiente:

Viví toda mi niñez junto a mis padres y tres hermanos en el campo donde se cruza el Río Dulce con varios arroyos. Ese lugar está ubicado en el límite entre las provincias de Córdoba y Santiago del Estero.

Una tarde, al abrir un gran baúl, una víbora picó a mi madre en varias partes del cuerpo. Presa de la desesperación y un intenso dolor, cayó llorando frente a nosotros. Nuestro padre no hizo nada al verla y, a pesar de que mi hermano mayor le gritó para que la ayudara, no reaccionó. Al poco rato vi a mi padre preparar la carreta con los caballos y alejarse, dejando a mi madre en su lecho de muerte y a nosotros solos junto a ella.

Con gran esfuerzo, colocamos a mi madre sobre la cama, pero se encontraba muy mal. La noche se acercaba y decidimos llevarla en una canoa a un lugar más alto donde nos ayudaran, pero no pudimos hacer nada. Murió.

Allí estábamos los cuatro hermanos solos, reunidos frente al cuerpo inerte de nuestra madre. El menor de mis hermanos se llamaba Juan y tenía solo once meses de vida, luego seguía yo con cuatro años, mi hermana Juana de cinco y por último Pedro, mi hermano mayor, de 8 años.

Con nuestras propias manos preparamos un ataúd para sepultar a nuestra madre y con la ayuda de un vecino, que vino a vernos, la llevamos al cementerio. El morador que vivía más cerca se hallaba a un día y medio de viaje a caballo. Imaginamos que ese hombre llegó hasta allí porque nuestro padre al irse y dejarnos, alcanzó a avisarle. Sin embargo, después de sepultar el cuerpo, el vecino se fue. Prometió volver, pero nunca más regresó.

Tan solos nos encontrábamos que decidimos regresar a nuestra casa, hecha de adobe, y allí vivimos librados a nuestra suerte. Todas las tardes volvíamos al cementerio puesto que creíamos que —al estar allí el cuerpo de nuestra madre— encontraríamos protección. Así lo hicimos cada día durante tres años. No teníamos miedo, ese era nuestro hogar. A tal punto nos sentíamos cómodos allí que hasta jugábamos y dormíamos entre las tumbas.

Un día, nuestro hermano mayor nos hizo jurar: «El primero de los cuatro que tenga la oportunidad, cuando sea grande, matará a nuestro padre».

Hoy, realmente, entiendo que Dios nos protegió todo ese tiempo que estuvimos solos. Comíamos pescado, colocábamos buenas trampas para cazar, había muchos patos, huevos, ovejas y otras cosas más. A Juan, el más pequeño, lo criamos con la leche de una chiva que estaba amamantando a sus críos; el animal se acostaba y él llegaba gateando para mamar directamente en sus tetillas. Nuestro hermano mayor era el encargado del alimento, aunque todos trabajábamos.

Éramos prácticamente salvajes, andábamos desnudos, sucios y despeinados; lo único que nos mantenía vivos era el deseo de matar a nuestro padre. Eso nos daba fuerzas.

Luego de tres años, nuestro padre regresó a casa, nos ató y nos metió en unas bolsas para luego llevarnos al pueblo más cercano. Allí nos regaló a diversos hacendados, separándonos de esa forma a pesar de que nosotros nos amábamos tanto.

Los estancieros que me recogieron me enseñaron a cosechar y trabajar la tierra, a hacer pan y otras tareas más. Trabajé muy duro, aun cuando solamente contaba con nueve años. Prácticamente, tuvieron que domesticarme. Pero aun allí, ese pacto hecho con mis hermanos era lo que continuaba dándome fuerzas para vivir. Tenía que crecer para vengar a mi madre. Nunca más volví a ver a mis hermanos, aunque la esperanza de encontrarlos algún día también me motivaba a vivir.

A mis 14 años de edad, el hijo de esa familia que me crio me violó y me golpeó ferozmente. Un día, cansada de todo lo que él me hacía, se lo conté a los padres. Ellos dijeron que yo mentía y me golpearon tanto por lo que había dicho que estuve internada tres meses en un hospital. Los médicos decían que yo no quería vivir y que esa era la razón por la que no me recuperaba.

La fiebre me consumía, pero cuando vino a mi mente aquel pacto, comencé a mejorar poco a poco y regresé a la estancia a trabajar.

Antes de cumplir los 17 años, me escapé una noche, me escondí entre el sorgo y al amanecer llegué a un pueblo cercano. Entré corriendo a la comisaría, les expliqué lo que me había sucedido e inmediatamente me llevaron al calabozo. Allí, dos de los oficiales de la ley también me violaron y me golpearon.

En realidad, lo que quería era morir. Incluso el comisario de aquel pueblo quiso hacer lo mismo conmigo esa noche, pero yo me eché a sus pies y le rogué que no lo hiciera, que no me siguieran lastimando. El hombre se conmovió y me dejó tranquila. Sin embargo, me dijo que aquella familia que me había criado era muy poderosa en la zona, por lo que debía regresar con ellos; pero le respondí que mi padre verdadero también era conocido, tal vez podría encontrarlo y él seguramente le daría dinero. A fin de cuentas, el comisario accedió y avisó a la familia al mismo tiempo que a mi padre.

Ese día regresé con mi padre, que nunca más vio a ninguno de mis hermanos. El hecho de haberlo encontrado me trajo felicidad. Al fin podría matarlo. Había sido la primera en encontrarme frente a él. Ya era una muchacha, sabía manejar muy bien los cuchillos y vi la oportunidad de cumplir lo pactado tantos años atrás.

Mi padre estaba en una muy buena situación económica. Trataba de hablarme y de hacerme sentir bien, pero yo no le respondía. Siempre le mostraba los cuchillos y le decía que no durmiera, porque una noche lo mataría.

Día tras día, en cada almuerzo y cada cena, detestaba sentarme en la misma mesa que él. Agarraba mi plato de comida y me iba al patio a comer en el piso, usando los dedos como utensilios. Quería mostrarle a mi padre lo que había hecho de mí. Él, al ver eso, lloraba y me pedía perdón, pero había algo dentro de mí que llenaba mi corazón de odio contra él.

Un día agarré un cuchillo e intenté matarlo, pero no quería que fuese de espaldas sino de frente para verle la cara al hacerlo. En mi mente creí que lo había matado, pero al mirar el cuchillo vi que no había sangre, por lo que le dije: «Viejo, no es tu hora. Pronto te mataré».

Una tarde, mientras estaba comiendo en el patio de mi casa, sentí un ruido muy fuerte, creí que era algo que cayó al suelo. Aquel sonido me hizo estremecer y percibí un olor a muerte. Pensando que era que mi padre había muerto, en parte, me alegré; aunque lo que yo deseaba era matarlo con mis propias manos. En efecto, el ruido anunció la muerte de mi progenitor.

El fallecimiento de mi padre dio comienzo a un nuevo tormento, pues al quedar huérfana no sabía qué hacer de mi vida. Un joven, conocido de mi papá, acudió a verme y ofreció casarse conmigo. Acepté, para tener a alguien que me cuidara. Pero la desgracia continuó en mi vida. Mi esposo me maltrataba, no quería trabajar, me trataba como parte de la servidumbre de la casa.

Cuando quedé embarazada, me llevó a Buenos Aires y me dejó en la casa de una familia. Tal era mi suplicio que, una tarde, decidí lanzarme a las vías del tren. Eso hice pero, milagrosamente, el tren se detuvo frente a mí. Antes de que naciera nuestro hijo, mi marido regresó a buscarme, pero el sufrimiento continuaba cada día. De nuevo me escapé y me fui a vivir a la ciudad de Rosario con mis dos hijos, el mayor de dos años y la nena de un mes. Me fue muy difícil vivir y trabajar allí. Pero finalmente mi esposo me encontró y se fue a vivir con nosotros.

En 1985, una vecina me habló de la campaña del evangelista Annacondia. Allí me entregué al Señor, aunque en aquella ocasión no hubo ningún cambio en mí.

Con el correr de los años, una enfermedad comenzó a debilitarme. Sufría de grandes hemorragias y mi salud empeoraba cada día. En el año 1991, decidí buscar una iglesia evangélica. Aquella semilla plantada por el hermano Annacondia había germinado.

Me acerqué a la iglesia con toda mi familia. Comencé a congregarme, pero nunca había albergado nada que tuviera que ver con el perdón en mi corazón. Lo tenía por un caso cerrado. Ni siquiera quería hablar de todo aquello que había vivido. Todo mi pasado estaba guardado en mi corazón. Si bien trabajaba en la iglesia y era una obrera disciplinada, nunca había perdonado a ninguno de aquellos que tanto me habían lastimado.

Cuando en 1996 anunciaron que una nueva campaña de Carlos Annacondia se llevaría a cabo en la ciudad, me preparé para trabajar como colaboradora con el fin de servir al Señor. Unas noches antes de que la campaña comenzara, le pedí a Dios que me ayudara a ser una buena obrera, que si había algo en mí que Él quisiera limpiar que me lo mostrara. Le rogué que me diera la oportunidad de poder hallar a mis hermanos. Aunque supe que mi hermana estaba en Santa Fe, nunca había podido encontrarla. Constantemente oraba por ella.

A las diez de la mañana, un día antes de la campaña, recibí una carta de Juan, mi hermano más pequeño. De inmediato me comuniqué telefónicamente con él y, a los pocos días, fui a verlo a su ciudad. Me alegró bastante ese regalo de Dios. Agradecí mucho al Señor por haberme ayudado a encontrarlo y le pedí perdón por todo lo malo que había hecho en mi vida.

Durante esa última campaña, mientras el hermano Carlos Annacondia predicaba acerca de las barreras que impiden la bendición, pude albergar el perdón en mi corazón. Vi cómo revoloteaban los ángeles alrededor de mí y observé cuando la mano del Señor quitó todo el odio y el resentimiento de mi ser. Grité tanto, desde lo más recóndito de mi alma, pidiendo perdón a Dios —por todo lo que había maquinado contra mi padre y mi esposo— que quedé sin voz. Pude perdonar desde lo más profundo de mi ser, lo que me llevó a encontrar la sanidad de mi corazón. Si bien llevaba algunos años conociendo a Dios, nunca había perdonado realmente. Esa barrera, la falta de perdón, había impedido que la bendición llegara a mi vida.

Dios me quitó ese odio que sentía hacia los hombres, ese rechazo que sentía —en especial— por mi marido. Quitó la amargura de mi corazón, me dio fuerzas nuevas para vivir, pero sobre todo restauró mi matrimonio.

A Dios doy toda la gloria y la honra por el cambio que ha hecho en mi vida, y por su siervo que fue el instrumento escogido para darme el conocimiento de la verdad.

CARMEN, Argentina.

Así relató esta mujer el testimonio que marcó su vida y la de muchas otras personas que la escucharon. Junto a ella, cientos de milagros eran contados en la plataforma. Mi asombro y admiración por el maravilloso y sobrenatural poder de Dios continúa creciendo cada día.

Al agradecer a Dios esa noche por los milagros sucedidos, entendí muchos de los propósitos de Dios a través de mi vida y su verdadera voluntad en cuanto a mi llamado a la obra.

Todavía no sé el porqué, pero desde niño y sin tener a Dios en mi corazón, siempre supe que alguien superior —al que yo no podía ver— me cuidaba. Inclusive, en alguna oportunidad hablé de esa sensación con varios de mis amigos.

Como muchos de los habitantes de Argentina, provengo de familia de inmigrantes, españoles por parte de madre e italianos por el lado paterno. El estilo de este último fue el de mi crianza pues mi abuelo, típico italiano, me enseñaba: «El hombre que llora no es hombre. Si te pegan, no vengas llorando, defiéndete». Estas y tantas otras enseñanzas moldearon mi vida desde pequeño.

Mis padres eran muy pobres, vivíamos en ese entonces en una casa de vecindad junto con mis dos hermanos: Ángel, el mayor; yo, que era el del medio y el menor, José María. Papá trabajaba en la compañía de electricidad y mi madre se ocupaba de nosotros. Sin embargo, todo cambió cuando mi padre se enfermó muy gravemente y tuvimos que salir a trabajar. Yo solo tenía diez años cuando, cada mañana, me levantaba temprano para ir a trabajar a una carnicería. Cuando salía de ahí, después de dejar limpio el lugar, regresaba a mi casa y me iba al colegio a estudiar en un horario nocturno. Muchas veces le decía a mamá, al levantarme por la mañana: «Me duele mucho el estómago», pero lo que realmente me sucedía era que no quería ir a trabajar. Mi madre me daba un té caliente e igualmente me ordenaba que fuera al trabajo. Así aprendí a cumplir con las responsabilidades y comencé a crecer.

El libro de Proverbios dice: «La mano negligente empobrece; mas la mano de los diligentes enriquece» (10:4). Todo lo que yo emprendía prosperaba. Todos me tenían en alta estima. Aun cuando cumplí el servicio militar obligatorio, a la edad de veinte años, mi puesto de trabajo estaba en el mejor lugar y todos me preguntaban qué había hecho para estar allí. Me daban las mejores tareas, me ascendían de grado militar y siempre estaba en los primeros lugares.

A los veintiún años conocí a María, mi esposa, que tenía solo quince. Mi abuelo siempre me decía que debía buscar una novia jovencita para que la hiciera a mi medida. A los veinticinco años me casé con ella, que solamente tenía diecinueve. Para esos años estábamos comenzando, junto a mi hermano mayor, la empresa en la cual siempre trabajé.

El tiempo transcurrió, pero mi vida tenía un gran vacío, tenía temor en mi corazón. Mis metas de vida eran tener paz y felicidad, lo que creía que podría alcanzar a través del éxito y del reconocimiento en el trabajo. Por lo tanto, trabajé muchísimo creyendo que con la adquisición de bienes y la acumulación de dinero al fin sería feliz. A los 35 años logré obtener la posición económica sólida que tanto había deseado. Había creado la empresa más importante del país en su rubro junto a mis dos hermanos. Podía comprar lo que quisiera, darle a mi esposa María y a mis cuatro hijos lo que pidieran. Por consiguiente, y de acuerdo a lo que pensaba, debía ser un hombre feliz.

Sin embargo, con todo y eso, sentía ese gran vacío y algo más... al reflexionar en todo eso, comprobé que me había equivocado terriblemente. Todo lo que había obtenido con esfuerzo no me daba la paz ni la felicidad que ansiaba. Cada fin de semana, cuando los problemas me agobiaban, María y yo preparábamos a los chicos y viajábamos a una ciudad turística en la costa Atlántica de Argentina, en busca de un poco de tranquilidad.

No obstante, cuando regresaba a las tareas cotidianas, me sentía peor que antes. No dormía por las noches, tenía temores, inseguridades y preocupaciones. Temía a la vida, a la muerte, a la enfermedad, a perder los bienes, a lo que pudiera ocurrirles a mis hijos. Incluso me sentía culpable por haberlos traído a este mundo lleno de guerra, violencia, drogadicción, tanto que dispuse —en mi corazón— no tener más hijos.

Cada mes que pasaba, cada año que transcurría, me sentía peor. Tenía todo para ser feliz, pero no podía lograrlo. Me preguntaba dónde estarían la paz y la felicidad; llegué a pensar que no existían sino que eran un invento. En esa época era integrante de un grupo de prestigiosos empresarios. En cada reunión que frecuentaba no me presentaban como Carlos, sino como el dueño de tal empresa, sin importarles la persona. Únicamente les interesaba lo que poseía. Así que, empecé a notar que no había sinceridad en esas amistades, por lo que comencé a alejarme de aquellos que decían ser mis amigos.

Hasta ese momento nunca me había preocupado por Dios, a pesar de que me bautizaron y también me casé en una iglesia católica. Creía en un Dios lejano, indiferente, al que no podía hablarle si no era a través de un intermediario. No sabía que Dios se interesaba por mí y deseaba tener una relación personal conmigo. Tampoco sabía que podía llegar a ser mi amigo, que podría conocerlo y, es más, hasta tener una intimidad con Él.

Un día, sin embargo, oí el evangelio, escuché a un Dios que dice: «Venid a mí, todos los que estáis trabajados y cargados, y yo os haré descansar» (San Mateo 11:28). Recuerdo que fue en el año

1979. Alguien me invitó a una reunión en la que predicaba el Rvdo. Manuel Ruiz, en ese momento embajador de Panamá en Bolivia. Durante el transcurso de la reunión me di cuenta de que lo que el predicador decía era directamente para mí, para mi corazón. Él aseguraba lo siguiente: «¿Está usted lleno de temores, de inseguridades, de miedos, de fracasos? Todas estas cosas están delante de los ojos de Dios. Entréguele su corazón y Él se ocupará de su familia y de todos sus problemas».

Al oír esas palabras comencé a llorar sin parar, como hacía muchos años que no lloraba. Había escuchado la voz de Dios a través de ese siervo suyo. Allí me di cuenta de que Dios me amaba, que se había acordado de mí. Por eso cuando el predicador preguntó que cuántas personas necesitaban a Dios, levanté la mano, pues realmente lo necesitaba con toda el alma. En ese momento le pregunté a mi esposa, que estaba sentada junto a mí, si también quería aceptar a Jesús, y me respondió: «Hace mucho que lo estoy esperando».

Al levantar la mano sentí que me pesaba toneladas. Por mi mente se cruzaban todo tipo de ideas. ¿Qué dirían mis amigos, mi familia, los hombres de negocios del club? ¿Qué pensarían los gerentes de los bancos con los que yo trabajaba, los jefes de compras, los empresarios? ¿Se burlarían o reirían de mí todas esas personas por esa decisión de aceptar a Cristo en mi corazón? Pero delante de mí había Uno más grande que todos ellos juntos.

A las diez y media de esa noche, del 19 de mayo de 1979, María y yo aceptamos a Jesús en nuestro corazón. Nunca olvidaré el momento en que salimos de aquella reunión. Ya en la calle, todo comenzó a ser diferente. No había podido comprar la paz y la felicidad con dinero ni con éxito. Pero Cristo me lo regaló todo solo por amor. Nada en la vida había producido un cambio tan extraordinario como el que sucedió en aquel instante en que levanté las manos hacia Dios. Cada día que pasaba me sentía más feliz, dejé de fumar y de ingerir alcohol, dejé todas mis dudas y temores. Era una persona adicta a la televisión, pero desde el día en que conocí a Cristo me olvidé de ella. Todo había cambiado.

Después de conocer al Señor tuve cinco hijos más. En la actualidad mi familia se compone de mi esposa, nueve hijos y tres nietos:

Carlos Alberto es el mayor, luego Ángel, María Eugenia, José María, Rebecca, Moisés, Elías, Rut y Natanael. Hoy somos realmente felices. Como dije anteriormente, María y yo nos convertimos en una campaña y por lo tanto no teníamos una iglesia a la cual concurrir cerca del lugar donde vivíamos. Por eso decidimos con otras familias —que se habían entregado al Señor en la misma campaña que nosotros— comenzar a reunirnos. Por eso, buscamos un pastor para que nos guiara. Así fue que en esos primeros tiempos, el pastor Gomelski nos ayudó a crecer. Junto a él forjamos esta visión de ganar almas para Cristo.

Tal era el entusiasmo que teníamos que, prácticamente sin conocer casi nada de la Palabra de Dios, predicábamos a toda la gente contándole nuestras experiencias. Nuestra fe era sencilla, sin estructuras y puedo asegurarle que las personas se convertían y se sanaban. Nuestro mensaje más importante era el evangelio de nuestro Señor Jesucristo y el de su amor. Orábamos por los enfermos creyendo que serían sanos y se sanaban. Predicábamos salvación sin la menor duda de que la persona aceptaría al Señor.

Cuando fundamos nuestra iglesia, en el año 1979, todos éramos recién convertidos. Varios empleados de nuestra empresa —el gerente de ventas, el encargado de uno de los departamentos y otros más— también creyeron en Cristo en esa oportunidad. Así que todos éramos nuevos en los caminos del Señor. Ninguno de nosotros sabía predicar, pero el Señor puso a un pastor en ese lugar. Así comenzó la iglesia formada por un total de cuatro matrimonios con sus hijos. Éramos los obreros, los ancianos y los diáconos de la iglesia. Y, rápidamente, de una manera extraordinaria, Dios llenó ese lugar.

A la semana de mi conversión, recibí la promesa del bautismo en el Espíritu Santo con su señal de hablar en nuevas lenguas. Dios me dio una visión: vi un estadio lleno de personas en el que predicaba en un idioma que no entendía. Desde ese momento comencé a sentir una gran carga por las personas que no conocían a Cristo. A todo aquel que se me cruzaba por el camino le predicaba del Señor.

Aunque no había dejado el trabajo, lo más importante para mí ya no era el dinero sino servir al Señor. Esa situación resultaba muy difícil para los miembros de mi familia que no conocían al Señor y no aceptaban que mi vida estuviera entregada a Dios. Para que me persuadieran y me hicieran ver mi «error», citaban a mis amigos más inteligentes e importantes. Todo terminaba en que les testificaba y ellos se convertían.

No obstante, durante los primeros pasos con el Señor, ocurría algo que me llamaba poderosamente la atención. En mis tiempos de oración, Dios siempre me mostraba las villas miseria (así llaman en nuestro país a los barrios pobres). De noche, cuando cerraba los ojos, veía los sectores marginados, los niños descalzos, las casas construidas con cartón y lata. Primero no lograba entender a qué se refería y pensaba que debía dejar o regalar mis bienes, mi parte de la empresa y entregar todo a los desposeídos. Sentí una presión muy fuerte por parte de Dios, por lo que pasé días orando y llorando, sin paz. Cuando oraba con María por ese tema, el Espíritu Santo la tomaba y me decía: «Yo estoy contigo». Mas no tenía consuelo.

Una tarde hablé con mi esposa y le dije: «Dejémoslo todo, vayámonos al Chaco, a predicar a la selva. ¿Vienes conmigo?». Ella accedió a mi petición y me respondió: «Donde tú vayas, yo iré».

Esa tarde salí de mi casa dispuesto a regalarlo todo. Lo primero que hice fue darle mi auto nuevo a mi padre, que lo necesitaba. Luego fui a hablar con mi pastor, el hermano Gomelski, que después de meditar sobre lo que le estaba contando, me aconsejó: «Has trabajado duramente para obtener esos bienes, no los has robado. Por lo tanto, úsalos para Dios en el momento que Él te lo demande».

Ese instante fue para mí como el momento en que Abraham levantó su cuchillo decidido a matar a su hijo. Al ver que su siervo no dudaba sino que con firmeza cumplía lo que le había pedido, entregando incluso a su propio hijo, el propio Dios detuvo su mano. Él vio que mi tesoro no eran las cosas materiales, sino mi amor por Él y por los perdidos. Hoy, a la distancia, comprendo que hubiera sido una equivocación de mi parte el haberlo hecho, pues para muchos, inclusive para mi familia eso hubiese sido de escándalo y no de bendición.

«TE DOY LO QUE ME HAS PEDIDO»

Cierto día, a los dos años y medio de haber conocido al Señor, el pastor me trajo una invitación para predicar en una iglesia muy pobre en la ciudad de La Plata, provincia de Buenos Aires. Cuando tomé esa invitación en mis manos, sentí en mi corazón algo especial de parte de

Dios, por lo que la acepté. Tan pobre era la iglesia que el piso de tierra estaba cubierto por viejos recortes de alfombra. La congregación era integrada por unas veinticinco personas. Esa noche, luego de predicar, el Espíritu Santo descendió con gran poder y todos los que estaban allí recibieron el bautismo del Espíritu Santo. Al finalizar la reunión, la esposa del pastor se acercó y me dijo: «Dios me habló y me dijo que la persona que predicaría esta noche sería la que llevaría un avivamiento a la ciudad de La Plata, y que la señal iba a ser el derramamiento de su Espíritu Santo al recibir todos el poder de Dios».

A pesar de los pocos concurrentes a esa reunión, se hallaban en ese lugar dos hermanos de una iglesia de la ciudad de Berisso, localidad cercana a La Plata. Ellos me invitaron a una campaña en su iglesia. Así comencé a predicar. Luego, debido a la gran cantidad de campañas que se organizaban, formamos un grupo de trabajo que llamamos Mensaje de Salvación.

El 12 de abril de 1982, Dios me dijo con voz audible: «Lee en Ezequiel 37, "La visión del valle de los huesos secos". A partir de hoy te doy lo que me has pedido». Yo le había pedido al Señor que me diera a «Argentina para Cristo» y que manifestara señales en mi país para que la gente lo conociera. No nací en un desierto ni en una selva, sino en un lugar con varios millones de habitantes y, sin embargo, nadie me había hablado nunca de Jesús. Solo supe de Él cuando una persona me habló de las señales de Dios que ocurrían en la campaña donde me convertí.

Fueron esas señales las que me animaron a acercarme al lugar y a conocer al Señor. Entonces entendí que si en Argentina no había señales de Dios, la gente no creería en Él. En el evangelio, las señales no son para los creyentes sino para los inconversos. Además, en mi país la gente piensa que es necesario «ver para creer». Al leer estos versículos entendí que era el soplo del Espíritu Santo el que operaría los milagros.

Me dijo entonces: Profetiza sobre estos huesos, y diles: Huesos secos, oíd palabra de Jehová ... Y me dijo: Profetiza al espíritu, profetiza, hijo de hombre, y di al espíritu: Así ha dicho Jehová el Señor: Espíritu, ven de los cuatro vientos, y sopla sobre estos muertos, y vivirán ... Y profeticé como me había mandado, y entró espíritu en ellos, y vivieron, y estuvieron sobre sus pies; un ejército grande en extremo.

—EZEQUIEL 37:4, 9, 10

El ministerio Mensaje de Salvación comenzó a conocerse por los milagros de Dios que ocurrían en sus actividades. Las personas corrían hacia la plataforma para aceptar al Señor. Hoy puedo asegurarle que todas las vivencias por las que pasé frente a mi llamado no fueron nada sencillas para mí. Sucedían algunas cosas en mi vida que ni yo alcanzaba a comprender.

Cuando recibí el bautismo del Espíritu Santo ocurrió algo muy fuerte. Los hermanos que estaban cerca esa noche vieron algo especial de Dios sobre mí. Al tiempo y durante un culto, el pastor me pidió que lo ayudara a orar por los enfermos. Cuando comencé a hacerlo, uno por uno fueron cayéndose. En realidad, las caídas no representaban nada extraño para mí: había visto a la gente caer en la campaña del evangelista panameño. Pero me sorprendí al reconocer que eso mismo estaba sucediendo conmigo. Así que, por un tiempo, no me animé mucho a orar por nadie más hasta que Dios me dijo directamente que Él quería usarme.

En ese tiempo fui a comprar un automóvil. El dueño del vehículo me atendió en la puerta de su casa y, mientras me lo mostraba, de repente sucedió algo. En el interior de la casa, su esposa y su hija comenzaron a mostrar manifestaciones demoníacas. La esposa empezó a romper todos los objetos de la casa. Al instante, el esposo entró e intentó detenerla hasta que al fin lo logró. Lo sucedido en aquella casa fue que un espíritu malo estaba atormentando a esas mujeres. El hombre luego me contó que habían sido creyentes pero se habían apartado del Señor, y habían cometido muchos errores.

Después de ese episodio, comprendí que nada dependía de mí. Esa mujer se había manifestado demoníacamente y yo ni siquiera sabía que ella estaba en el interior de la casa. Lo que había ocurrido era que más allá de mi actitud, Dios me estaba usando y me daba algo especial para que donde estuviera, el que vivía en mi corazón se expresara y el diablo tuviera que huir. Supe entonces que yo no controlaba la situación: era Dios el que lo hacía. Por tanto, me rendí absolutamente a Él.

CAPÍTULO 2

UNCIÓN EN EL MINISTERIO

La obra de Dios vive tiempos fructíferos, no solo en Argentina, sino en muchos países de América. Las personas están hambrientas de Dios, necesitan descubrir el verdadero camino. Por lo tanto, creo que es necesario estar preparados y para ello necesitamos la unción divina que respalde nuestros ministerios. Toda obra que no lleva la firma ungida de Dios es muerta.

La unción deben reconocerla aun los que no tienen a Cristo en sus vidas. Mientras caminamos, cuando trabajamos o realizamos diversas actividades, las personas que nos rodean deben reconocer algo diferente en nosotros; y aunque no lo expresen con la misma palabra, lo que ellos ven en nosotros se llama «unción». Si el mundo no ve en nosotros esa unción, no creerá que Dios nos envió.

La mayor capacitación que un siervo puede tener es la del Espíritu Santo; de modo que, sin su obra en nuestra vida, sería imposible hacer la voluntad de Dios en esta tierra. Por eso es necesario que estemos investidos, que seamos llenos, renovados permanentemente en el poder y la gracia del Espíritu Santo.

Tal fue el caso de una joven mujer que ansiaba con desesperación encontrar a Dios, pero la misericordiosa mano del Señor la guio hacia alguien que sin conocerla le mostró el camino de su salvación. Ella misma relató el hermoso testimonio de esta manera:

«NO ME QUITE LO QUE ME HA DADO»

Mi vida era muy complicada. Así que tomé la decisión de suicidarme. Por lo tanto, llevaba en mi cartera una carta en la que expresaba mi determinación. Por otro lado, desconocía todo acerca de la campaña evangelística que precisamente daría comienzo ese día en la ciudad de Mar del Plata. No sabía nada acerca del evangelista Carlos Annacondia, ni siquiera había oído hablar de él.

En ese tiempo trabajaba como jefa de personal de un importante hotel de esa ciudad. Por años, sufrí una vida de enfermedad y depresión; a pesar de tener una familia bien constituida. No me faltaba nada, pero algo no andaba bien en mí.

Una tarde, mientras permanecía de pie en mi puesto de trabajo esperando que los empleados a mi cargo cambiaran de turno, decidí terminar con mi vida. Ese era el día que había elegido para suicidarme. Como mi trabajo estaba ubicado frente al mar, pensé en caminar hasta internarme en las aguas sin mirar atrás y de esa manera poner fin a mis sufrimientos.

La entrada del hotel es muy hermosa, tiene unas enormes puertas de vidrio enmarcadas en bronce bruñido. Desde ahí se siente la algarabía característica del vestíbulo. A pesar de lo acostumbrada que estoy a ello, esa tarde me llamó poderosamente la atención el sonido de la puerta que penetró en mis oídos de una manera muy profunda.

Al mismo tiempo, sentí una mano muy fuerte que me agarró por la espalda y me alzó en vilo. Entonces, de repente, comienzo a caminar muy erguida en dirección a una persona que estaba entrando por una de las enormes puertas. Me acerco, me aferro fuertemente de su camisa y le digo:

—Señor, señor, ¿habrá alguien que me hable de Dios? Necesito que alguien me cuente acerca de Él.

Aquel hombre, con una mirada muy limpia y una sonrisa muy tierna, me responde:

—Sí, yo te puedo hablar de Dios. Te puedo hablar de un Cristo que te ama y te salva, de Jesús de Nazaret.

Esas palabras jamás las he de olvidar; en ese momento comencé a pedir perdón al Señor. Descubrí todos los pecados que había cometido en mi vida, incluso los que había hecho en mi niñez. Al pedir perdón a Dios, entró una luz a mi interior y comencé a agradecerle. Luego miré al hombre que me había hablado y le dije:

—Dígame, ¿quién es usted?

—Soy un siervo de Dios, soy el evangelista Carlos Annacondia —me respondió.

—No lo conozco —repliqué—, pero no me quite lo que me ha dado.

A los quince minutos llegó mi esposo a buscarme al trabajo y no me reconoció. A partir de esa tarde mi vida cambió, nunca volví a ser la misma. Esa noche fui a la campaña de Annacondia y entregué mi vida a Cristo frente a una gran multitud. Hoy puedo decir que fui la primera persona que entregó su vida al Señor a través del evangelista en esa primera e inolvidable campaña en Mar del Plata.

A los tres días de haber conocido a Dios, me habló con voz audible y me dijo que tendría una hija más. No fue fácil entenderlo ni aceptarlo porque debido a una operación en la que me habían extraído algunos órganos reproductores, los médicos habían confirmado que nunca más podría tener hijos; en esos momentos tenía treinta y siete años, y tres hijas. Hoy, mi cuarta niña tiene once años y es el resultado de haberle creído a Dios.

No mucho tiempo después, Dios me llamó a su servicio. Hoy trabajo para la obra del Señor pastoreando junto a mi esposo un anexo de nuestra iglesia. Dios es nuestra fuerza y aliento.

María

Sin la unción de Dios, ningún ministerio en la tierra puede ser eficaz. Si hay algo que nosotros necesitamos es lo que Jesús les encomendó a sus discípulos: «Quédense en Jerusalén hasta que descienda el Espíritu Santo y los llene con poder de lo alto» (Lucas 24.49, *La Biblia al día*). Antes que otra cosa, debían ser llenos del poder de Dios para luego ser testigos en Jerusalén, también en Judea, en Samaria y finalmente hasta lo último de la tierra. Cuando estamos investidos del poder, tenemos la capacidad de ser testigos y así es como comienza nuestra vida en el ministerio. Allí es donde veremos las señales que marcarán nuestro camino.

Cierto día, llegó un hermano a mi iglesia para invitar a un predicador a realizar una campaña en una villa miseria por tres días. En nuestra congregación se habían formado muchos predicadores, por lo tanto, cualquiera de ellos podría hacerlo. Sin embargo, el hermano insistió en que debía ser yo el que llevara la Palabra puesto que su esposa me había visto en visión predicando.

Para ese entonces, Dios ya me había hablado diciéndome que si quería que me usara solo debía creer. Allí me mostró francamente el verdadero significado de Marcos 16:17, me reveló que ese era el secreto de las señales: creer.

Entonces le dije a Dios que nunca buscaría oportunidades para predicar en campañas, que si Él quería eso que enviara personas que me invitaran, de esa manera me daría cuenta de que Dios estaba en el asunto. Así sucedió desde aquel momento hasta el día de hoy.

La campaña a la que me invitaron estaba en medio de una de las villas más peligrosas. La primera noche muchos pandilleros cayeron endemoniados al suelo, revolcándose y echando espumarajos, así fueron libres de todas las ataduras diabólicas. Al día siguiente, esos muchachos eran los primeros en esperar que la reunión empezara.

La segunda noche de campaña, no sé si fueron aquellos pandilleros u otros, pero alguien cortó la electricidad del lugar. Igualmente junto con el resto de los hermanos comenzamos a alabar a Dios con todo nuestro corazón y el Espíritu Santo descendió de tal manera que los que estaban ubicados a mi derecha cayeron al suelo y la mitad de ellos comenzaron a revolcarse. Veía personas que pasaban por la calle y entraban gritando, otros llorando, algunos se arrastraban, vi a otros golpearse la cabeza contra el púlpito clamando. Mientras tanto, todos continuamos alabando hasta que repararon el desperfecto eléctrico. Esa noche pude ver obrar al Espíritu Santo al darle convicción de pecados a muchas personas, además de las sanidades y las liberaciones.

El tercer día de campaña los espíritus inmundos continuaban saliendo. Algunas personas llevaban a los vecinos del lugar que se manifestaban en sus propias casas. Esa noche la reunión finalizó llena de prodigios y maravillas. Así fue mi primera campaña evangelística. La gloria de Dios estaba allí mostrando señales que respaldaban su Palabra.

Como le ocurrió a esa mujer, el mundo está esperando que alguien enviado les predique, les hable de salvación, sanidad y liberación. En Romanos 10:11-15, la Biblia nos dice:

Todo aquel que en Él creyere, no será avergonzado. Porque no hay diferencia entre judío y griego, pues el mismo que es Señor de todos, es rico para con todos los que le invocan; porque todo aquel que invocare el nombre del Señor, será salvo. ¿Cómo, pues, invocarán a aquel en el cual no han creído? ¿Y cómo creerán en aquel de quien no han oído? ¿Y cómo oirán sin haber quien les predique? ¿Y cómo predicarán si no fueren enviados? Como está escrito: ¡Cuán hermosos son los pies de los que anuncian la paz, de los que anuncian buenas nuevas!

¿Es usted, estimado amigo, o es su ministerio el encargado de este mandato? Si es así, no olvide nunca los pasos que describo a continuación.

SIETE PASOS PARA LA UNCIÓN

Hay siete requisitos que cumplir para tener éxito en el ministerio cristiano. Se trata de los elementos básicos para alcanzar un ministerio ungido y con éxito. Sin ellos, nuestro servicio será intrascendente y sin frutos. Observemos lo siguiente:

Consagración

Con esto me refiero a la entrega total de la persona a Dios. Ninguno de nosotros puede desarrollar un ministerio eficaz si no rendimos toda nuestra vida a Él.

En la empresa comercial y familiar que dirijo, cuando necesitamos emplear a una persona para trabajar con nosotros, publicamos un aviso en las páginas del periódico. Como respuesta a tal solicitud, se presentan muchos a los que se les hacen los exámenes pertinentes al puesto que se encuentra vacante. De acuerdo a la capacidad de cada aspirante, elegimos a uno de ellos que —a nuestro parecer— sea el indicado. Sin embargo, esto no se hace sin antes evaluar algunas referencias, como por ejemplo: la capacidad para el desempeño de la correspondiente función y la experiencia. Así se suele proceder cuando se necesita contratar a alguien para que cubra un puesto específico.

La iglesia, por lo general, cuando necesita un ministro, un siervo, un colaborador, busca un teólogo que conozca perfectamente las

Escrituras, que tenga sabiduría, capacidad, experiencia, etc. Pero, ¿qué busca Dios de un siervo? Él solo quiere una vida íntegramente rendida. Dios no busca un teólogo, ni un sabio, ni un académico, sino una persona del todo consagrada a Él. Dios no solo busca capacidad y sabiduría, sino absoluta consagración y total entrega a Él. Lograr eso no es fácil, requiere que luchemos y demanda de nosotros completa abnegación y muchas otras cosas que nos cuesta ceder.

Recuerdo cuando Dios me llamó al ministerio. El primer año fue una verdadera lucha entre Él y yo. La razón de esta batalla era que solo le había rendido el noventa por ciento de mi vida. A pesar de que había recibido el bautismo del Espíritu Santo, de que iba a los hospitales, oraba por los enfermos y se sanaban; de que predicaba y se convertían, había algo en mí que no estaba íntegramente entregado al Señor.

Recuerdo que muchos habían profetizado sobre el ministerio que Dios me había dado. Me decían que Él me enviaría a otros países, que sería un evangelista internacional, que toda América oiría mi voz y muchas otras cosas más. Sin embargo, no sentía una libertad plena en mi vida para desarrollar el ministerio.

Un día, en sueños, el Señor me mostró una villa miseria y me preguntó: *¿Será que Dios quiere que vaya allí a predicar?* A lo que respondí de inmediato: No... *ahí no voy*. Otro día, Dios vuelve a mostrarme otra villa miseria. Y volví a decir: *A ese lugar no voy. ¿cómo voy a ir yo a una villa miseria?* Esa era la lucha. Creía que solo predicaría a magnates o artistas, pero Dios quería que predicara a los pobres.

Me sentí tan mal al darme cuenta de lo que Dios me mostraba y de mi negativa, que un día le dije a María, mi esposa: «¿Si regalo todo lo que tengo y nos vamos al norte argentino a predicar el evangelio, sin nada, con lo que tenemos puesto, me seguirías?». Y ella respondió: «Si sientes que es de Dios, te seguiré. Donde tú vayas, iré». Yo pensaba que Dios quería eso. Hasta que al fin comprendí que la voluntad de Él era que predicara de Cristo en esos lugares, a esa gente. Así entendí que ya no me interesaba lo que tenía, había perdido ese amor enfermizo por la empresa comercial que, hasta ese momento, había sido mi vida. Cuando quité mi «yo» y cambié las prioridades de mi corazón, Él me envió a evangelizar a los pobres.

Predicamos en los lugares más marginados de la ciudad, bajo la lluvia, en medio del lodo. Así comenzó el ministerio. Allí realicé campañas, entre ladrones, pervertidos, en medio del pecado. En ese lugar estábamos nosotros. En el auto, mi esposa y yo teníamos un par de botas para los días lluviosos en que debíamos caminar por las calles llenas de barro. Pero, ¡con cuánta alegría predicábamos! Dios requirió de mí una entrega total. Ese es el primer paso. Si no hay una entrega total en nuestra vida, Él no nos puede usar. No hablo solamente de estar convertido ni de haber recibido el bautismo del Espíritu Santo, sino que Dios quiere una vida íntegramente consagrada a Él. Alguien que le diga: «Señor, donde me envíes iré».

Visión

El segundo punto es la visión. ¿Cuál es la visión ministerial que Dios le ha dado?

Dentro de la Iglesia de Cristo hay cinco ministerios importantes: apóstol, profeta, evangelista, pastor y maestro. Creo que no todas las personas llamadas al ministerio deben ser pastores, ni que todas deban ser evangelistas porque si no estaríamos construyendo un cuerpo deformado. Si Dios aún no le ha dado una visión ministerial para su vida, ¡pídasela! Usted necesita saber cuál es el llamado que Él le ha dado para luego poner sus ojos en ese objetivo. Debe tener una visión clara y exacta del ministerio que va a desarrollar. De no ser así, será difícil alcanzarlo. Hay un llamado específico para cada uno de nosotros que debemos cumplir. Cuando tenemos ese llamado, Dios nos da la visión, la forma y la capacitación del Espíritu Santo para poder llevarlo adelante.

¿Sabe cuál es el grave problema en la iglesia de hoy? El triunfalismo. ¡Cuidado! Esa es una enfermedad que corroe los ministerios. ¿Por qué lo digo? Muy simple, resulta que si un pastor tiene tres mil almas en su iglesia, una cantidad menor de personas le resultaría un fracaso. De modo que, para alcanzar ese número de asistentes, no importará lo que deba hacer, ya sea comprar un gran auditorio, dos horas de programación radial, televisiva o sencillamente para contratar un equipo de especialistas en redes sociales e internet, para todo lo cual debe pedir dinero prestado, etc. Todo eso con el simple propósito de tener una iglesia de tres mil personas. Eso es triunfalismo.

En realidad, no todos los llamados de Dios son iguales. Por lo tanto, si usted se equivoca en la visión, fracasa en el ministerio. Lo importante es que sepamos cuál es la voluntad de Dios para nuestras vidas. Dios llama al hombre y a la mujer para un ministerio, pero usted debe saber que hay pastores para mil, para diez mil y hay pastores para cincuenta o cien almas.

Hubo un ministerio en la tierra que, creo, fue el más hermoso que haya existido. En él todos los enfermos que llegaban se sanaban. El predicador que lo lideraba salía fuera de la ciudad a predicar y la ciudad entera iba tras Él. Y no eran solo los habitantes de una población, sino que llegaban de otros lugares a verlo. A miles les predicó y miles sanaron, a ciudades enteras conmovió, a endemoniados liberó, hasta muertos resucitó. Pero cuando terminó su ministerio público aquí en la tierra, ¿con cuántas almas contaba? Apenas, con ciento veinte. ¿Y a usted le parece que ese ministerio fracasó?

Si lo miramos desde la óptica actual, tendríamos que decir que Jesús fracasó. Ciento veinte almas estaban en el aposento alto esperando la promesa de Dios. Más de quinientos lo vieron resucitado, pero solo ciento veinte fieles estaban ahí. Sin embargo, ellos fueron los que llenaron al mundo de Cristo y hoy nosotros recibimos ese evangelio de aquellos ciento veinte. Así que estemos conscientes de que quizás Dios nos llame a tener una iglesia de mil, de quinientos, de cincuenta o de veinte. ¿Qué importa la cantidad? Lo importante es cumplir el propósito y el plan de Dios para nuestras vidas.

Tenga cuidado con el triunfalismo, con tratar de obtener el éxito de cualquier modo y a cualquier costo. Debemos esperar de Dios lo máximo pero, por sobre todas las cosas, hacer su voluntad. Por eso hay muchos ministerios que fracasan. Por eso hay ministros que, teniendo iglesias de doscientos y trescientos miembros, se encuentran tristes y amargados porque no se conforman. Pero si esa es la voluntad de Dios, acéptela y no se preocupe por las cantidades.

Dios quiere salvos, pero a su medida y a su modo. No todos van a predicar en las principales ciudades del mundo. Quizás Dios lo envíe a un pueblecito, a esos lugares tan difíciles donde a veces cuesta que la gente entienda el evangelio, pero para Dios esas almas también tienen mucho valor. Estamos en un ejército, una milicia en la que el valiente no es solo el que se encuentra en el frente de batalla, sino también el que administra, el que prepara los alimentos, los que se preocupan por la atención de los que están en la lucha. Por tanto, todos los ministerios son importantes. El suyo también lo es.

Conocimiento

Tener conocimiento es fundamental, pero debemos usarlo para servir al Señor y no para demostrarle al mundo nuestro nivel intelectual. La capacitación es esencial para responder de manera adecuada a los que preguntan sobre un determinado tema. Los que ministramos somos hombres y mujeres que debemos saber responder, puesto que debemos conocer bien la Biblia, la Palabra de Dios. Si no la conocemos, vamos a estar en desventaja frente al diablo porque él sí la conoce.

Dios también nos capacita para que ministremos el amor y la gracia de Cristo a través de nuestras vidas. Si nos llenamos solo de conocimiento y no tenemos amor por las almas perdidas, no alcanzaremos el objetivo. Por lo tanto, todo tiene que ir ordenado, equilibrado, en el ministerio eficaz. Trazando, como todo obrero aprobado, la palabra de verdad y no alterando las Escrituras.

Fe

La fe sin obras es muerta. Podemos tener fe, pero si no la ponemos en práctica, de nada nos sirve. Si cumplimos todos los pasos citados hasta aquí pero no tenemos fe, la unción no resultará. Son necesarios cada uno de estos ingredientes para alcanzar la unción.

El Señor nos dice claramente que «estas señales seguirán a los que creen» y menciona diversas manifestaciones de poder, como por ejemplo: sanar enfermos, echar fuera demonios y otras cosas más. ¿Cree usted que esas señales le seguirán? ¿Para quiénes son esas señales? Sin duda son para todos nosotros, sin excepción. El Señor nos dice hoy: «Id por todo el mundo y predicad el evangelio a toda criatura» y avalará este envío con señales que operarán únicamente a través de la fe. (Véase Marcos 16:14-19).

Cuando usted se para detrás de un púlpito, pone en obra la Palabra por la fe a fin de confirmarla. Todo lo demás corre por cuenta de Dios. Quizás me pregunte qué hago yo. Simplemente predico el evangelio, como dice la Biblia en el Evangelio de Marcos: hablo la Palabra. Después que las personas aceptan a Jesús y se acercan a la plataforma como demostración de su paso de fe, echo fuera los demonios en el nombre de Cristo y estos salen. Oro por los enfermos y estos sanan. Además, en cada reunión oro por el bautismo del Espíritu Santo. Es fundamental cumplir con estas cuatro facetas. No deje de hacerlo, ya que cada una de ellas es necesaria: salvación, liberación, sanidad y bautismo del Espíritu Santo.

Entonces ¿qué ocurre cuando oramos con fe? Al orar con fe, lo sobrenatural comienza a suceder, el mover de Dios se activa con la única llave que puede darle movimiento: la fe. Nosotros, por tanto, debemos creer que lo pedido se cumplirá puesto que Dios no falla.

Hace un tiempo me llamó un pastor para que fuera a predicar a su iglesia y le respondí: «Sí, iré. Dios me dio algo nuevo y quiero darlo a conocer». Ese día el culto fue una revolución. Pusimos en fila a todos los que querían el bautismo del Espíritu Santo y empecé a orar. Todo aquel al que le imponía las manos, comenzaba a hablar en lenguas. Creí que así sucedería y así ocurrió.

Eso es fe. Poner la Palabra en acción y con sencillez. Si creemos con candor en la Palabra, Dios revolucionará nuestra vida. En mi caso, predico el evangelio en la forma más sencilla posible, de forma que todos lo entiendan cualquiera sea el nivel cultural de los que escuchan.

Durante una reunión evangelística en Estados Unidos, Dios me dijo: «Predica una hora si es necesario. Las personas deben entender que son ellas las que necesitan de mí, no yo de ellas». Esto es una realidad, Dios les hace falta a los hombres, por eso tenemos que exponer sus necesidades diciéndoles: «Ustedes necesitan de Dios. ¿Piensan seguir con sus corazones destruidos, emborrachándose, adulterando, mintiendo o desean cambiar? Tengan en cuenta que vivir de espaldas a Dios solo trae dolor, tristeza y amargura».

Así de simple es el evangelio. Aprendamos las cosas sencillas y prediquemos a un Jesús sencillo para que todo el mundo pueda entender las verdades de Dios.

Acción

A fin de entender este paso, deseo que tomemos el ejemplo de Nehemías. Este siervo del Altísimo recibió Palabra de Dios diciendo que debía hacer algo. Y no se quedó sentado esperando que Dios lo hiciera, sino que se puso en acción y dijo: «Ayúdame cuando le presente al rey mi petición. Haz que su corazón sea propicio a mí» (1:11, *La Biblia al día*).

Muchos claman y oran, pero cuando les decimos: «Hermano, ganemos ese barrio para Cristo», responden: «Estamos orando». Al año siguiente le repetimos: «Hermano, hay que ganar el barrio para Cristo, hay muchos drogadictos». Y ellos vuelven a responder que siguen orando. En definitiva, se pasan la vida orando solamente. Debemos orar, pero una vez que Dios nos da la seguridad es momento de pararnos como Nehemías y decir: «¡Vamos! Reedifiquemos los muros de Jerusalén y quitemos de nosotros este oprobio» (Nehemías 2:17, *La Biblia al día*). Siempre estamos esperando que Dios lo haga todo, que Él sea el que salga a predicar. Oramos dos minutos y decimos: «Señor, salva al barrio», y ya está. Y de esa manera pretendemos que las personas se conviertan.

En cierta oportunidad, Dios me dio una visión en la que vi un gran oasis en el que había palmeras, plantas exóticas, árboles frutales de todo tipo, arroyos de aguas cristalinas, flores, césped color verde oscuro, pájaros y una multitud de personas bebiendo refrescos, comiendo frutas, cantando, riendo, jugando. Pensé: Este lugar es «el paraíso». Mas cuando comencé a acercarme al vallado que lo circundaba, vi al otro lado un gran desierto. No había árboles, agua, ni flores; no había sombra, el sol resquebrajaba las piedras con su calor y vi la multitud agonizante observando. Muchos tenían la piel agrietada, la lengua hinchada y se sostenían unos con otros. Sus manos extendidas hacia los que estábamos en el oasis paradisiaco imploraban ayuda.

Esa visión de Dios me ayudó a reflexionar como parte de la Iglesia de Cristo. Nuestros templos están cansados de oírnos. Cada ladrillo puede ser un doctor en teología. Saquemos el púlpito a la calle, a las plazas, a los parques. Vayamos de puerta en puerta hablando de Cristo. Los lamentos de los que sufren golpean nuestros tímpanos. Despertemos, los noticieros de radio y televisión, los periódicos y las redes sociales cantan loas al destructor. Por tanto, ¡Prediquemos de Cristo!

Dios quiere hombres y mujeres de acción. Seamos sensatos y sabios. En la vida, si no entramos en acción, no nos movemos; nos quedamos paralizados. Si no nos esforzamos, fracasamos. Si no hay acción, aunque tengamos mucha sabiduría, no vamos a ganar almas para Cristo. Aunque nos instalen una iglesia completa con todo lo necesario; ¡olvídese! A todo proyecto hay que agregarle acción y eso se demuestra saliendo a servir al Señor. Si usted es haragán, renuncie al ministerio o dígale al Señor que le quite la pereza. Ningún perezoso va a tener éxito en la obra del Señor porque Él necesita personas valientes y esforzadas. Eso fue lo que Dios le dijo a Josué: «Mira que te mando que te esfuerces y seas valiente; no temas ni desmayes» (1:9). ¿Qué es esforzarse? Es sobrepasar los límites de nuestras fuerzas. Si por ejemplo nos gusta dormir mucho, el ministerio no resultará en nuestras vidas. En realidad, todo debe tener un límite y una medida. Tampoco es necesario llegar al extremo de tener tanta actividad que nos pasemos el día corriendo y dejemos de orar.

Oración y ayuno

Somos sacerdotes de Cristo. Cada uno de nosotros tiene la responsabilidad de mantener el fuego encendido, conservar el fuego del altar en nuestra vida devocional a través de la oración constante. Así el fuego del Espíritu Santo no se apagará jamás.

> Y el fuego encendido sobre el altar no se apagará, sino que el sacerdote pondrá en él leña cada mañana, y acomodará el holocausto sobre él, y quemará sobre él las grosuras de los sacrificios de paz.
>
> —Levítico 6:12

Es importante que sintamos amor por las almas perdidas; que doblemos nuestras rodillas para gemir, para clamar por el mundo que se pierde. Cuando aceptamos a Jesús, las llamas del altar llegan hasta el techo. Sin embargo, al pasar el tiempo, el amor se va apagando y el altar también. Entonces, allí donde había fuego, solo quedan cenizas. Si dejamos apagar el fuego del altar, como les sucedía a los levitas, no servimos como sacerdotes, fracasamos en nuestra función. Si no mantenemos el altar a Dios encendido en nuestras vidas, nos enfriamos. De pronto comenzamos a perder el amor por las almas sin Cristo, por la obra y por los hermanos.

Sin embargo, aún estamos a tiempo de recuperar ese primer amor, como la iglesia de Éfeso. Iglesia que perdió su primer amor y, en consecuencia, su altar se consumió. Había trabajado mucho, había andado mucho, había obrado mucho, pero algo andaba mal. Dios vio los esfuerzos de la iglesia de Éfeso, su trabajo incansable, que resistía a los malos y a los que decían ser apóstoles y no lo eran. Sin embargo, le dijo: «Pero tengo contra ti, que has dejado tu primer amor. Recuerda, por tanto, de dónde has caído, y arrepiéntete» (Apocalipsis 2:4, 5). Podemos mantener el fuego del altar encendido con oración y con ayuno. Buscando a Dios con todo nuestro corazón e intercediendo. De ese modo nos prepararemos para enfrentar los obstáculos pues, como el Señor nos dice, no tenemos lucha contra carne ni sangre, sino contra principados, contra potestades y contra huestes espirituales de maldad. La Biblia es clara al mostrarnos que nuestra lucha no es contra los hombres, sino contra las potestades del aire. Es ahí donde debemos tener la victoria, orando permanentemente y diciendo: «Satanás, suelta esta ciudad. Diablo suelta las finanzas. Satanás, diablo inmundo, tú que traes el pecado sobre la Iglesia, suéltala en el Nombre de Jesucristo».

Satanás es real, pero muchas veces pareciera que ignoramos eso, creemos que al ignorarlo no nos va a hacer nada. Sin embargo, el diablo anda como león rugiente, buscando a quien devorar y nosotros debemos librar esta batalla en oración, en el altar; por eso, cada vez que lo reprendemos es como si le echáramos un balde de combustible al altar.

Así que la consagración, la visión, el conocimiento, la fe, la acción son importantes, pero a la oración y al ayuno debemos cuidarlos celosamente. Este es un ingrediente que no puede faltar en su ministerio. Si fracasa en esto, lo demás no sirve. Cada tema debe cuidarse con celo. Cada cosa tiene su componente real para nuestra vida cristiana, pero es importante que le agreguemos una vida de oración e intercesión. Además, como líder de un ministerio, es importante que organice un grupo que esté orando constantemente a su alrededor e intercediendo por su vida.

Amor

A todo lo enunciado hasta aquí debemos abrazarlo con amor. Si no hay amor por las almas perdidas y por las ovejas propias, el ministerio cristiano es ineficaz y no va a tener ningún resultado en nuestra vida. Usted puede ser una persona de acción, de fe o de conocimiento, pero si no tiene amor, ¿de qué sirve? Todo lo que pueda construir lo termina destruyendo por falta de amor.

Cada día elevo esta oración a Dios: «Señor, dame amor. Porque sé que si no tengo amor, nada soy». Si no amara en verdad al que sufre, me sería imposible continuar en el ministerio. Hay días en que tengo tres personas que me están hablando en un oído, tres en el otro y tres por detrás. Le puedo asegurar que a veces no es fácil, por eso necesitamos una cuota de amor especial, pues muchas veces la paciencia se agota y si no tenemos amor no podemos continuar.

El amor, dice la Biblia, «no se envanece ... no busca lo suyo, no se irrita, no guarda rencor. Todo lo sufre, todo lo cree, todo lo espera, todo lo soporta» (1 Corintios 13:4-5, 7). Ese es el amor que debemos tener. Si usted tiene una vida de altar y tiene el fuego encendido, pídale a Dios que lo llene de su amor que Él lo hará. Pero no se olvide, ore a Dios, interceda ante Él, no se conforme con orar cinco o diez minutos, eso no alcanza. Ore a Dios cuanto quiera: una hora, dos horas... pero trate de dedicarle tiempo al altar. De manera que todos los pasos que debemos dar para lograr un ministerio triunfante estén inundados con el amor precioso de nuestro Señor Jesús.

Hace un tiempo llegó a nuestro ministerio un hermano, que ha escrito muchos libros, enviado por un pastor de Alemania. Estaba investigando todo acerca de los avivamientos y sus fallas. Habló de personajes como Finney, Moody, Wesley y otros. Quería saber por qué los avivamientos se detienen, por qué no permanecen.

Entonces le respondí, de acuerdo a mi entendimiento, con una ilustración. Si dos boxeadores pelean en un ring, uno ataca y el otro se defiende. Cuando el que ataca deja de hacerlo, el que se defiende comienza a atacar. Lo mismo sucede con la Iglesia y su lucha con Satanás. Cuando estamos librando la batalla por las almas perdidas, lo que sostiene el ataque es el amor por esas vidas. Cuando la Iglesia abandona la acción, el diablo la ataca y pasa a defenderse de él. De modo que ¡No pierda su posición victoriosa dentro de la lucha!

Quiero concluir este capítulo con lo que Dios me dijo al respecto:

El amor por los perdidos produce avivamiento. Cuando se termina el amor, se termina el avivamiento. Aquel que tiene pasión por las almas vive en un permanente avivamiento.

CAPÍTULO 3

AUTORIDAD POR MEDIO DE LA FE

Señales divinas respaldarán a todo el que responda al llamado de Dios. Es promesa del Señor. Sin embargo, nunca olvide que cada señal se activa a través de la autoridad, que a su vez recibe impulso de la fe. Dios le otorga a usted, como cristiano, una autoridad espiritual que debe poner en acción. Desde la creación, Dios le delegó al hombre toda la autoridad sobre la tierra, y lo puso como corona de la creación. Dice el libro de Génesis que Dios creó al hombre a su imagen y que, además de ordenarle que se multiplicara, le dijo que sojuzgara la tierra y que señoreara sobre los animales marinos, las aves y cualquier bestia que anduviera en la tierra (Génesis 1:27, 28).

La palabra «sojuzgar», según el diccionario, significa sujetar, dominar, mandar imperiosamente. Respecto al término «señorear», sus acepciones son: dominar o mandar; estar una cosa en situación superior o en lugar más alto que otra, como dominándola. De ello interpretamos que estas palabras expresan «poder», ya que marcan el «dominio» real y la «autoridad» sobre todo ser viviente que Dios concedió al hombre. Pero ese dominio se perdió cuando el hombre cayó en pecado. Satanás le arrebató la autoridad y se hizo señor de la tierra. El hombre perdió la escritura de propiedad de esa autoridad. Satanás se la arrebató.

Cuando Jesús murió en la cruz, sin embargo, no solo nos redimió, sino que también quitó la barrera que nos separaba de Él y nos volvió a dar la posibilidad de ser hechos hijos de Dios. Al hacer eso, le quitó al diablo toda autoridad y la pasó automáticamente a nuestras manos. Puedo garantizarles que tenemos la autoridad que proviene de Dios, y que a través de la fe en Él podemos quitarle cualquier cosa al diablo. Basta reconocer que somos los herederos reales y coherederos con Cristo del reino de los cielos. Nuestro Padre es el dueño. Él tiene el título de propiedad de esta tierra.

Ahora bien, cuando asumimos nuestro derecho por fe, somos capacitados para ejercer autoridad sobre los poderes diabólicos de este mundo. Si Satanás actúa en una persona o una situación, tenemos la potestad de echarlo, ya que a través de la cruz recuperamos toda autoridad divina.

Ejemplo de ello es lo que nos ocurrió con los medios de comunicación en Argentina. En nuestra nación no se permitía predicar el evangelio de Jesucristo a través de la radio y la televisión. En 1992, cuando realizamos una gran campaña en una provincia norteña del país junto a unas ochenta iglesias de la zona, les pedimos a varias estaciones de radio y televisión que nos vendieran espacio para trasmitir nuestros cultos en vivo. Nos pidieron demasiado dinero ya que unos días antes, en esa misma ciudad, se efectuó un importante acto político y las emisoras les cobraron lo que quisieron.

Tuvimos, además, problemas con el terreno donde levantaríamos nuestra carpa. Las autoridades no quisieron concedernos un lugar, aunque se lo prestaban a los circos y a cualquiera que lo solicitara para otros fines. Pero eso tampoco fue un impedimento, Dios continuaba obrando. Un hermano cedió unos terrenos que tenía fuera de la ciudad para realizar la campaña, el único inconveniente era la escasez de medios de transporte. Por allí solo pasaba un ómnibus y con poca frecuencia; eso nos preocupaba, ¡cómo llegaría la gente cada noche hasta ese lugar!

Los días previos a la campaña fueron difíciles, el desánimo reinaba en el grupo. Decidimos declarar la guerra espiritual y reprendimos al diablo de esta manera: «Satanás, retrocede. Te atamos en el nombre de Jesús. Suelta los medios de comunicación. Vete, hombre fuerte, estás vencido».

Oramos por el asunto varios días. Al comenzar las reuniones, sentimos el fuerte respaldo de Dios. Durante uno de esos momentos de intercesión por la campaña, el Espíritu Santo comenzó a mostrarles a diferentes hermanos visiones en las que veían al hombre fuerte caer de su trono junto con las estructuras diabólicas.

Una mañana, Dios me dijo: «Debes trasmitir esta campaña en cadena directa por radio y televisión». Entendí que Dios nos las estaba entregando; el hombre fuerte estaba derrotado. Hablé con el coordinador de nuestro equipo, el hermano Tito Meda, y le dije que contratara los espacios de radio y televisión que necesitábamos. Ahí comenzó la sorpresa. Los directivos de los medios aceptaron nuestra propuesta a un treinta por ciento del valor que nos propusieron al principio. Las emisoras de radio de frecuencia modulada trasmitieron la campaña sin costo alguno para nosotros. El día sábado, más de diez medios, entre radio y televisión, trasmitieron el culto. Ahí, sin embargo, no terminó todo. Esa noche, a los cinco minutos de iniciada la trasmisión, los canales televisivos que no contratamos enfrentaron problemas técnicos y tuvieron que suspender sus programaciones habituales. Toda la ciudad solo podía ver nuestra campaña. ¡Nuestro Señor es maravilloso!

Esa noche vimos a muchas personas corriendo hacia la plataforma. Cuatro jóvenes llegaron en automóvil al lugar. Estaban tan desesperados que antes de oír la predicación por la radio estaban decididos a suicidarse dentro del automóvil en el que andaban. Miles llegaron. Cientos de milagros sorprendentes sucedieron, uno de los cuales fue realmente maravilloso. Una madre paró a su hijo con síndrome de Down frente a la pantalla de televisión. Mientras yo oraba, vio cómo su hijo sanaba y sus facciones físicas se transformaban. Cientos de muelas quedaron arregladas con oro y platino, y varios enfermos con cáncer sanaron.

A partir de esa trasmisión, la campaña se desarrolló en una manera tremenda. Nadie se explicaba cómo con tan poco dinero conseguimos espacios en esas emisoras por las que habíamos orado. Pero nosotros conocíamos la explicación: por medio de la fe habíamos tomado la autoridad que proviene de Dios. Resultado: La ciudad se conmovió por el poder de Jesús. Predicamos allí por treinta y ocho días, y más de treinta mil personas aceptaron a Jesucristo para la gloria y la honra de nuestro Señor.

Me gusta relatar la historia de un pastor, en la provincia de Jujuy, que tenía en la iglesia a un médico que cada mes le pagaba el pasaje aéreo a Buenos Aires, para que estudiara en un seminario bíblico. Una vez en la aeronave, cuando se le acercaba la azafata para preguntarle qué deseaba tomar, respondía: «Nada, gracias». El tiempo pasó y, luego de varios viajes, el pastor finalizó el curso del seminario.

Como premio por su graduación, el pastor recibió una importante ofrenda antes de regresar a su pueblo. Ese día subió al avión y esperó ansioso a que la azafata le ofreciera algo. El joven se deleitó durante todo el viaje con las exquisiteces que le sirvieron. Cuando estaban por aterrizar, el pastor llamó a la aeromoza y le preguntó cuánto le debía pagar por lo que había consumido. La señorita contestó con una sonrisa: «Nada. Todo está incluido en el precio del pasaje».

¡El pastor quedó perplejo! Nunca disfrutó lo que le ofrecían porque no sabía que era gratis. Igual le sucede a la Iglesia de Cristo: por ignorancia no disfruta los beneficios que Dios les brinda a sus hijos.

Dispuestos a entender

Un varón, vestido de lino, le dijo en visión a Daniel que no temiera, porque desde el primer día en que dispuso su corazón a *entender* y a humillarse ante Dios, sus palabras fueron oídas. Pero algo sucedió mientras aquel varón llevaba la respuesta de Dios a Daniel. Una fuerte batalla espiritual se libró en el aire durante veintiún días.

Lo que el ángel quiso decir con la palabra «entender» es que la fe también se puede interpretar. Al leer la Biblia, analizo lo que me enseña a través de la fe, aunque mis conceptos y prejuicios se interpongan y traten de limitarla. A muchos les sucede eso. Casi todas las personas con conocimiento científico, por ejemplo, tienen conceptos difíciles de romper a la hora de aceptar la fe. A nivel de iglesia, las preconcepciones religiosas frenan el crecimiento de las congregaciones. Solo el Espíritu Santo operando en forma sobrenatural puede romper esas estructuras de conceptos y prejuicios.

Los que carecen de esa clase de preconcepciones pueden acceder con mayor facilidad al mundo espiritual. El mejor ejemplo que tenemos es la sencillez de los niños. Jesús dijo que si no somos como ellos, no entraremos al reino de Dios. Si algo debemos reconocer en los niños es la inocencia con que aceptan y creen. No tienen prejuicios. Al contrario, reciben lo que sus padres o mayores les brindan como por fe. En el libro de Lucas vemos que Jesús se regocijó al declarar que su Padre ocultó las cosas del espíritu a los ojos de los sabios y entendidos, y se las reveló a los niños.

Aunque, en realidad, muchas personas intentan interpretar a Dios por medio de su entendimiento, es solo por fe que podemos conocerlo. Todos, en alguna oportunidad, nos encontramos con personas que llaman «locura» a las cosas de Dios, o «locos» a quienes creen en el mensaje del evangelio. Pero la Biblia dice que a Dios le agradó salvarnos por la fe en el mensaje y no en el razonamiento del mensaje. Seamos como los niños que creen con ingenuidad.

No limite su fe

Hay una supercomputadora que, según los expertos, tiene todo el conocimiento acerca del hombre. Con la memoria llena de una cantidad increíble de datos suministrados por los científicos, es capaz de brindar todo tipo de información que se le requiera en cualquier área del saber humano y supongo que pudiera brindar hasta información secreta de todos los países del mundo. Pero si le pedimos alguna información sobre algo espiritual, no podrá respondernos porque no entiende lo sobrenatural. Solo tiene datos relativos a la sabiduría humana.

El hombre, sin embargo, puede acceder a cualquier plano de la vida, aun el espiritual, por medio de la fe, ya que cuenta con un espíritu que lo capacita para ello. En cierto sentido, podríamos decir que somos sobrenaturales porque tenemos un espíritu capaz de interpretar lo espiritual. En Gálatas 5:22, 23, la Biblia enumera las gracias que constituyen el fruto del Espíritu: amor, gozo, paz, paciencia, benignidad, bondad, fe, mansedumbre, templanza. Claramente podemos observar que la fe es un fruto del espíritu y solamente el hombre puede acceder a ella pues es el único ser viviente que posee espíritu. Solo a través de la fe podemos interpretar lo espiritual y tener acceso a la autoridad de Dios. Asimismo, podemos distinguir dos clases de fe: la natural y la sobrenatural.

Durante mi primer viaje misionero al norte argentino, una noche de verano, me pidieron que predicara en la reapertura de una iglesia. Comenzamos a invitar a las personas a la campaña que se extendería por tres días. Preparamos los bancos con madera usada y troncos de árboles. El primer día asistieron pocas personas, pero al presenciar el poder de Dios corrieron a contarles a sus amigos los milagros y maravillas que allí sucedieron. El segundo día vino mucha más gente y, el último, la iglesia estaba totalmente llena.

Al ver que la mayoría no conocía al Señor, me emocioné. El viaje de mil doscientos kilómetros valió la pena. Pero luego de un tiempo de iniciada la reunión, vi a la congregación perturbada. Algunos se rascaban el cuerpo, otros agitaban sus brazos, mientras que algunos niños estaban muy inquietos. Una plaga de mosquitos entró a la iglesia y molestaba a los presentes. Tuvieron que rociar líquido repelente contra insectos, pero no se iban sino que parecían multiplicarse. La fe natural no resultó. Imagínese qué situación tan difícil para el predicador. Pensé que cuando les predicara estarían totalmente distraídos espantando a los insectos de sus cuerpos y no atenderían al mensaje.

En ese momento Dios me dijo que echara a los mosquitos fuera de la iglesia. Allí comenzaría a actuar la fe sobrenatural. Pero, le respondí: «Señor, ¿cómo voy a hacer eso? Si los echo y no se van, el que tendrá que irse seré yo». Pero como insistió, le respondí: «Muy bien, si me das fe, los echaré». Esa es la eterna lucha entre la fe natural, que le decía a mi mente: «Esto es imposible», y la fe de Dios que dice: «Hazlo ahora».

En ese momento el pastor me presentó ante la congregación, me levanté, y al instante la fe sobrenatural vino sobre mí. Como David frente a Goliat, no tenía duda de la victoria. Entonces dije: «Hermanos, puestos en pie, vamos a orar y a echar fuera a estos mosquitos, en el nombre de Jesús». Los hermanos me miraron y se rieron. Algunos bajaron la cabeza para que no los viera. Otros abrieron los ojos sorprendidos, pero finalmente todos juntos oramos de esta manera: «Mosquitos, en el nombre de Jesús, fuera de esta iglesia. ¡Ahora! ¡En este momento!». En segundos, no quedó ni un solo mosquito en el templo. Un viento suave los echó fuera de la casa de Dios. Entre asombro y alegría, Dios glorificó su nombre.

Al analizar la situación, deduje que si Dios le dio a Adán absoluta autoridad sobre todo ser viviente, inclusive los del aire, eso incluía también a los mosquitos. El conflicto —en realidad, aparente— era mío. No tenía fe sobrenatural para creer que los mosquitos se irían al reprenderlos. Me resultaba ilógico hacerlo, pues la fe natural me decía que estaba loco y que no tenía poder para ello. Eran prejuicios, ideas preconcebidas.

Sin embargo, yo mismo me desafié a creer por fe y tomé la autoridad divina. ¡La fe sobrenatural me dio autoridad para hacerlo! El prejuicio forma estructuras tan sólidas en el ser humano que impide que la fe se desarrolle con autoridad. No piense que solo hablo respecto a los que no conocen a Jesús ni tienen fe para creer en Él, sino también de los que creen y limitan su fe sobrenatural. La Biblia relata el momento cuando Felipe conoció a Jesús. Tal fue su emoción que buscó de inmediato a su amigo Natanael para contarle a quién había conocido, y le dijo que halló a Jesús, el hijo de José, el carpintero de Nazaret. Entonces Natanael le respondió: *¿De Nazaret puede salir algo bueno?* (Juan 1:45, 46).

Según observamos, por las palabras de Natanael, la ciudad de Nazaret no gozaba de muy buena fama y —en consecuencia— eso afectaba también a Jesús, por ser de ese lugar. Tal vez Natanael no se habría acercado a Jesús si Felipe no le hubiera insistido. El prejuicio que tenía pudo haberle impedido conocer a Jesús y ser salvo. Al poco tiempo de haberse acercado Natanael a Jesús y este haberle revelado su poder, se rompieron las estructuras que limitaban su fe para creer.

La religión misma, en efecto, es un gran enemigo de Dios puesto que genera prejuicios y preconceptos religiosos que pueden limitar su fe. Las personas no creen en los milagros hasta que los experimentan en sus propias vidas o en la de algún ser querido. Por eso, necesitan señales para tener fe en Dios.

Donde está la presencia de Dios hay señales

Sé que donde está la presencia de Dios hay señales. Debemos romper todo prejuicio que limite el acceso a esa fe sobrenatural y tomar por fe la autoridad legada por Dios. Las señales es uno de los medios que quiebran las estructuras preestablecidas, puesto que a través de ellas muchos ingresan a la vida de fe. La Biblia nos enseña que las señales seguirán a los que creen.

Estas son algunas de esas señales: «En mi nombre echarán fuera demonios; hablarán nuevas lenguas; tomarán en las manos serpientes, y si bebieren cosa mortífera, no les hará daño; sobre los enfermos pondrán sus manos, y sanarán» (Marcos 16:17, 18).

Creo firmemente que estas señales no son para la Iglesia, sino para los incrédulos. Pienso que Dios dará señales a través de su Iglesia para que otros crean. En lo particular, puedo percibir esta situación en cada campaña que realizo. La gente cree y activa su fe al ver las señales de Dios: un paralítico que camina, un cáncer que es sanado, un oprimido que queda libre de demonios, etc. Es por eso que en cada reunión invito a las personas que han recibido milagros a que suban a la plataforma y testifiquen de su experiencia. Eso anima a creer y desafía la fe.

Cuando Dios le ordenó a Moisés que sacara a Israel de la tierra de Egipto, este le dijo que el pueblo no creería que Jehová le había hablado. Entonces Dios le mostró una simple vara y la transformó en culebra. Moisés se asustó y se alejó de ella. Mas Jehová le dijo que extendiera su mano y tomara la serpiente por la cola. Así lo hizo y nuevamente se transformó en una vara en su propia mano. Esta y otras señales demostrarían a los israelitas que Dios había estado con él. (Véase Éxodo 4:2-9).

El pueblo de Israel también necesitó ver señales para creer. Al verlas, hasta los incrédulos creyeron, y siguieron a Moisés pues había señales de Dios que lo avalaban e inspiraban fe en aquellas personas. Aunque no veían a Dios sabían que, tras las señales, estaba Él.

Lo mismo sucedió con Nicodemo, que cuando se acercó a Jesús le dijo: «Señor, ninguno puede hacer estas señales si no está Dios con él». Este hombre reconoció, mediante las señales que rodeaban a Jesús, que estaba avalado por Dios. El ministerio público de Jesús estuvo lleno de señales, por lo que grandes multitudes iban tras Él al ver su poder para sanar y liberar.

Cuando Juan el Bautista dudó, ¿qué hizo Jesús? Veamos el relato bíblico:

Los discípulos de Juan le contaron todo esto. Él llamó a dos de ellos y los envió al Señor a preguntarle: ¿Eres tú el que ha de venir, o debemos esperar a otro? Cuando se acercaron a Jesús, ellos le dijeron: Juan el Bautista nos ha enviado a preguntarte: «¿Eres tú el que ha de venir, o debemos esperar a otro?». En ese mismo momento Jesús sanó a muchos que tenían enfermedades, dolencias y espíritus malignos, y les dio la vista a muchos ciegos. Entonces les respondió a los enviados: Vayan y cuéntenle a Juan lo que han visto y oído: Los ciegos ven, los cojos andan, los que tienen lepra son sanados, los sordos oyen, los muertos resucitan y a los pobres se les anuncian las buenas nuevas.

—Lucas 7:18-22

Jesús no les dijo: «¿No ven con cuánta sabiduría les hablo?». Al contrario, les mostró las señales. De esa forma Juan reconocería quién era. Dios siempre trató a sus hijos con señales. Por ejemplo, Dios guiaba constantemente al pueblo por el desierto con una columna de humo y fuego, que era una señal. El maná que caía del cielo cada mañana era otra señal. El vellón de Gedeón fue otra. Las sanidades de Jesús también lo eran. Hay un mundo que busca el verdadero camino, Dios quiere que sepa que «el camino es Jesús» y las señales son solo una viva demostración de la presencia de Dios.

La Iglesia verdadera

Cuando estudiamos el tabernáculo de Israel observamos diferentes elementos que nos revelan grandes verdades acerca de Dios. Pero hay una en especial a la que quiero referirme: el Arca del Pacto.

El tabernáculo estaba formado por diversas áreas. Una de ellas era el Lugar Santísimo, donde se encontraba la presencia de Dios, y al que solo podía ingresar el sumo sacerdote una vez al año, luego de varios rituales previos. En el Lugar Santísimo se hallaba el Arca del Pacto. Dentro de ella estaban las tablas de la ley y la vara de Aarón. Muchas cosas se pueden hablar al respecto, pero lo que quiero hacerles notar es que donde está la presencia de Dios hay señales. Esa vara representa las señales de Dios.

El mundo está buscando señales para encontrar el camino correcto. Dios nos las dio, al igual que a Moisés, a Juan el Bautista y a Nicodemo. Pero muchas sectas, religiones, brujos, magos, adivinos, mentalistas e iluminados se levantan con señales engañosas manifestando ser la encarnación de Jesús o diciendo: «Este es el camino». Ante semejantes mentiras y engaños del diablo ¿qué haremos? Acaso proclamaremos un evangelio de palabras persuasivas de humana sabiduría o lo haremos con demostración del Espíritu Santo y poder.

Ahora bien, si quiere saber cuál es la verdadera Iglesia, quiero decirle algo importante para que no se equivoque en su búsqueda: Ella deberá tener las señales de Dios contenidas en el siguiente pasaje:

Les dijo: «Vayan por todo el mundo y anuncien las buenas nuevas a toda criatura. El que crea y sea bautizado será salvo, pero el que no crea será condenado. Estas señales acompañarán a los que crean: en mi nombre expulsarán demonios; hablarán en nuevas lenguas; tomarán en sus manos serpientes; y, cuando beban algo venenoso, no les hará daño alguno; pondrán las manos sobre los enfermos, y estos recobrarán la salud».

—Marcos 16:15-18

La primera parte del texto puede ser común a muchas iglesias porque predican el evangelio. Otras bautizan a los que creen. Pero lo que diferencia a la verdadera Iglesia son las señales que seguirán a los que creen. Por lo tanto, usted debe buscar una iglesia en la que encuentre las señales que el Señor promete; donde los oprimidos espirituales encuentren liberación, donde se hablen lenguas celestiales, donde se acepten desafíos y donde los enfermos sean sanados.

Nuestro Señor Jesucristo delegó toda autoridad a sus discípulos para que sanaran enfermos y liberaran endemoniados. Así lo dice la Palabra:

Entonces llamando a sus doce discípulos, les dio autoridad sobre los espíritus inmundos, para que los echasen fuera, y para sanar toda enfermedad y toda dolencia.

—Mateo 10:1

Esta autoridad es la misma que Dios nos entregó a usted y a mí. Con ella podemos mostrarle al mundo las señales de Dios para que crean. El propio Cristo asombraba a la gente por su autoridad y los mismos religiosos le preguntaban: «¿Qué nueva doctrina es esta que con autoridad manda aun a los espíritus inmundos, y le obedecen?» (Marcos 1:27). Para las estructuras religiosas con fuertes prejuicios establecidos, la autoridad de Cristo fue una nueva doctrina. Esa autoridad hoy es de usted y es mía.

Acepte el desafío de tomar por fe la autoridad de Dios y así enfrentar enfermedades, demonios y todo tipo de barrera espiritual que solo cruzará a través de la fe. Somos herederos de una de las más importantes fortunas y, sin embargo, no la usamos.

Tome la autoridad por fe y obtendrá resultados sorprendentes.

CAPÍTULO 4

DEMONOLOGÍA I

TESTIMONIO: «SATANÁS ATABA MI VIDA»

Sufrí una depresión profunda durante cuarenta y dos años de mi vida. Esa condición me acompañó desde pequeña, me apartaba de los otros niños, me aislaba, al punto que no me gustaba jugar con nadie. Recuerdo que siempre me trepaba a un árbol que había en el fondo de mi casa. Allí me escondía del resto del mundo.

Tengo cinco hermanas, ninguna era como yo. Ellas siempre reían. Muchas veces la gente le decía a mi mamá: «¡Qué bien se comporta esta niña!», pero lo que en realidad no sabían era que no me movía a causa del terror que sentía en mi interior. No sabía jugar ni reír siquiera.

Toda mi vida estuvo marcada por lo que viví en mi infancia y se relacionaba con lo vivido junto a mi padre, que era un hombre alcohólico. Golpeaba a mi madre y a mis hermanas, siempre llevaba armas y constantemente nos amenazaba diciendo que cuando todos estuviéramos durmiendo, nos mataría. A causa de eso, cada noche me esforzaba por mantenerme despierta hasta que el sueño me vencía y al final me dormía. Tal era el terror que sentía que durante las noches tenía unas pesadillas tremendas y al despertarme veía la sombra de un hombre que abría la puerta del armario y se cubría con el gabán de mi padre y su sombrero.

Cada vez que sentía temor, corría al fondo de mi casa y me sentaba por horas junto al peral que había allí. Como mi familia no se daba cuenta de lo que me sucedía, no podían ayudarme.

La mala relación que mi padre tenía con mi mamá y con nosotras, sus hijas, marcó el resto de mi vida. Ese temor a que se repitiera la historia me invadió de tal manera que nunca quise casarme. Quizás yo misma me até porque no quería vivir lo que mi madre pasó.

Mi depresión continuó durante mi juventud y mi madurez. Constantemente vivía encerrada en mi habitación, a oscuras por completo. Fumaba todo el día, bebía y jugaba al conocido juego de la copa. También tenía una fuerte inclinación por todo lo que involucraba el ocultismo. Me gustaba mucho. Siempre intentaba mover objetos con la mente y leía las manos. También echaba las cartas adivinando el futuro de quienes me lo pedían. Todas esas ataduras diabólicas me llevaron a un pozo más profundo.

Cierto día mi madre me comentó sobre unas reuniones que se estaban llevando a cabo en la ciudad de Moreno. Se trataba de una campaña evangelística del hermano Annacondia. En ese instante sentí que debía ir a ese lugar. En el transcurso de esos días una voz muy fuerte comenzó a hablarme y susurraba a mi oído diciendo que debía beber un veneno para suicidarme y así terminar con mi vida. Pero, en tal mal estado me encontraba, que ni siquiera podía salir sola a comprar la botella del mortal tóxico.

La campaña en ese lugar duró cincuenta y dos días, pero solo pude acercarme cuatro días antes de que finalizara. El diablo no dejaba de instarme al suicidio durante los días previos. Hasta que una tarde mi madre quiso que saliéramos juntas a pasear, tomamos un ómnibus y este pasó frente a la carpa donde se realizaba la campaña. Comencé a gritar y decir que quería bajarme. Debido a los gritos que vociferé, los pasajeros me miraron y el conductor se detuvo en el lugar.

El 12 de febrero de 1987 acepté al Señor en mi corazón. Esa primera noche no quería irme de ese lugar, estaba muy feliz, mi vida cambió y la depresión desapareció. Durante las reuniones siguientes continué asistiendo, pero algo había dentro de mí que no me dejaba pasar al frente para que el hermano Annacondia orara. Sin embargo, la última noche de la campaña, pude hacerlo. En el momento en que oraba por mí, mi cuerpo comenzó a temblar casi sin control. Los consejeros me llevaron a la carpa de liberación de la campaña y allí continuaron orando. Tuve que renunciar a muchas cosas que tenía en mi corazón. Entre otras, al odio y a la amargura. El diablo había atado mi vida de tal manera que estaba totalmente atormentada. Sin embargo, cuando en mi corazón decidí ser libre, el Señor operó un cambio al instante. En varias oportunidades necesité renunciar ante Dios a algunas situaciones pendientes en mi corazón. Durante una de esas oraciones, los que oraban allí por mí sintieron de parte de Dios que yo tenía un espíritu de adivinación y que también tiraba las cartas. Así que comenzaron a reprender ese espíritu diabólico y a orar por la liberación de mi vida. De pronto, un fuerte ruido como el estallido de una copa se sintió en el aire y entonces quedé completamente liberada.

Al poco tiempo, mi familia también se acercó al Señor. Vieron el cambio que Dios produjo en mí. Los vecinos comenzaron a verme caminar por la calle durante el día y se preguntaban qué me había sucedido. Yo siempre estaba durmiendo a oscuras en mi cuarto. Vivía en penumbras y, cuando me despertaba, ya era de noche. Pasaba el tiempo y después comenzaba a lamentarme por todo lo que no había hecho durante el día. Por eso, todos los que conocían mi problema pudieron ver el cambio en mi vida. Ahora me levanto temprano, sonrío, además de que me congrego en una iglesia. Dios cambió mi vida.

MARÍA LUISA, Argentina.

Una realidad a la que nos enfrentamos todos los días es la posesión de poderes demoníacos en las personas. Esto no es ninguna novedad para todos los que leen la Biblia. En diversas oportunidades encontramos relatos sobre personas que, estando endemoniadas, recibían liberación.

Muchos cristianos experimentan dos clases de sensaciones frente a Satanás: lo subestiman o lo sobrestiman. Dios nos declara un punto exacto en el que debemos pararnos frente a los poderes malignos. Bien sabemos que Satanás anda como león rugiente, asediando la tierra y buscando a quien devorar. Estas son las pistas claras con las que contamos para empezar. También sabemos que «estas señales seguirán a los que creen: En mi nombre echarán fuera demonios» (Marcos 16:17). Por lo tanto, no se asuste. Si usted cree en el Señor Jesucristo y cumple con el mandato divino de «Id y predicad», estas son las señales que encontrará en su camino.

Los demonios son seres malvados, sin cuerpo y andan buscando un lugar para alojarse. Hablan, razonan, ven y oyen. Podemos citar muchos ejemplos al respecto, el libro de Marcos nos relata algunos. Cuando Jesús enseñaba en la sinagoga, los que estaban allí se admiraban de su doctrina; les llamaba poderosamente la atención la autoridad espiritual con que el joven hablaba. Sin embargo, no reconocían esa autoridad ni aun en los escribas. Pero algo sucedió, uno de los que estaba dentro de la sinagoga comenzó a gritar. Al instante, Jesús reconoció que un espíritu inmundo hablaba por la boca de aquel hombre que decía: «¿Qué tienes con nosotros, Jesús nazareno? ¿Has venido para destruirnos? Sé quién eres, el Santo de Dios». Pero Jesús le reprendió diciendo: «¡Cállate, y sal de él!» (Marcos 1:24, 25).

Imaginemos esta situación poco común en un ambiente como el de una sinagoga. Este hecho no sucedió antes, sino mientras Jesús enseñaba. El hombre poseído se encontraba en el interior de ese lugar. Pero cabe destacar, entre otras cosas, que a pesar de que los religiosos se admiraban de Jesús y sus enseñanzas, no lo reconocieron como el Mesías, aunque los demonios sí lo reconocieron. ¡Qué curioso!

Ahora bien, el mundo espiritual solamente se comprende con el espíritu. De la misma manera pasó con Jesús al oír a ese hombre gritar. De inmediato le ordenó que callara y saliera de ese cuerpo. Entonces los demonios lucharon para no abandonarlo. Lo sacudían con violencia y gritaban, pero finalmente salieron. Una vez que eso pasó, la gente comenzó a ver en Jesús una autoridad espiritual, por lo que se preguntaban: «¿Qué tendrán las palabras de este hombre que aun los demonios lo obedecen?» (Lucas 4:36, *La Biblia al día*).

LAS MANIFESTACIONES DIABÓLICAS

Las manifestaciones diabólicas en los seres humanos son muchas y diversas. De ahí que las veamos en cada individuo de forma diferente:

El oprimido

Es muy común ver personas oprimidas espiritualmente. Estas opresiones actúan en forma externa aunque de manera constante y con el único fin de vencer nuestra resistencia. La opresión se manifiesta a través de la tentación y la persecución. Por lo general, los cristianos padecen este tipo de opresión. Es una modalidad que el diablo prepara para que el hombre regrese a la antigua vida de pecado. Por eso nos dice la Palabra que no demos lugar al diablo, que resistamos.

El atormentado

Los demonios atormentan a muchas personas. En este tipo de manifestación maligna, el espíritu inmundo yace dentro de la persona y actúa desde allí. Es el caso del temor, la depresión, la aflicción. Pero no debemos confundirnos, la persona atormentada que manifiesta un problema espiritual no está necesariamente endemoniada. No hay tantos endemoniados en el mundo, pero hay muchos atormentados por el diablo. La persona no se resiste, pero los demonios permanecen allí, por lo que simplemente debemos echarlos y expulsarlos como ordena Marcos 16:17: En el nombre de Jesús.

Veamos como ejemplo el caso de la mujer sirofenicia cuando le dijo a Jesús: «Mi hija es gravemente atormentada por un demonio» (Mateo 15:22). Después de una breve conversación, Jesús le dice: «Ve; el demonio ha salido de tu hija» (Marcos 7:29). Si le dijo: «Ha salido», es porque estaba adentro. Si no, le hubiera dicho: «Se fue de al lado de tu hija».

La persona atormentada no está endemoniada. Hay un campo de su vida que está bajo la influencia del diablo porque no se ha entregado al Señor o porque hay un pacto o una atadura, odio o resentimiento. Usted sabe bien que cuando esos sentimientos están guardados en el corazón, hay una puerta abierta para que el diablo entre en la vida y haga un desastre. Esto es claro y real, no es un invento.

El poseído

La persona poseída pierde momentáneamente el control de su cuerpo y su voluntad. Aunque reciba ministración a través de la liberación y la consejería, no recuerda lo que atravesó en los instantes previos a su liberación. El endemoniado pierde el control de sus actos. Es aquel que hace algo y luego no lo recuerda. De pronto se enfurece, rompe y quema objetos. Al reaccionar, y cuando le preguntan por lo sucedido, no recuerda nada.

Analicemos el caso de la madre que lleva a su hijo para que Jesús lo libere de un espíritu mudo. Ella le comenta al Señor que por momentos el espíritu lo tomaba, el joven se estremecía, se le llenaba la boca de espuma y sus dientes crujían. Agrega también que muchas veces el espíritu inmundo lo había echado en el agua y el fuego para matarlo, pero no lo había conseguido. Realmente creo que la fe de esa madre era grande; con qué claridad describe el padecimiento de su hijo y con qué madurez espiritual interpreta que un espíritu inmundo lo había poseído. No sabemos el tiempo exacto, pero ella expresa que su hijo padecía este tormento desde niño. Pensemos en qué razón tenía la mujer para declarar que ese era un espíritu mudo. Su hijo no hablaba, no gritaba. Ella describe muchas otras manifestaciones externas que el demonio producía en el muchacho, pero no gritaba.

Ahora veamos cómo liberó Jesús a ese joven. Dijo: «Espíritu mudo y sordo, yo te mando, sal de él, y no entres más en él» (Marcos 9:25). Lo primero que Jesús hizo fue llamarlo, le dijo algo así: *¡Oíme bien, espíritu mudo y sordo!* Pero si era sordo, cómo iba a escuchar. Hermano, no olvide nunca que Satanás es padre de mentiras y es engañador. Observe lo que sucedió después que Jesús lo reprendió: «Entonces el espíritu, clamando y sacudiéndole con violencia, salió; y él quedó como muerto» (Marcos 9:26). Ahora sí hablaba y clamaba, ¿le cree todavía? Jesús sabe a quién estaba enfrentando. Él no se deja engañar.

El enajenado

Por último, este tipo de manifestación indica una posesión completa, en forma permanente. En este caso el diablo tiene posesión del cuerpo, el alma y el espíritu. Es todo lo contrario a la persona llena del Espíritu Santo. Tal es el caso del gadareno. Era un ser totalmente antisocial con actitudes violentas, maltratos físicos, deseos suicidas, etc. He visto a los enajenados en los manicomios. Miran pero no ven. Usted les habla y no sabe si lo escuchan. No entienden nada porque a todo su ser lo dominan espíritus del diablo. Quizás se pregunte: «¿Es posible que alcancen liberación?». Dios también tiene compasión de ellos, así como lo hizo con el endemoniado gadareno que era un enajenado, lo puede hacer con cualquiera.

«EL GADARENO CORDOBÉS»

Finalizaba la última noche de los sesenta días de campaña evangelística realizada en la ciudad de Córdoba, Argentina. Mientras descendía de la plataforma para regresar al hotel, unos hermanos trajeron a un loco para que orara por él. El hombre era un verdadero gadareno, un enajenado. Vivía en los montes, hablaba solo, casi siempre andaba desnudo y descalzo, su cabello estaba sucísimo (haría unos tres años que no se bañaba), sus uñas impresionaban, era la viva representación de un verdadero animal. Era la última noche, después de tantos días de campaña. Me sentía realmente muy cansado y ahora, que pensaba irme a descansar, llegan con ese hombre para que orara por él. Cuatro camilleros cargaban con el individuo.

Mientras me acercaba al tipo, el Espíritu Santo me dijo: «Son dos legiones». A lo que respondo: «Señor, ya no tengo más fuerzas y estoy casi sin voz». Pero igualmente le impuse mi mano y reprendí todo demonio diciendo: «En el nombre de Jesús, deja libre este cuerpo». El hombre salió como una bala, a toda velocidad, hasta que lo perdimos de vista y entonces lo declaré libre por fe.

A los seis meses, volví a Córdoba para una reunión especial del Día de Pentecostés. Muchas personas dieron testimonio de las sanidades y liberaciones que experimentaron en la campaña anterior. Entre toda esa gente subió un hombre bien vestido a testificar que Dios había librado su vida. En ese momento los líderes de esa ciudad me dijeron: «Hermano Carlos, ¿recuerda a ese hombre?». Realmente no sabía quién era, pero al comentar de nuevo el caso, grande fue mi asombro al ver el cambio en él.

Después de aquella oración, el «gadareno cordobés» salió corriendo al medio del campo y estuvo allí gritando durante cinco días. Con cada grito expulsaba varios demonios. El último día, el hombre comenzó a caminar en dirección a la que alguna vez había sido la casa de su familia. Cuando lo vieron en la puerta de la casa, los familiares no entendían pues estaba totalmente en sus cabales. Su vida había cambiado. La noche que oré por él yo estaba agotado, muy cansado; pero Dios no necesita ni de mi esfuerzo, ni del suyo; ni de mi capacidad ni de la suya, Él es soberano sobre todas las cosas.

La obra de Satanás en la vida de los hombres se expresa de diferentes maneras aunque toda su actividad apunta a hurtar, matar y destruir (Juan 10:10). Jesús declara que el diablo es homicida desde el principio, que no hay verdad en él. También dice que cuando habla mentira, de él mismo lo hace porque no solo es mentiroso sino que es padre de toda mentira. ¿Qué podemos esperar de semejante ser que es ladrón, homicida, destructor y mentiroso?

MALDICIÓN FAMILIAR

Con respecto a este tema hay mucho qué decir. Cada vez que maldecimos invocamos un espíritu. Muchas de las personas a las que se debe ministrar liberación están atadas como resultado de las maldiciones vertidas por otras personas, en especial por los padres.

Una de las maldiciones familiares más comunes es cuando abuelos, tíos o padres entregan su descendencia a pedido del mismo Satanás. Lo que ellos ignoran es las tremendas consecuencias que eso les traerá. La diversidad de maldiciones generacionales engendran frustraciones y fracasos hereditarios que deben cortarse de raíz.

La Biblia dice que existen ataduras en la tierra que deben desatarse en el cielo. Debemos tener eso presente y actuar en consecuencia. Es muy común, en especial en las culturas latinas, las ataduras impartidas a través de los conjuros y sentencias familiares. Hay personas que han recibido maldiciones heredadas incluso desde la niñez.

Muchas de esas maldiciones se expresan en forma negligente con frases como las que siguen: «Eres igual a tu padre»; «Siempre serás un burro»; «No sirves para nada»; etc. Sabemos que la palabra expresa autoridad. Dios hizo al mundo con la palabra. La palabra construye y también destruye. Es común escuchar a padres o hermanos decirles a los niños «locos» o «tontos». A través de esas palabras invocamos espíritus demoníacos y atamos al niño. No lo olvide, las palabras atan.

Hace algún tiempo le llamé la atención severamente a uno de mis hijos por haberle dicho a su hermano una palabra inadecuada. Al oírlo aquello me asusté. ¡No permita nunca que esas palabras se digan entre los miembros de su familia! Nuestra responsabilidad como cristianos es «bendecir», llevar bendición incluso a través de las palabras. Siempre que hablo con mis hijos les digo: «¿Qué tal "genio"?». «¿Qué hiciste "campeón"?». Algunas madres no se dan cuenta de esta verdad; por lo que sus hijos, al crecer, viven las consecuencias de lo que sus madres sentenciaron. He conocido a muchachos que han oído de boca de sus madres decir: «¿Por qué habrás nacido? ¿Para qué te habré traído al mundo?». Esos jóvenes han estado marcados hasta que encontraron a Jesús y pudieron hallar sanidad a esas heridas. Cuando decimos «bobo», «animal», expresamos nuestro enojo momentáneo. No nos damos cuenta de que luego pagamos las consecuencias en el mundo espiritual.

Un testimonio, que es realmente esclarecedor y refleja la verdadera cultura latina a través de frases que constantemente se usan, es el que a continuación expondremos:

Nací siendo hijo, nieto y bizbieto de hombres y mujeres que vivían como querían, pero siempre en contra de la voluntad de Dios. Por lo tanto, recibí herencia de corrupción, enfermedad y muerte. Pero un ministro del diablo como fui, no solamente nace, sino que también se hace.

Cuando era niño me castigaban con violencia verbal y física, ellos me decían: «Los chicos son hijos del rigor»; «La letra con sangre entra». Después se justificaban diciendo: «Porque te quiero, te aporreo».

También en la escuela me imponían cosas como: «Lo vas a hacer así, porque yo lo digo»; «Vas a entender por las buenas o por las malas»; «Yo te voy a sacar lo bueno».

Cuando decía algo indebido o hacía alguna travesura, en seguida me condenaban con una profecía fatal: «Eres igual a tu padre». A continuación sellaban esa profecía con algunos refranes de sabiduría popular: «Cría cuervos y te sacarán los ojos»; «De tal palo, tal astilla»; «Al que nace barrigón, es *al ñudo* [inútil] que lo fajen»; «Difícil que el cerdo vuele». Con esto último querían decir que nunca cambiaría. Así que me trataban de cuervo, cerdo, burro, inútil, atorrante, infeliz y otros calificativos peores. Claro, que por supuesto, con fines estrictamente correctivos y pedagógicos.

Todo eso lo he perdonado en el nombre de Jesús para no vivir más atado al odio, al temor y a las falsas doctrinas de mi familia.

Mis mayores, a quienes veneraba, también me enseñaron algunas otras cosas. Me decían: «Querer es poder»; «La fe mueve montañas» (como es lógico, no se referían a la fe en Dios, sino a la confianza y la voluntad humana); «Persevera y triunfarás»; «Eres joven, tienes el mundo en tus manos». Constantemente me reiteraban: «La mayor riqueza que un padre puede dejar a su hijo es el estudio y una carrera para que pueda defenderse en la vida». Con eso me decían: «Debes estudiar si quieres ser alguien».

Si llegaba a ser «doctor», sería una condecoración para toda la familia. Afirmaban: «Si no estudias, vas a ser un pobre desgraciado»; «Serás lo que debas ser o no serás nada». También aseveraban que: «Tener es poder»; «La plata no hace la felicidad, pero sin ella no se puede ser feliz»; «Barriga llena, corazón contento»; «Lo más importante en la vida es tener salud»; y otras frases más.

Cuando leía algo espiritual o iba a menudo a la iglesia católica, me decían sarcásticamente: «¡Lo único que nos faltaba, que se haga cura!». De los religiosos, las frases que más recuerdo eran: «Conócete a ti mismo»; «Cuídate, ayúdate y perfecciónate a ti mismo».

La carga de los «debes», «deberías», «tienes» y «tendrías» me aplastaban... todo era esfuerzo y voluntad personal, sacrificio humano, sufrimiento, remordimiento, resignación, ser inteligente y demostrar buena educación.

También aprendí en mi casa que: «El que pega primero, pega dos veces», que hay que imponerse en todo: «A Dios rogando y con el mazo dando». Inclusive, muchos cristianos creen que esta frase es bíblica. En la escuela secundaria me enseñaron: «El hombre es un animal racional»; «Pienso, luego existo». A mis veinte años me habían convencido de que: «Cada uno labra su propio destino».

El mundo era, según mi dolorosa experiencia, egoísta, hostil, mentiroso e hipócrita. Sin embargo, ellos me decían que el mundo no era así, que yo lo veía de esa manera porque: «El ladrón se cree que todos son de su condición».

No solo me involucraron en falsas doctrinas, sino que también me instruyeron para que enseñara como ellos, creyendo que transmitía la verdad. Al fin me decidí a estudiar sicología clínica y social, parasicología, budismo zen, astrología y curanderismo. De esa manera llegué a ser un falso maestro y ciego guía de ciegos (véase el capítulo 8 donde se narra con más detalles esta parte de la vida de este hombre).

En octubre de 1984 asistí, junto a un grupo de amigos sicólogos y estudiantes avanzados, a una campaña de Carlos Annacondia que se estaba realizando en Lomas de Zamora, Argentina, con el objetivo de investigar. En verdad, no quería ir, estaba cansado de ver sanidades engañosas, pero igualmente mis amigos me llevaron.

En un momento de la reunión pidieron que los enfermos pasaran al frente para orar por ellos. Como padecía una alergia hereditaria e incurable, pasé adelante para comprobar la verdad de esas señales que se comentaban. De pronto, me encontré clamando a Dios por mi salvación y por el amor que nunca había conocido. Comprendí entonces que hasta ese momento había sido un instrumento idóneo en las manos de Satanás. ¡Bendito sea Jesús que no miró mi maldad y la enorme cantidad de vidas que empujé al abismo, mismo que me rescató para mostrar en mí su amor!

Basilio, Argentina.

Este relato nos hace reflexionar y pensar cuántas veces hemos dicho estas frases tan conocidas. Imagino que cada cultura tendrá las propias. Pero es frecuente oír estas palabras, en especial entre los que más se quieren: esposos, padres, hijos, hermanos, etc. No permita que esto continúe sucediendo en sus vidas. Quite estas frases de su vocabulario. Reconozca que parte de los fracasos que enfrentamos en la vida son consecuencias de eso. No permita que la vida de su ser querido se afecte hablando de esta manera.

Esas palabras, en términos espirituales, tienen mucho valor. El diablo las aprovecha para hacer que la persona sentenciada o maldecida las crea. Tarde o temprano, causan heridas en el individuo que requerirán la ministración del Espíritu Santo para sanar y llegar a perdonar a los ofensores.

Dios nos enseña que la muerte y la vida están en poder de la lengua, y el que la ama comerá de sus frutos (Proverbios 18:21). La maldición ata las vidas e impide la bendición. Aprenda a bendecir a sus hijos, a su cónyuge, a sus padres y notará un gran cambio.

En cuanto a esto, el apóstol Pedro nos enseña lo siguiente: «Porque: El que quiere amar la vida y ver días buenos, refrene su lengua de mal, y sus labios no hablen engaño» (1 Pedro 3:10). Nuestra lengua causa muchos males que solo Cristo puede remediar en la medida que reconocemos nuestra falta.

Si queremos que nuestro futuro sea bueno, debemos cuidar nuestra lengua de hablar el mal. Esta es la clase de maldición en la que participan poderes espirituales de maldad. Por lo tanto, debemos aclarar que Satanás no es omnisciente, así que no tiene la capacidad de leer los pensamientos. Aunque él no sabe lo que pienso, comprende lo que declaro con mi boca. De ahí lo importante que es confesar bendición y no maldición. ¿Quién no recuerda el pasaje de la higuera que se secó al maldecirla?

La confesión es muy importante. A todas las personas que dan el paso de fe y aceptan a Jesús como Salvador de sus vidas, siempre les hago repetir sus oraciones en voz alta. El diablo tiene que escucharlas declarar su confesión de fe para salvación. Muchas veces veo a personas que están paradas frente a la plataforma en el momento del llamado a la salvación y no repiten en voz alta lo que les digo. Entonces pido que lo digan a voz en cuello. El diablo los debe oír. Cuando muchos me dicen: «Ya hice la oración con mi mente», les respondo que el diablo no los escuchó. La Biblia es clara, en Romanos 10:10 dice: «Porque con el corazón se cree para justicia, pero con la boca se confiesa para salvación».

Suelo ver personas que en medio de esa oración les cuesta decir: «Señor, te entrego mi vida» o «Te recibo en mi corazón», porque en ese instante se está librando una lucha de poderes espirituales. Dos reinos no pueden permanecer en un mismo corazón. Alguno debe salir, lo que depende de la voluntad y el libre albedrío de quien está tomando esta decisión tan importante.

CAPÍTULO 5

DEMONOLOGÍA II

TESTIMONIO:
«TRES VECES ME ORDENÓ: MÁTATE»

Desde muy pequeña tuve problemas mentales. Todo comenzó con eventos de clarividencia. Súbitamente veía lo que iba a suceder, conocía hechos, personas, lugares. Alguien me revelaba cosas del pasado y del futuro. Siempre estaba temerosa porque no podía manejar esas situaciones, lo que día a día iba aumentando en mí.

Mi familia me llevó a un sicólogo, pero no pudo hacer nada. Me enojaba tanto el doctor que una vez, a los nueve años, moví un portalápiz que estaba sobre su mesa... con mi mente. El médico se espantó, se quedó frío, sin entender nada. Le asombraban mis respuestas porque notaba que yo sabía más de lo que él pensaba. Al fin terminó dándose por vencido y le dijo a mi madre que reconocía su fracaso ante mi caso.

Después me llevaron a otros médicos y me hicieron diversos estudios, entre ellos, electroencefalogramas, pero nada sucedía, no conseguían nada. Entonces optaron por llevarme a una parasicóloga. Esta señaló que si yo rechazaba el poder que tenía, me perjudicaría, por lo tanto debía aceptarlo. Además, dijo que me ayudaría a desarrollarlo. Después de asistir a varias de sus clases, me di cuenta de que me usaba para su beneficio. La abandoné y estuve asistiendo a tres escuelas espiritistas. Casi me vuelven loca.

En los días posteriores, se me aparecían siluetas a plena luz del día. Escuchaba murmullos, voces que me llamaban. Veía figuras deformadas. En las noches no podía dormir; tenía pesadillas, escuchaba ruido de cadenas, voces que me dictaban órdenes. Sentía que me agarraban por los cabellos y me golpeaban contra la pared. Mi padre, que es un hombre de gran tamaño, no podía sostenerme por la tremenda fuerza que cobraba cuando estaba en ese estado. Y mi madre me sujetaba las manos porque, de lo contrario, me arrancaba los cabellos. Cierta vez, en el fondo de mi casa, observé una sombra que me perseguía. Al voltearme, vi a un hombre de cabello oscuro, ojeras muy marcadas y ojos negros muy penetrantes. Estaba serio y me miraba como acusándome. Quedé paralizada y empecé a gritar: «Mamá, mamá». Cuando volví a voltear, mi papá trataba de sujetarme mientras yo saltaba y golpeaba a todos lados.

Pasó algún tiempo y el fenómeno se aquietó. A principios de 1987, volvió a surgir. Sentí que era el fin. Tres veces intenté matarme, aun cuando no quería hacerlo. En una oportunidad, me llevé el cuchillo a la cama, pero una voz me dijo: «Ahora, métetelo en tus entrañas, no te va a doler. Es la única solución que te queda, te estás volviendo loca». En sueños, veía cómo sería mi vida si no me mataba. Me veía en un pozo, atada de pies y manos, con el pelo largo, una sucia túnica blanca y mucha gente a mi alrededor que me lanzaba objetos como si fuera un animal. La voz me decía: «Así quedarás. Así quedarás».

En febrero de 1988, llegué a una campaña del hermano Annacondia, que se realizaba en la ciudad de Solano. La primera noche terminé en la carpa de liberación. Solo recuerdo que cuando desperté estaba llorando y empapada en sudor. En esos días comencé a sentir paz, amor, gozo. Comenzaba una nueva vida.

Una noche, después de la campaña, algo me despertó. Al abrir los ojos, la figura de un hombre fuerte me dijo: «Soy el rey Thor, tú eres mía y no vas a dejarme». (Thor es un dios mitológico escandinavo de la antigüedad que se caracterizaba por imperar sobre las fuerzas de la naturaleza, la tempestad y la guerra). Quise alabar a Dios, pero la lengua se me endureció como cemento. Me esforcé y comencé a repetir: «La sangre de Jesús tiene poder». Eso me lo enseñó un consejero en las reuniones de la campaña. Luego empecé a adorar al Señor con todo mi corazón.

Una noche, en un sueño, se me apareció una serpiente impresionante con una cabeza demasiado grande para su cuerpo. El lugar estaba inundado con agua sucia y me llegaba hasta la rodilla, además llovía; era como una gran tempestad. De pronto, la serpiente comenzó a reírse y a girar alrededor de mí. Me volví contra ella y le dije: «No te temo». La eché en el nombre de Jesús y se perdió. Tres veces más regresó y la volví a reprender, pero la última vez dejó de reírse cuando le dije: «Espíritu inmundo, te echo fuera en el nombre de Jesús. Vete al abismo de donde viniste». Recuerdo que saltaba de miedo.

Hoy me congrego en una iglesia. Al recordar y considerar mi vida pasada, me doy cuenta de que fue a causa de mis antepasados. Ellos dedicaron su vida a la brujería.

SANDRA

Es indudable que los años de experiencia en liberación espiritual nos han ayudado a entender muchas de las artimañas y estrategias del diablo. La Biblia nos habla de la diferencia entre las diversas categorías diabólicas. Hay principados, gobernadores de las tinieblas de este siglo y huestes espirituales de maldad en las regiones celestes (Efesios 6:12).

En cuanto a los principados, podemos señalar que cada ciudad tiene un príncipe. El mejor ejemplo bíblico lo hallamos en el libro de Daniel. Aunque este había orado, no recibía respuesta. Después de veintiún días de buscar el rostro de Dios, un ángel le dijo: «Daniel, desde el mismo momento en que te dispusiste a entender ... [Daniel oraba con el entendimiento] y a humillarte ... [Daniel oraba llorando y gimiendo delante de Dios] fueron oídas tus palabras, mas el príncipe de Persia se nos opuso durante veintiún días». Tal era la lucha espiritual desatada que tuvieron que pedir ayuda para poder vencerlo. Quiere decir que el príncipe que estaba en Persia impedía que llegara la respuesta o bendición que Daniel tanto esperaba.

Eso mismo ocurre hoy. Hay principados, hombres fuertes, que tienen el dominio y tratan de impedir por todos los medios que la obra de Dios se lleve adelante. Quieren frenar las campañas, obstaculizar a los que necesitan a Cristo. Para ello ponen todas las trabas posibles.

Debemos entender que primero se debe ganar la victoria en los cielos, en el aire, para luego verla reflejada en la tierra. Por lo tanto, tenemos que atar y echar a los demonios, principados y potestades. Con la victoria obtenida en los cielos, en la tierra se hará más sencilla ya que no habrá oposición del maligno. Por eso el apóstol Pablo dijo que no tenemos lucha contra carne y sangre. Nuestra lucha es contra los principados, contra las potestades, contra los gobernadores de las tinieblas, contra las huestes espirituales de maldad. Es contra ellos que lucha la iglesia.

Debemos tener claro que hay diversas jerarquías y entender contra quién nos enfrentamos. Hay que declararle la guerra al diablo. Atemos al hombre fuerte, al príncipe de las tinieblas, como dijo Pablo en 2 Corintios 4:3: «Si nuestro evangelio está encubierto, entre los que se pierden está encubierto, en los cuales el dios de este siglo cegó el entendimiento de los incrédulos para que no les resplandezca la luz del evangelio». Si el mundo no cree es porque está influenciado, atado, por el espíritu de incredulidad. Reprendamos ese espíritu para que ellos crean, para que ese demonio suelte las mentes, y pueda resplandecer la luz del evangelio en sus vidas.

¿PUEDEN LOS ESPÍRITUS INMUNDOS PRODUCIR ENFERMEDAD?

En la Biblia tenemos el caso de la mujer encorvada. Jesús reconoció que en ella había un espíritu de enfermedad, por lo que dijo: «¿Y a esta hija de Abraham, que Satanás había atado dieciocho años, no se le debía desatar de esta ligadura…?» (Lucas 13:16). De acuerdo con este pasaje vemos claramente que un espíritu inmundo puede producir enfermedad. Pero, ¿serán todas las enfermedades demonios? Durante muchos años se creyó que así era. Aunque, en realidad, no todas lo son, debemos aclarar este punto y comprobarlo con la Biblia.

En Lucas 9:1 tenemos una de las tantas afirmaciones del Señor Jesús acerca de este tema. Cuando comisionó a sus discípulos, el Señor les dio poder y autoridad sobre todos los demonios y también para sanar enfermedades. Observemos bien: el Señor hizo distinción entre los demonios y las enfermedades. Eso quiere decir que no todas las enfermedades son demonios.

Cada vez que oro por los enfermos reprendo al espíritu de enfermedad, pero también a la enfermedad en sí misma. Un día me invitaron a una iglesia en Buenos Aires. Al concluir la predicación, cuando llamé a los enfermos para orar por ellos, muchos se acercaron. El Espíritu Santo me dijo: «Llama a los enfermos de cáncer». Así lo hice, y vinieron al altar unas diez o doce personas. Cuando oré por ellas, reprendí la enfermedad: «Espíritu de cáncer, sal fuera de estas vidas en el nombre de Jesús». También dije: «Enfermedad de cáncer, sal fuera de ellos». En el momento que reprendí, cuatro de ellos cayeron al piso revolcándose y echando espuma por la boca, y fueron sanos. Los que no cayeron ni se movieron, también testificaron que recibieron sanidad.

¡Dios es soberano! Los que creemos saber algo nos damos cuenta de que nada sabemos y que solo somos pequeños siervos de un gran Dios. ¡Aleluya!

Existen muchas causas de enfermedad. En los capítulos siguientes explicaremos con más detalles la importancia y el poder de un factor muy importante en todo esto: el perdón. Setenta por ciento de las personas que tienen problemas espirituales y que ingresan a la carpa de liberación lo hacen porque tienen odio, rencor, resentimiento, raíces de amargura, una de las mayores causas de enfermedad y opresión en sus vidas. La mayoría recibe sanidad física al encontrar sanidad interior por medio del perdón.

Examine su corazón, no sea que se encuentre odiando a su cónyuge o a un primo, un pariente, un vecino, a un hermano o una hermana. El odio y el resentimiento traen castigo. Muchas veces son la causa de enfermedades que no sabemos de dónde provienen. No importa la razón o la causa de tal odio, Jesús perdonó y dijo que nosotros también lo debemos hacer. No hacerlo es permanecer en condenación y faltar a la Palabra de Dios. El perdón no es un sentimiento, es una decisión. Si usted quiere perdonar, el Señor le ayudará a hacerlo.

He orado por personas devastadas por las enfermedades que han recibido la salud al terminar la oración en que confiesan el perdón.

Es tremendo ver cómo opera el poder de Dios a través del perdón. No deje que el diablo aproveche sus sentimientos para producir enfermedades en su ser.

AUTORIDAD PARA ECHAR DEMONIOS

El Señor Jesús afirmó que la Iglesia tiene autoridad para echar y reprender demonios cuando dijo: «En mi nombre echarán fuera demonios». Estos no se expulsan a patadas, ni dándole aceite a la persona para que lo ingiera. La verdadera misión del diablo en este mundo es matar, hurtar y destruir. Debemos creer y entender esa palabra. Él no va a dejar de molestarnos hasta que el Señor nos lleve a su presencia. Esa es su obra, su meta, su objetivo. Pero Dios nos ha dado autoridad y nos ha capacitado por medio de su Espíritu Santo para que podamos deshacer las obras del diablo en el nombre de Jesús.

Muchas veces creemos que es Dios el que lo va a hacer (lo cual es cierto, Él ya lo hizo todo), pero el Señor nos dejó la autoridad y la orden de continuar la obra que inició. No podemos entonces orar por una persona endemoniada diciendo: «Señor, libera a esta persona». ¡Nos va a decir que ya la liberó en la cruz! Hay que tomar la autoridad que nos ha concedido y echar a los demonios en su nombre. Dios le dio autoridad a su Iglesia, a todos los que creen, no a un individuo especial. Esto es lo que tenemos que atesorar en nuestro corazón. La fe nos da autoridad.

Creo firmemente en lo que Jesús les dijo a sus discípulos cuando no pudieron echar a aquel demonio del joven lunático. Ellos le preguntaron: «¿Por qué nosotros no pudimos echarlo fuera?». El Señor les respondió: «Por vuestra poca fe». Pero también les dijo algo más: «Este género no sale sino con oración y ayuno» (Mateo 17:19-21).

Entonces, ¿qué sucedió? ¿Se contradijo el Señor? No, de ninguna manera, Él nunca se contradice. Cuando alguien tiene fe, mueve montañas. Pero cuando la fe flaquea, tenemos que buscar el rostro de Dios porque es un don que proviene de Él. La fe no es un atributo humano, sino un don que viene del cielo. Si usted quiere fe, búsquela, porque Dios es «galardonador de los que le buscan». Si usted tiene una fe poderosa, esa que mueve montañas, no hay diablo que se le pueda resistir. Pero si no está en esa condición, tiene que buscar en oración y ayuno que el Señor lo llene de su unción, de su poder y su autoridad.

Tenemos que buscar profundamente a Dios en este tiempo. La Iglesia tiene que buscar el poder, la unción y la gracia de Dios. Es necesario buscarlo en la intimidad, de rodillas, derramando nuestro corazón, nuestra alma, con lágrimas delante de Dios, para que nos capacite, nos unja y aumente la fe, de manera que hagamos la obra como Él desea. La maldad se multiplica, la ciencia aumenta, el hombre aparentemente se aleja más de Dios, y creo que la única manera de acercar a los hombres a Dios es a través de la unción y el poder del Espíritu Santo. Solo lo lograremos buscando a Dios.

Sin embargo, ¿quiénes tienen el poder? Le aseguro que todos. Aunque quizá piense: «Carlos, ¡usted tiene más poder que nosotros!». Se equivoca, eso no es verdad. Lo he comprobado mil veces. Todos tenemos la misma autoridad. ¿Por qué? Es simple. Durante mucho tiempo le pedí a Jesús que me diera poder y ¿sabe cuál fue la respuesta de parte de Dios? Me dijo: «Ya te lo di». Pero no lo noté hasta que me llevó a su Palabra y me hizo leer: «Estas señales seguirán a los que creen...», y yo le dije: «Ya lo leí». A lo que Él respondió: «Vuélvelo a leer». Cuando lo volví a leer parecía que las letras se me iluminaban.

Dios me preguntó: «¿Crees en mí?». Le respondí: «Sí, Señor». Luego me dijo: «El poder no se manifiesta en tu vida porque te falta creerme a mí». No es un juego de palabras, una cosa es creer en Dios y otra es creerle a Dios.

Este es pues el secreto: creerle a Dios. Aunque uno tenga solo tres días de ser creyente, si tiene que actuar, ¡hágalo! No tema. ¡Confíe en Dios! Si está firme en la Palabra, la protección de Dios está sobre usted. ¡No tenga temor! Usted tiene poder porque Dios no hace acepción de personas. Algunos tendrán una medida de fe mayor, otros un poco menos, pero Dios nos dio autoridad a todos para hacer su obra en la tierra. Por otro lado, aunque tenga cuarenta años en el evangelio, si se enfrenta al diablo con temor, él se reirá de usted.

Comience a ejercitarse en la fe todos los días. ¿Qué hace el atleta? Se ejercita todos los días para que sus músculos crezcan. ¿Qué sucede si no se ejercita todos los días? Los músculos se le atrofian. Con la fe ocurre lo mismo. Si quiere que su fe crezca y sea poderosa, tiene que ponerla por obra cada día, ejercitarla, probar a Dios; y cuando vea que lo que Él dice en la Biblia se cumple en su vida, su fe crecerá y se agigantará.

Cierta vez, una mujer que aceptó a Cristo tuvo un cambio tan grande en su vida que un *pai* umbandista —un padre de la religión afrobrasileña— acudió a verme para que orara por él.

—Tengo cinco templos de Umbanda —me dijo—. Soy *pai*. Me anuncio en revistas y diarios.

Al conversar con él le dije:

—Usted está ofreciendo a los necesitados lo que no tiene. Usted no tiene paz, no tiene felicidad, está arruinado.

El hombre aceptó a Jesucristo en su corazón junto con su esposa.

¡Cuántos miles de personas están engañadas y buscan a Dios donde no está! Nosotros tenemos la culpa, porque conocemos la verdad y la tenemos guardada. Saquémosla a la calle y comencemos a proclamarla y a decirles a todos: «¡Jesucristo cambia las vidas! ¡Jesucristo sana! ¡Jesucristo reconstruye los matrimonios, da paz! ¡JESUCRISTO ES LA VIDA!». Si no lo hacemos, el diablo seguirá tomándolos en sus redes y llevando al infierno a miles y miles de almas día tras día.

Si la iglesia no trabaja, las campañas que realizan los evangelistas fracasan. Es verdad que no se puede obligar a las personas a asistir a las reuniones, pero usted debe predicarles y acompañarlas al lugar de reunión. Los que acepten a Cristo lo harán porque usted los evangelizó primero. Nosotros simplemente le pondremos el sello final.

Pablo nos dice en la Palabra de Dios: «No fui a vosotros … con palabras persuasivas de humana sabiduría, sino con demostración del Espíritu y de poder» (1 Corintios 2:4). Él no fue con discursos bien elaborados sino con demostración del Espíritu Santo. Por eso la fe de aquellos que creyeron no estaba fundamentada en sabiduría de hombres sino que estaba apoyada en el poder de Cristo. Esos son los frutos que permanecen.

Cuando he hablado de este pasaje y he dicho que el evangelio no es cuestión de palabras sino de poder, muchos han replicado: «Pero la Palabra dice: "Bienaventurados los que creyeron sin ver"». Y Dios decía en mi interior: «Diles que me glorificas por los que creyeron viendo». Yo mismo soy uno de los que creyeron en el evangelio porque vi. Si no hubiera visto, nunca habría creído. Y sé que muchas personas son así.

Durante una campaña que duró cuarenta y cinco días en la ciudad de San Justo, Buenos Aires, un hombre llevaba a su esposa a la cruzada cada noche, pero él no se acercaba. Uno de los últimos días, el hombre paseaba a su perrito frente al lugar del culto, mientras esperaba que su esposa saliera de la campaña. De pronto puso al perrito sobre su auto. Cuando comencé la oración final, dije: «Toca Jesús», y el perrito se cayó sobre el auto patas arriba. Como amaba a su perro, pensó que estaba muerto. Mientras tanto yo continuaba con mi oración diciendo: «Levántate y anda». Instantáneamente el perrito se levantó y comenzó a moverle la cola a su dueño. El hombre vino corriendo a la plataforma, llorando y con el perro en los brazos, a aceptar a Jesús. Esa señal fue suficiente para él.

Dios se manifiesta de diversas formas y con diferentes métodos con el fin de que las almas lo conozcan. Muchas veces somos los instrumentos para ello. La Biblia dice que todos recibimos la unción del Espíritu Santo, pero depende de nosotros si la usamos o no. Debemos darle libertad a Dios para que desate su poder en nosotros.

CAPÍTULO 6

LOS ENDEMONIADOS

«JESÚS ME RESCATÓ DEL INFIERNO»

Mi historia comenzó un domingo de 1982. Mientras almorzaba, sentí como si alguien me pinchara los ojos, me dolió mucho. Parecía que tenía arena dentro de mis párpados. Así que fui a diversos centros médicos oftalmológicos y no me encontraban ninguna enfermedad. Sin embargo, cada día mi visión disminuía. Luego comenzó a molestarme la claridad hasta que finalmente, en un mes, perdí la vista por completo.

En medio de la desesperación consulté a un pai umbanda que me dijo que con la ayuda de Dios me devolvería la vista; pero en ese momento yo no sabía que el dios de ese pai era Satanás.

Debo decir que le creí y seguí al pie de la letra sus indicaciones. Le pedí a mi mamá una gallina blanca, miel, cuatro velas blancas y fui a verlo una mañana con todos esos objetos. Me vestí como para una ceremonia, con ropa blanca y me hicieron lo que ellos llaman «el baño de sangre». Me envolvieron la cabeza con un paño blanco, degollaron la gallina y desparramaron esa sangre por todo mi cuerpo, prácticamente no sabía ni me interesaba lo que me estaban haciendo. Yo solo quería recobrar la vista y estaba dispuesta a todo.

Regresé a mi casa con el compromiso de volver al día siguiente. Así lo hice. Al llegar, me untaron la cabeza con miel y me lavaron con hierbas que previamente habían preparado. A partir de allí comencé a recobrar la vista, el sol ya no me molestaba y empecé a confiar en ellos.

A los pocos días noté que estaba perdiendo la memoria. Llegó un momento en que no sabía dónde estaba, me perdía cuando salía, lo cual me horrorizó. Me sentía muy mal. Ese mismo día regresé a ver al pai. Me dijo que tenía que hacerme otro trabajo, uno de «sesos», porque según él me estaban haciendo un daño para que enloqueciera. Después de ese trabajo volví a sentirme bien. Al tiempo me propuso trabajar junto con él, pero mi madre se opuso porque yo solo tenía catorce años.

Aunque los meses pasaban, seguía atada. Todos los días hacía diversos y novedosos trabajos de umbandismo y brujería. Aprendí todo sobre las vírgenes, los santos, los orixá y los exú; la distinción de colores, cómo se preparan las bandejas para las ofrendas, qué velas deben llevar, de qué color y qué cantidad. Más tarde me explicaron todo lo referente a los indios caboclos (unos muñecos negros) a los que debía darles cigarrillos para que fumaran conmigo, y muchas otras cosas que prefiero no recordar.

Al tiempo, la relación amistosa que me unía al pai se rompió y me separé definitivamente de él. A partir de esa ruptura, mi estado físico y espiritual fue catastrófico. De manera que comencé a asistir a un parasicólogo hasta que, luego de algunos trabajos, me sentí bien otra vez.

En 1987, consulté a un médico que me diagnosticó tos convulsa. Me recetó algunos medicamentos pero, en lugar de sanarme, empeoré. Todo lo que comía lo vomitaba. Por momentos me ahogaba. Parecía que moría. El 2 de diciembre de ese mismo año me internaron con bronconeumopatía, una condición que me hacía sentir muy débil; por lo que permanecí internada en la instalación hospitalaria dieciocho días.

Algo en mi interior me hablaba constantemente. Sentía que me perseguían, oía ruidos raros, veía algo que caminaba alrededor de mi cama y me horrorizaba. No tenía en quien confiar. Al que le contaba lo que me sucedía, se reía y se burlaba de mí, me tomaban por loca. Mis fuerzas desfallecían.

Hasta que un domingo mi familia me llevó a la campaña que el hermano Carlos Annacondia realizaba en Buenos Aires. Cuando el hermano comenzó a orar y a reprender demonios, caí al suelo. De inmediato me llevaron a la carpa de liberación.

Iba pateando, mordiendo y golpeando a los camilleros. La segunda noche que asistí, me llevaron de nuevo a la carpa para orar por mí. Allí vomité pedazos de víbora y sapos, pero fui finalmente libre.

Hoy doy gracias a Dios por su infinito amor y su misericordia, agradezco a mi pastor que me guía en el camino de nuestro Señor. Agradezco a mi familia que tuvo que soportar todas esas cosas de mi antigua vida. También me desprendí de todos los amuletos, collares, muñecos que usaba. Soy realmente una nueva criatura, fiel a Jesús que me rescató del infierno en el que vivía.

Patricia

Campaña tras campaña, acuden cientos de personas en las que se manifiestan públicamente los demonios. Cada día antes de comenzar a predicar la Palabra de Dios, oro y reprendo a todo espíritu del diablo que quiera confundir y perturbar las mentes de los que van a escuchar la Palabra de Dios.

Como el diablo no soporta oír el nombre de Jesús, durante la oración se escuchan gritos entre la multitud. De inmediato, decenas de camilleros corren hacia donde están las personas que comienzan a estremecerse y a gritar hasta perder el control por completo. Los hermanos que se desempeñan como camilleros tienen la autoridad para reprender a Satanás y hacerlo enmudecer con el fin de poder transportar a las personas hasta el sitio donde serán guiadas a la liberación espiritual por los consejeros.

Muchas veces me percato, a través de las miradas de las personas, de quién es el que dirige y gobierna sus vidas, quién es el rey de sus corazones, porque los ojos expresan muchas más cosas de las que creemos. Las miradas de los oprimidos por el diablo son unas expresiones fuertes y reflejan su resistencia a la oración. Al mirarlos, siento que un intruso está en esa vida usurpando, resistiendo, hiriendo, lastimando y destruyendo algo que no le pertenece. Pero Dios nos ha dado autoridad para que el demonio deje libre a las personas.

En mi iglesia, cuando era recién convertido, si se manifestaba un endemoniado, todos nos arrojábamos sobre él. Tanto el pastor como los diáconos reprendían al diablo gritando todos al mismo tiempo.

Ahora piense, qué sucedería si usted trabaja en una fábrica y viene el director, el vicedirector, el gerente, el subgerente, el encargado de producción y el capataz y le dicen: «No, no, no, hágalo de esta manera... No, mejor de esta otra». Seguramente los miraría y les diría: «Perdónenme, pónganse de acuerdo y uno de ustedes diga lo que tengo que hacer, porque si vienen todos juntos no puedo obedecer a ninguno».

El diablo está sujeto a autoridad, por lo que si yo reprendo al diablo y usted lo reprende junto conmigo, ambos nos quitamos autoridad ya que nos las disputamos. Si digo: «¡Diablo, en el nombre de Jesús, vete!» y el que está a mi lado también se lo dice, no se irá. Dios me enseñó que esa era una de las razones por las que pasábamos días enteros gritando y no sucedía nada. Yo gritaba porque quería echar al diablo. El otro también porque quería lo mismo. Sin pensarlo, nos restábamos la autoridad mutuamente y el diablo no se iba.

¿Cómo debemos actuar en esa situación? Bueno, hay que orar —por supuesto— pero, sobre todo, debemos hacerlo respetando la autoridad. Uno ora y el resto lo apoya. Cuando el primero se cansa, delega la autoridad a otro y continúa apoyándolo en oración. Entonces el diablo, que está sujeto a autoridad, tiene que obedecer, ya que si gritamos todos juntos, el diablo no obedece.

Recuerdo que cuando la gente endemoniada se iba de la reunión, no siempre quedaba libre por completo. Al día siguiente sucedía lo mismo, gritos, sillas volando por todos lados, etc. Una y otra vez sucedía lo mismo. Hoy, cuando veo que una persona entra tres veces a la carpa de liberación, pregunto por qué no ha quedado libre. Eso suele ocurrir cuando la persona no quiere ser liberada. En casos como ese, el consejero puede gritar reprendiendo al diablo toda la noche y nada va a suceder. Usted no puede entrar a una casa donde no le abren la puerta. Hay otras personas que no reconocen que están atadas, por lo tanto Dios nunca va a trasgredir su libre albedrío. Ellas son las que deben elegir y decidir.

Cuando alguien quiere ser libre, debe serlo al instante. No tiene por qué entrar tantas veces a una sala de liberación. Si así sucede, es porque algo no marcha bien. Recuerdo que en una campaña había un hermano que me dijo:

—¿Se acuerda de mí?

—No, no me acuerdo —le respondí.

—Yo soy el que entró varias noches a la carpa de liberación en la ciudad de San Martín. Hoy, doy gloria a Dios porque eso dejó de ocurrir. Él nos ha enseñado muchas cosas. Las enseñanzas del Señor son prácticas y eficaces, y lo son para que nuestro trabajo sea realmente fructífero y que las personas reciban y disfruten de la libertad de Cristo, sin mucho ruido, sin mucho escándalo. Lo importante es que trabajemos con sabiduría y con amor de Dios y usemos bien la autoridad. Esta reside en el nombre de Jesús. Usted dice: «DIABLO, TE VAS AHORA EN EL NOMBRE DE JESÚS», y la persona queda libre para la gloria de Dios.

Durante una campaña que realizamos en un barrio de Buenos Aires llamado La Boca, bajaba de predicar cuando se me acercó una consejera que trabajaba en la carpa diciéndome:

—Venga hermano, venga, en la carpa hay un endemoniado y dice que es Beelzebú, échelo usted.

Entonces le respondí:

—En la Biblia dice: «Estas señales seguirán a los que creen: En mi nombre echarán fuera demonios» —le dije a la hermana mientras me miraba atentamente—. Así que usted tiene autoridad contra Satanás y contra todos los demonios.

—¿Le parece hermano? —contestó vacilante.

—Sí —volví a insistir— y dígale a Beelzebú que se vaya de esa vida en el nombre de Jesús.

Al finalizar de orar por los enfermos, la misma hermana sale y me dice:

—Hermano, dio resultado. La persona quedó libre.

Gloria a Dios, el poder está en EL NOMBRE DE JESÚS. Él estaba con ella y está con usted. Jesús está con nosotros. Si creemos en Él y le creemos a Él, tenemos la autoridad.

Es necesario depender de Dios. Muchas veces usted no sabe algo y el Espíritu Santo se lo revela. Ese don de discernimiento que está en el Espíritu permite que se manifieste cuando usted le dice: «Señor, ¿qué sucede?» y se lo revela porque Dios quiere que tengamos victoria, pero también desea que aprendamos a depender de Él.

¿Puede el diablo atar a un miembro de una iglesia? Muchos dirán que no, que eso no es bíblico, que eso no puede ser... Jesús le dijo a la mujer encorvada: «Esta hija de Abraham». La reconoció como una hija de Dios, alguien que creía en Dios y tenía un demonio. Asimismo, creemos que un cristiano lleno del Espíritu Santo, que vive conforme a la voluntad de Dios y no practica el pecado, no puede estar endemoniado ni tener problemas espirituales.

Todo aquel que ha nacido de Dios, no practica el pecado, pues Aquel que fue engendrado por Dios le guarda, y el maligno no le toca.

—1 JUAN 5:18

Mas aquel que practica el pecado, sea o no miembro o líder de una iglesia cristiana, le abre la puerta al diablo. En un porcentaje calculado por nuestros líderes, entre treinta y cuarenta por ciento de las personas ministradas en las cruzadas son miembros de iglesias que tenían problemas espirituales. Cuando oramos por ellas, no me he detenido a preguntarle al Señor por qué, sino que directamente ministro a esa vida.

El Señor nos llamó para ayudar a las personas a que sean libres, a que puedan restablecer una comunión perfecta con Dios. Claro, usted quizás se pregunte cómo entró el demonio en esa vida. Tiene razón, debemos saberlo para cerrarle las puertas y echarlo fuera, de forma que no vuelva a entrar y atormentar esa vida. En la mayoría de los casos este problema proviene de la antigua vida, de pactos no desechados, temores, celos, odios, rencores, amarguras, desviaciones sexuales, etc. Todos esos sentimientos derivan en una atadura que no los dejan disfrutar la vida a plenitud. El gozo debe ingresar a sus vidas y sus corazones. El Señor dice que bendecirá a su pueblo con su paz.

Hay dos maneras de vivir la vida cristiana: en victoria o en derrota. La mayoría de los casos depende de las personas. Si estas ocultan sus debilidades, sus problemas y no se las confiesan al siervo de Dios a fin de recibir ayuda y para que se rompan las cadenas del diablo, nunca disfrutarán de una victoria duradera. «Mientras callé, se envejecieron mis huesos», nos dice la Palabra en el Salmo 32:3.

Una noche, durante una cruzada, cada vez que reprendía al diablo desde la plataforma una mujer comenzaba a manifestarse y a estremecerse con movimientos muy bruscos. Siempre sucedía lo mismo, ella ingresaba en la carpa de liberación y salía igual. Los consejeros me comentaron que hacía un tiempo que había aceptado al Señor y se estaba congregando en una iglesia. La noche siguiente sucedió lo mismo, la mujer comenzó a sacudirse y a gritar. El Espíritu Santo puso en mi corazón la palabra «aborto». Algo me estaba hablando con respecto a esto en la vida de esa mujer. Finalmente me acerqué a ella y le dije:

«¿Te has practicado un aborto y no lo has confesado ni te has arrepentido?». Esa noche ella confesó llorando haberse hecho cinco abortos; pidió perdón a gritos a Dios y halló liberación para su vida. Dios no solo la liberó, sino que esa misma noche también recibió el don de hablar en nuevas lenguas.

EL HOMBRE ES TRIPARTITO

El hombre se compone de espíritu, alma y cuerpo. Veamos algunos detalles de cada uno de ellos.

Espíritu

La Palabra nos dice que el espíritu es como el viento:

> El viento sopla de donde quiere, y oyes su sonido; mas ni sabes de dónde viene, ni a dónde va; así es todo aquel que es nacido del Espíritu.
>
> —JUAN 3:8

Dios nos lo ha dado a cada uno individualmente y es el centro de la vida de la persona. El espíritu es aquello por lo que el hombre se diferencia de las demás criaturas vivientes. Esta esfera del hombre es la que recibe las cosas divinas:

> Ciertamente espíritu hay en el hombre y el soplo del omnipotente le hace que entienda.
>
> —JOB 32:8

Alma

Esta esfera está formada por la mente (siquis), las emociones (sentimientos) y la voluntad.

El alma que pecare, esa morirá.

—Ezequiel 18:4

Cuerpo

El cuerpo está compuesto por cinco sentidos: oído, vista, gusto, tacto y olfato. Ahora bien, ¿quién peca? ¿El alma o el cuerpo? El cuerpo es lo visible, pero el alma es la que decide a través de la voluntad. La carne es la que refleja los deseos del alma. Podemos entenderlo mejor al leer 2 Samuel 11:2:

Y sucedió un día, al caer la tarde, que se levantó David de su lecho y se paseaba sobre el terrado de la casa real; y vio desde el terrado a una mujer que se estaba bañando, la cual era muy hermosa.

Muchas veces he oído decir: «Y bueno, la carne peca», intentando minimizar el pecado con esa frase. David vio a Betsabé, pero no pecó por haberla mirado. ¿Acaso cuando vemos a una hermosa mujer, o escuchamos una dulce voz femenina, pecamos? Realmente creo que los sentidos del cuerpo o la carne son como un sensor que transmite información al alma. Si David hubiese mirado a Betsabé y hubiese continuado paseando sin detenerse, nada habría ocurrido. Pero David se detuvo, deseó a la mujer, la codició e hizo que la buscaran: «Y envió David mensajeros, y la tomó; y vino a él, y él durmió con ella» (2 Samuel 11:4).

Aquí actuaron los sentimientos de David, sus emociones, su voluntad, toda su alma y luego materializó el pecado. Creo que los sentidos no pueden decidir, el alma es la que lo hace y la que consuma el pecado. La carne ejecuta solamente los deseos del alma. El apóstol Pablo lo dijo con claridad:

Andad en el Espíritu, y no satisfagáis los deseos de la carne. Porque el deseo de la carne es contra el Espíritu, y el del

Espíritu es contra la carne; y estos se oponen entre sí, para que no hagáis lo que quisiereis.

—GÁLATAS 5:16-17

Esta fuerte oposición se debe a que el Espíritu desea agradar a Dios mientras que el alma y la carne se oponen: «Por cuanto los designios de la carne son enemistad contra Dios; porque no se sujetan a la ley de Dios, ni tampoco pueden» (Romanos 8:7).

RENDIDOS AL ESPÍRITU SANTO

Hay dos riesgos que corre cada cristiano en su vida. El primero es creer que todo es *demonio,* de esa manera quitamos nuestros ojos del blanco que es Jesucristo. El segundo riesgo es creer que somos totalmente inmunes a Satanás, que lo más que podría hacer es oprimirnos, sin importar el pecado ni nuestra manera de vivir. En este caso descuidamos nuestra vida y le damos la oportunidad de que nos gobierne. Creemos que ignorarlo lo mantendrá alejado de nosotros. No se deje engañar, esa es una de sus artimañas más comunes.

Quiero explicar más al respecto. ¿Cómo un cristiano puede tener problemas espirituales? Algunos dicen que donde está el Espíritu Santo no puede estar el espíritu del diablo. Eso es verdad, pero no olvide que el hombre está compuesto de cuerpo, alma y espíritu. El Espíritu Santo habita en el espíritu del hombre, porque dice la Palabra que el Espíritu de Dios viene y es uno con el hombre. Y es ahí donde el Espíritu viene a gobernar las esferas de nuestra vida: las emociones, los sentimientos y la voluntad. Dios toma todo lo que le damos. Pero hay aspectos de nuestra vida que tardamos años en entregárselos al Espíritu Santo.

Ahora bien, ¿cuándo está alguien lleno del Espíritu Santo? Cuando Él gobierna todas las esferas de nuestra vida. Entonces podemos decir que la persona está llena del Espíritu Santo, cosa que los frutos demuestran. Alguien que tiene entregadas sus emociones, sus sentimientos y su voluntad a Cristo destila el amor de Él en cada paso que da. Pero no siempre es así porque hay personas que no entregan esferas de su vida al Espíritu Santo, y les puedo asegurar que Él no va a luchar para entrar en nuestro espíritu a fin de gobernarlas. Si una esfera no está en manos de Jesús, ¿en manos de quién está? ¡Qué pregunta! Entiendo que Satanás puede gobernar partes de nuestra alma si se lo permitimos y ahí es donde se produce la lucha porque el Espíritu Santo batalla con la persona respetando su libre albedrío. Cuando Él tiene todo nuestro ser en sus manos, puede gobernar las emociones, los sentimientos y la voluntad. Por tanto, si hay aspectos de nuestra vida que no se han rendido, debemos entregárselos. Veamos un ejemplo: el genio. Debemos decirle: «¡Señor, mira mi carácter, no quiero enojarme! ¡Espíritu Santo toma mi ira, renuncio a ella y al enojo en el nombre de Jesús!». De manera que le decimos al Espíritu Santo que gobierne esa parte de nuestra vida para que podamos ser llenos del poder y del amor de Dios.

Y por último, debemos permanecer firmes. Es el sencillo final de todo discurso: «Teme a Dios, y guarda sus mandamientos» (Eclesiastés 12:13). Una vez que hagamos esto, el diablo se irá bien lejos de nosotros. Y nuestra casa estará llena de Dios.

Hoy el diablo anda por las calles diciendo: «¿Dónde entro hoy?». Pasa por una casa en la que están escuchando rock y esos programas de televisión bien elevados de tono y bien pesados, y dice: «Voy a entrar aquí». Y hace un desastre en ese lugar. Pero, ¿qué sucede si pasa por su casa y hay música cristiana y lo escucha cantando? ¡Gloria a Dios! ¡Aleluya! Hay otras personas orando y buscando a Dios. Entonces el diablo dice: «Este lugar no es para mí», y sigue de largo. Llenemos nuestra vida y también nuestro hogar de Jesucristo. ¡NO LE DEMOS LUGAR AL DIABLO! (Efesios 4:27).

Recuerde esto: Si una persona tiene problemas es porque le abrió una puerta al diablo. Nosotros tenemos que saber cuál es el problema para poder actuar antes, romper la atadura, ordenarle al espíritu que salga y cerrar la puerta para que nunca más vuelva a destruir. Para hacer eso, tenemos que usar constantemente el conocimiento que Dios nos da a través de la Escritura y ejercitar la autoridad.

CAPÍTULO 7

LA LIBERACIÓN ESPIRITUAL

Cada noche de campaña se presentan cientos de hombres, mujeres y niños que al cabo de unos momentos de oración comienzan a expresar diferentes manifestaciones que se identifican como demoníacas. Es probable que esas personas hayan encontrado sus ataduras a través de la magia, el espiritismo, la macumba y las falsas doctrinas. La liberación espiritual de las personas es necesaria para que sus vidas salgan de la esclavitud de todo gobierno satánico.

La mejor manera de ministrar a una persona atada es dándole amor, «no acariciando a los demonios», sino atendiendo las almas. Todas las personas que alguna vez se han hecho leer las manos y han intentado —por medio de una adivina— predecir su futuro se deben ministrar aunque no se manifiesten demoníacamente con exteriorizaciones visibles. Quizás no estén endemoniadas pero sí oprimidas, atormentadas o poseídas. En el caso de que hayan hecho pactos con el diablo, estos se mantendrán vigentes hasta que se corten y rompan mediante la liberación.

Uno de los temas que hemos tenido que enfrentar durante las reuniones, y debimos preparar a los consejeros para ello, fue la ministración a los homosexuales que presentan problemas espirituales y necesitan una guía de consejería y liberación espiritual. En una oportunidad, durante una reunión en una localidad de Argentina, un joven me gritaba desde la multitud blasfemando contra Dios. Al tiempo, asistió a otra de nuestras campañas pero, esta vez, para dar testimonio de lo que Dios había hecho en su vida. He aquí su relato:

Desde los quince años comencé a transitar por la vida homosexual y formé pareja con un muchacho al que llevé a vivir conmigo a la casa de mis padres. Desde ese momento mi hogar se transformó en un verdadero infierno. No se podía vivir allí. Mi madre no salía a la calle porque sentía vergüenza con los vecinos y cayó en una profunda depresión que la llevó a la muerte. Asimismo mi padre se volcó a la bebida transformándose en un alcohólico. Ninguno de los dos quería saber nada de mí.

Luego dejé a esa pareja e intenté también dejar esa vida, pero no pude. Ya estaba formada en mí la idea de ser mujer y continué en ese camino. Así fue que comencé a relacionarme con homosexuales. Cada vez más iba empeorando, ya no solo era homosexual, sino también travesti. Me vestía como mujer y me prostituía intentando ganar dinero de esa forma.

Sin embargo, mi cuerpo se enfermó y los médicos no podían hacer nada. Una enfermedad en la sangre comenzó a destruirme. Ese mal derivó en una enfermedad reumática crónica que deformó mi espalda torciéndola por completo y dislocando mi pierna fuera de su lugar. También me había perjudicado la vista al punto de que ya casi no poder ver.

Los médicos no hallaban el tratamiento adecuado, por lo que me aplicaban varias vacunas semanales, pero nada sucedía. Cada día estaba peor. Después de nueve años de padecer ese dolor comencé a visitar curanderos y brujas intentando encontrar la sanidad para mi cuerpo, pero todo seguía igual. Incluso envié mi fotografía a los hechiceros más reconocidos de otros países, pero nada sucedía.

Luego de mucho sufrimiento, una noche, decidí quitarme la vida. Salí de mi casa y empecé a caminar hacia la estación del ferrocarril, mi intención era lanzarme bajo las vías del tren, pero en el camino un amigo me vio tan mal que me dijo: «¿Por qué no vienes conmigo aquí cerca, a ver a un loco que habla de Jesús?». Entonces, enojado, le respondí que dejara a Jesús tranquilo que estaba muerto y que yo no iría a ese lugar. Pero continuó insistiendo hasta que me llevó casi a rastras.

Ya frente a la plataforma, el evangelista Annacondia comenzó a predicar y yo a gritar diciéndole muchísimas cosas, como por ejemplo: «Deje a Dios en paz. Si el infierno existe, muéstremelo». Pero él continuó predicando hasta el final de la reunión. Cuando descendió de la plataforma para orar por las personas, una amable consejera de la campaña me guio hasta él y le dije: «Yo no creo en Dios. Si usted puede hacer algo por mí, hágalo». Me miró, se rio y replicó: «No me desafíes a mí. Desafía a Dios». Me abrazó y se fue.

Al regresar a mi casa junto a mi amigo, noté que algo distinto me estaba sucediendo. Algo en mi interior estaba cambiando. Cuando abrí la puerta fui a buscar esa Biblia que una vez me habían regalado, salí al patio de la casa, me arrodillé y llorando dije: «Jesús, si realmente existes, ayúdame porque no puedo vivir más de esta forma. Si realmente existes te entrego mi vida». De pronto, un fuego del cielo me envolvió, mis ojos se abrieron y comencé a ver, mi columna se enderezó y mis piernas se sanaron. Pero allí no termina el milagro, Dios me liberó de toda homosexualidad y travestismo. Actualmente me congrego en una iglesia y predico el evangelio de Jesucristo.

Juan

La homosexualidad no es una enfermedad, es un espíritu inmundo que toma control del individuo. En Levítico 18:22 dice: «No te echarás con varón como con mujer; es abominación». La homosexualidad y otras prácticas forman parte de una lista de abominaciones tales como: tener relaciones sexuales entre parientes cercanos, adulterio, ofrecer en sacrificio a los propios hijos ante sus ídolos y tener relaciones sexuales con animales. Dios enfrentó con severidad dichas prácticas porque destruyen la vida de la sociedad, de la familia y de la persona misma. Así que condena claramente toda práctica homosexual tanto en el hombre como en la mujer:

Pues aun sus mujeres cambiaron el uso natural por el que es contra naturaleza, y de igual modo también los hombres, dejando el uso natural de la mujer, se encendieron en su lascivia unos con otros, cometiendo hechos vergonzosos hombres con hombres, y recibiendo en sí mismos la retribución debida a su extravío.

—Romanos 1:26-27

Si la homosexualidad fuera una enfermedad, Dios no la condenaría. Pero a través de estos pasajes vemos que constituye un pecado ante sus ojos. Un alto porcentaje de personas que transitaron por la vida homosexual y recibieron liberación de Dios manifestaron que su cambio surgió a partir de tristes experiencias vividas tales como violaciones y abusos sexuales en la niñez. Muchas veces se debe a palabras dichas por los padres a sus hijos, como cuando le dicen a un niño: «Mujercita» o «Niñita», para intentar así ofenderlo o menospreciarlo sin saber que al final ese niño será esclavo de esas sentencias. Sin embargo, cuando Jesús entra en la vida de una de esas personas, el espíritu inmundo debe salir y la persona queda libre. Puedo asegurarle que luego no necesitará ningún tipo de tratamiento.

Si conoce a alguien en esta situación, ¡háblele de Cristo! Él puede darle libertad. Jesús vino a este mundo a buscar lo que se había perdido. Entre eso se encuentran ellos, usted y yo también. Él los ama tanto como a usted y a mí. Es muy importante que sepan que hay alguien que los ama con amor verdadero. Alguien que puede transformar sus vidas y que esa persona es Jesucristo. Lo necesitan pues constantemente sufren la discriminación y el desamor.

Un relato no menos impactante fue el de otro muchacho que subió a la plataforma en la campaña de la localidad de Beccar, provincia de Buenos Aires. Frente a cinco mil personas y valientemente se expresó de esta manera:

Mi nombre es Luis, era homosexual, y travesti desde los doce años. Me vestía de mujer y sentía atracción por los hombres. Durante esos años practiqué la prostitución, pero sin revelarle a nadie mi verdadera identidad. En una oportunidad me acerqué a una de las reuniones, pero no se produjo ningún cambio en mí, aunque en esa noche Dios me sanó de una sífilis que no tenía posibilidades de mejoría. Esta sanidad me llevó a creer en Dios, pero de todas formas descendí a una mayor tentación hasta que regresé a la campaña.

La primera noche, luego de la oración, caí al suelo y al reaccionar estaba en la carpa de liberación. La consejera que me atendió me preguntó mi nombre y respondí: «Me llamo

Luis». Esto fue una verdadera sorpresa, incluso para mí, ya que nunca había revelado a nadie mi nombre real, siempre usaba seudónimos. Esa noche junto a la consejera renuncié a todo espíritu de homosexualidad y confesé al Señor todos mis pecados. Desde ese momento di muestras del cambio que se produjo en mi vida.

Al día siguiente, fui por primera vez a una peluquería de caballeros, me corté el cabello y las uñas. Durante las noches siguientes asistí cada día a la campaña y siempre caía al suelo. Me llevaban al área de consejería y liberación hasta que finalmente me sentí completamente libre.

Por primera vez hallé mi verdadera identidad, me sentí hombre. Cambió el timbre de mi voz, los modales y hasta la forma de sentarme. Me aconsejaron que quemara la ropa femenina que había sido mía y así lo hice. Desde ese día todo cambió, no siento incomodidad frente al sexo opuesto y realmente puedo mirar a las mujeres. Me siento libre, tuve un encuentro con Dios y Él vino a habitar en mi corazón.

Dios tiene poder para liberar a los que manifiestan inclinaciones a la homosexualidad, el travestismo, el lesbianismo, etc. Tenemos en claro que Dios no creó un tercer sexo:

> Varón y hembra los creó; y los bendijo, y llamó el nombre de ellos Adán, el día en que fueron creados.
>
> —Génesis 5:2

Es así que todo aquel que quiere salir de cualquier atadura sexual contranatura, al venir a Jesús encuentra la libertad deseada y por medio de Él recupera la identidad que Dios creó en su ser.

SIETE PASOS HACIA LA LIBERACIÓN ESPIRITUAL

Como Iglesia, debemos prepararnos para reprender espíritus demoníacos y aconsejar luego a la persona liberada. Por lo tanto, ¿qué sucede si estamos frente a un endemoniado? ¿Cómo debemos actuar y cuál debe ser nuestra actitud? Debemos considerar siete pasos a seguir cuando nos enfrentamos a una manifestación diabólica en una vida; esto es algo muy importante.

Certificar la posesión demoníaca

Este primer paso se realiza observando las reacciones de los poseídos. La forma de exteriorizar la posesión es a través de, entre otras, las siguientes manifestaciones posibles:

- Bloqueo en la mente de la persona
- Reacciones violentas: golpes, patadas, etc.
- Blasfemias
- Incoherencia al hablar
- Sensación de ahogo
- Mirada de odio, vidriosa y perdida
- Opresión manifiesta en alguna parte del cuerpo
- Vómitos
- Gritos descontrolados

Todas estas manifestaciones ocurren mientras reprendemos al demonio en el nombre de Jesús. Si observa alguna de esas expresiones o movimientos, debe tomar autoridad y atar al demonio diciendo: «Sujétate en el nombre de Jesús». Tanto el espíritu humano como el demonio están sujetos a nuestra autoridad, si lo hacemos en el nombre de Jesús. Si una persona está en el suelo y no abre los ojos, usted debe hablarle al espíritu humano diciéndole: «Abre tus ojos en el nombre de Jesús» y la persona los abrirá. Cuando la persona poseída no quiera volver y no quiera hablarle, ordénele lo que sigue: «Espíritu humano, vuelve y toma el control de tu cuerpo en el nombre de Jesús».

Recuerdo un día que nos encontrábamos en una campaña y a unos veinte metros había un destacamento policial. Este estaba ubicado exactamente detrás de la carpa donde ministrábamos liberación. En uno de esos momentos se escapó un endemoniado, uno que era feroz, y empezó a correr en dirección a la jefatura. Todos los policías que estaban en la puerta miraban lo que estábamos haciendo, el endemoniado despedía espuma por la boca y corrió hacia donde estaban ellos. Tal fue el susto que los policías sintieron, que en unos segundos los cinco entraron al edificio y cerraron la puerta.

Entonces dijimos: «Satanás, te atamos en el nombre de Jesús, detente», y allí mismo cayó de bruces delante de ellos. Después los policías salieron asombrados y lo miraban. Quizás pensaron: «Nosotros necesitamos tener la autoridad que ellos tienen para poder usarla cuando se escapa un preso».

Ejercer autoridad sobre el espíritu inmundo

Este es el segundo paso. Todos los que creen tener la señal de autoridad pueden expulsar espíritus diabólicos. Pero si abrimos la boca dudando o si nos asustamos, no lo lograremos. No debemos olvidar que la autoridad se ejerce por fe, y lo opuesto a la fe es la duda y el temor.

Cuando damos la voz de orden, el diablo debe sujetarse. Por supuesto que si lo ata en su propio nombre y no en el de Jesús, no le hará caso, al único nombre que responde es al de nuestro Señor Jesucristo.

Lograr que la persona vuelva en sí

Una vez sujeto el demonio, y ejerciendo su autoridad —siempre en el nombre de Jesús— debe dar este tercer paso. Esto se realiza de la siguiente manera, por ejemplo: «Espíritu humano, toma control de tu mente y de tu cuerpo, en el nombre de Jesús». Y la persona con sus sentidos y su voluntad debe responder a ese llamado.

Preguntar a la persona si desea libertad

El cuarto paso nos lleva a preguntarle a la persona si desea libertad. Además, debemos explicarle con prudencia los problemas que tiene. La persona se encuentra en proceso de liberación y no sabe cómo ni de qué manera entró allí. Explicarle el estado al que está sometida es ayudarla también a tomar la decisión de querer ser libre. Pero si la persona no tiene voluntad de serlo por su propio deseo, difícilmente la podremos ayudar.

Muchas veces la persona tiene un pacto hecho con el diablo, el cual es necesario romper para que sea libre. Si no lo hace, el diablo no va a querer salir aunque lo reprenda con palabras como estas:

«Diablo, sal fuera de esta vida. Sal, ahora». Tenemos que saber por qué está en esa situación. Debemos preguntarle indagando cómo se produjo la posesión y los pormenores que ayudan en la liberación de la persona. Entonces, si nos cuenta algo así: «Fui a una sesión de espiritismo», «Hice un pacto de sangre con un curandero», «Consulté a un brujo», se le debe decir: «Usted hizo un pacto y debe romperlo». Y la persona debe decir estas palabras: «Renuncio al espiritismo en el nombre de Jesús». Así de simple.

O si se encuentra en esa condición porque practicó el control mental, tenemos que guiarlo a decir por ejemplo: «Padre, renuncio al control mental». Debe renunciar al pecado que cometió específicamente y usted, que lo está ministrando con la autoridad de Dios, debe decir: «Rompo este pacto en el nombre de Jesús». Y de esta forma tan simple, se rompen los pactos.

En nuestras actividades, cierta vez hubo una mujer que nos siguió durante tres años, estaba enajenada y estuvo así desde que una persona que no conocía entró en su casa y le hizo un trabajo de hechicería. Tal fue el estado de enajenación que tenía esa mujer que dejó de convivir con su familia. Ponía papeles blancos en el piso para colocar sus pies con el fin de no contaminarse, no permitía que su esposo ni sus hijos se acercaran a ella, comía sobre una tapa de cacerola utilizando sus manos como cubiertos. Vivía como un animalito, no hablaba con nadie y gemía todo el día.

Un día su hermana la llevó a la campaña y me contó lo que le ocurría a aquella mujer de baja estatura. Tenía la mirada perdida y gesticulaba constantemente. Su hermana la acompañaba agarrada de la mano. Me impresionó mucho verla en el estado en que se encontraba. Oré por aquella mujer con todas mis fuerzas. Varias veces reprendí al espíritu de hechicería y le decía: «Demonio de hechicería, vete», pero nada sucedía. Me daba mucha pena, ellas viajaban más dos horas para asistir a la campaña y regresaban a sus hogares a altas horas de la madrugada.

Cierto día estaba orando y observé que estaba en la línea esperando que le ministraran a través de la oración. Al verla, le dije al Señor: «Dame discernimiento, no sé qué sucede con esta mujer. Señor, que tu Espíritu Santo me guíe. Sé que le hicieron un trabajo de hechicería. ¿por qué no queda libre?». Mientras oraba por las demás personas, oraba también por ella. De pronto, las lágrimas comenzaron a rodar por mis mejillas y mientras me iba acercando comencé a sentir una gran compasión que Dios puso en mi corazón. Sé que cuando Dios pone compasión en el corazón de alguno de sus hijos algo va a ocurrir. Y cuando tuve ese sentimiento, el Espíritu Santo me dijo:

—*¿Sabes lo que tiene?*

—Sí, un trabajo de hechicería —respondí.

—*¿Qué vas a hacer?* —me replicó.

—No sé, lo reprendí una cantidad de veces y no ocurre nada.

—*¿Quién eres tú?* —me dijo entonces Dios.

—Un sacerdote de Dios —le contesté

—*¿Quién la ató a ella?* —me preguntó.

—Un sacerdote del diablo.

—*¿Y quién tiene más autoridad?* —me dijo.

—Yo la tengo —respondí inmediatamente.

—*¡Úsala!* —me indicó el Señor.

Y quedé allí parado, sorprendido. Dios me estaba enseñando algo que no sabía. Había reprendido el espíritu de hechicería, pero no había ejercido la autoridad de desatarla. Entonces me acerqué a la mujer, puse mi mano sobre su cabeza y ordené: «Satanás, tú que estás ahí dentro, conoces la autoridad que tengo porque soy sacerdote del Dios altísimo. Deshago todas tus obras en la vida de esta mujer y te ordeno ahora que te vayas. Desato esta alma del espíritu de hechicería en el nombre de Jesús». En ese momento la mujer cayó y la llevaron a la carpa de liberación, pero ya estaba totalmente libre. Verlas salir riendo, abrazadas, era un sueño. Cada vez que las veía felices en las cruzadas alabando al Señor, daba gracias a Jesús por su amor.

Tenemos autoridad para desatar a los que el diablo ata, pero hay diversas maneras de hacerlo. En el campo espiritual tenemos a todos los que se han sometido a cualquier sacerdocio de ocultismo, desde horóscopo hasta magia negra. Muchas veces no le damos importancia a los juegos que pueden hacer los chicos como por ejemplo: la ouija o la copa. Hemos visto casos de muchachos que han quedado atados por invocar poderes satánicos en el juego de la copa, todo lo cual repercute en el campo espiritual.

Debemos tener cuidado con los dibujos animados que miran por televisión nuestros hijos como los gnomos azules (duendes) y todos aquellos en los que se usan poderes sobrenaturales. Esos que manejan huestes espirituales de maldad que intentan alejar la mente de los niños del verdadero poder que es el de Dios. Esto ata las criaturas y luego vienen las consecuencias: rebeldía, epilepsia y algunos otros que son producto de programas que a veces parecen inocentes, pero no lo son. Tal vez sus niños miran dibujos animados como por ejemplo al pájaro Orco que es el príncipe del hades y de la muerte, en la mitología griega. Ese pájaro guiaba a un superhéroe animado y él por lógica estaba dentro de la línea de ese tipo de principados. Ese animalito lo gobernaba indirectamente. Sin querer, los niños entran por su sencillez, se meten dentro de esos poderes espirituales y después empiezan a presentar conflictos, problemas de todo tipo y no sabemos la razón.

Debemos estar muy atentos a las asechanzas del diablo. La Biblia dice que Satanás anda como león rugiente buscando a quien devorar. Todas esas pequeñas cosas no parecen importantes, pero en la carpa de liberación hemos atendido muchas veces a niños atados y el espíritu que está dentro de ellos manifestaba quién era y nos hablaba de ciertos personajes de dibujos animados o series televisivas. Eso nos motivó a alertar a los padres.

En la ciudad de La Plata, Argentina, se decía que los niños veían enanitos verdes que descendían de platillos voladores. Esa noticia recorrió el planeta y desde muchos países vinieron a entrevistar a esos chicos. Tiempo después ministramos en la carpa de liberación a algunos de ellos. Los mismos padres los traían expresando los problemas que padecían. Esos niños vivían atormentados y se manifestaban ante el nombre de Jesús.

Sabemos la forma de operar del diablo. Se viste de ángel de luz, de extraterrestre, de lo que sea necesario, para poder destruir. Satanás tiene mil maneras de cautivar nuestra vida y la de nuestros hijos. Debemos estar atentos y alertas porque son muchas las maquinaciones malignas.

Una noche, al terminar de ministrar, bajé de la plataforma y pasé por la carpa de liberación. Era realmente muy tarde, al entrar allí veo a un joven tendido en el piso con los brazos extendidos.

Aparentaba estar muerto, los hermanos que le ministraban estaban extenuados, sentados, mirándolo. Al observar la situación comprendo que el muchacho no había sido liberado. Cuando veo al joven, el Espíritu Santo me dice: «Artes marciales». Lo ayudé a levantarse, lo senté frente a mí y le pregunté:

—¿Practicas artes marciales?

—¡No! —me respondió.

—El Espíritu Santo me está diciendo que hay un pacto con las artes marciales realizado a través de la televisión.

—¿Hiciste un pacto de ese tipo?

—¡No! —volvió a responderme.

Convencido de que el Espíritu Santo no miente intuí que algo más había en el asunto. Le pregunté si era violento, si sentía deseos de destruir y matar. Y su respuesta fue afirmativa. Oré y le dije: «Señor, tú no te equivocas». En ese momento el nombre de un personaje famoso por las artes marciales vino a mi mente. Existen varias películas y series televisivas con él. Entonces volví a preguntarle:

—¿Admiras a tal personaje? —el muchacho, sorprendido me respondió:

—¡Sí! ¿Cómo lo sabe?

—¿Quieres ser como él? ¿Te parabas y ejercitabas los golpes que él realizaba en sus películas? ¿Te imaginabas golpeando a tus enemigos para vencerlos?

—Sí —respondió sorprendido el chico a cada una de mis preguntas.

—Has permitido que los poderes del diablo que someten la vida de ese hombre gobiernen la tuya también. Ahora debes renunciar a la autoridad que ese personaje tiene sobre ti, a las artes marciales, al pacto que sin darte cuenta hiciste.

Esa noche oramos juntos, reprendimos los demonios, el joven fue libre. Su rostro cambió y exclamó:

—Al fin tengo paz.

Medite bien sobre lo que les va a dejar ver a sus hijos por televisión. A los míos lo único que les permito ver son los dibujos animados cristianos. Se entretienen más con juguetes, dibujando y practicando deportes. No pasan tanto tiempo mirando cosas que en vez de beneficiarlos, los perjudican. Busque entretenimientos sanos para sus hijos. Juegue con ellos. Es fácil desentenderse de los pequeños y dejarlos frente al televisor. ¡Dedíqueles tiempo a sus hijos! El tema del renunciamiento es importante. No tan solo con los chicos. Una vez que indagamos en las vidas y sacamos a la luz lo que han hecho, sea pactos o resentimientos, sean ataduras físicas como espirituales, la persona debe renunciar específicamente a lo que lo cautiva y en voz audible. Tal vez usted se pregunte por qué debe hacerlo en voz alta. Muy bien, se lo explicaré. Satanás no es omnisciente, Dios sí lo es. El diablo no sabe lo que usted piensa, pero Dios sí lo sabe. Por lo tanto, debe renunciar a toda atadura en voz alta para que Satanás lo escuche.

Además, reitero, Satanás no lee la mente, no sabe lo que el individuo piensa. Solo se entera cuando la persona habla, por eso hay que oír mucho y hablar poco, ya que cuando hablamos, el diablo se entera de lo que tenemos en nuestra mente. Él puede introducir pensamientos en nosotros, pero no puede leer nuestro corazón. Así que recordemos lo que nos dice la Biblia en Proverbios 18:21: «La muerte y la vida están en poder de la lengua». Si decimos: «Mi papá murió de cáncer, mi abuelo también y yo me voy a morir de cáncer», tenga por seguro que así sucederá. Satanás dice: «¿Viste, Jesús?, se quiere morir de cáncer», porque escuchó lo que estamos diciendo. Si declaramos: «Viviré todos los años que un hombre en la tierra puede hacerlo. Tendré salud y no me voy a enfermar», y nos mantenemos así —con esa actitud—, el diablo buscará por donde entrar y no lo logrará.

El único que puede entrar y hacer algo en su vida, porque tiene autoridad sobre usted, es Cristo; no el diablo. Pero si usted confiesa y proclama derrota, esta le sobrevendrá ya que está revelando con su boca lo que quiere recibir. De ahí que cuando rompamos el pacto, lo hagamos con nuestra boca y en voz audible. La Biblia nos dice lo siguiente:

> Si confesares con tu boca que Jesús es el Señor, y creyeres en tu corazón que Dios le levantó de los muertos, serás salvo. Porque con el corazón se cree para justicia, pero con la boca se confiesa para salvación.
>
> —ROMANOS 10:9, 10

¿A qué se debe eso? A que cuando decimos: «Jesús, te acepto», el diablo se tapa los oídos, pero escucha igual. Ahora, si usted lo declara solo con la mente, Jesús le dice a Satanás: «Es mío», y él responde: «Yo no escuché nada». Pero cuando confesamos delante de Dios y los ángeles del Señor y los que no lo son: «Recibo a Jesús y pido perdón por mis pecados», todas las huestes espirituales escuchan su confesión y ahí actúa el poder de Cristo.

Aquel que alguna vez haya hecho un pacto siempre debe renunciar en voz alta, nunca con la mente. Tiene que decir: «Satanás, renuncio a ti en el nombre de Jesús. Renuncio al espiritismo en el nombre de Jesús». Entonces Jesús le dice: «¿Oíste diablo? Renunció, ya no tienes autoridad sobre esta vida, yo te la quito».

Pronunciar palabras de renunciamiento

El quinto paso es el que da lugar a la liberación. Cuando la persona pronuncia las palabras de renuncia, nosotros tomamos la autoridad que tenemos en el nombre de Jesús, rompemos esas ataduras y echamos a los demonios. No importa si son dos, tres, diez, veinte mil, una legión o las que sean. Cuando se rompen todas las ataduras y los compromisos que tiene la persona con Satanás, se acabó la acción del enemigo. No hay motivo para que la persona continúe poseída.

Un día me llevaron para que orara por una mujer en la ciudad de Los Ángeles, Estados Unidos. La mujer estaba demente, por momentos parecía perdida y luego hablaba. Cuando terminaron de ministrarla me dijeron: «Ella renunció a esto, renunció a aquello, a lo otro, no falta nada, pero sigue igual». Entonces impuse mi mano sobre su cabeza y dije: «Satanás, todo está hecho, tú no tienes más motivo para tenerla en tus manos. Te ordeno que te vayas y que la dejes libre. La declaro libre porque ella ya renunció a ti, y tú no tienes más lugar en ella. Mujer, te declaro libre». Di la vuelta y me fui. Los hermanos me miraron, yo les dije que la dejaran ir. La llevaron a la casa y al otro día estaba totalmente libre. El diablo no pudo retenerla más porque ya había perdido la autoridad.

A otra de nuestras campañas, asistió una mujer con hemiplejía. Era esposa de un militar de la ciudad de Berisso, Argentina. Eso sucedió durante una de mis primeras actividades evangelísticas. Esa noche reprendí todo espíritu de depresión, de hemiplejía y todo demonio. La mujer cayó al piso y en ese momento escuchó una voz que le decía: «Tengo que irme, tengo que irme, ya me echaron». Pero, en realidad, no se había ido. Por la noche, mientras la señora dormía, sintió cómo que se le despegaba algo del cuerpo y desapareció la hemiplejía que la aquejaba. Quiere decir que a veces no se va al instante, pero tiene que irse. Usted solo debe decir: «Está hecho». Confiese la Palabra. Cuando haya certeza de que hizo bien todo, que rompió los pactos, que no hay nada oculto, la persona tiene que quedar liberada. Si no es así, eso se debe a que todavía hay que seguir indagando en su vida.

Muchas veces, por vergüenza, las personas no quieren confesar situaciones o pecados de su pasado, pero finalmente lo dicen: «Recuerdo que una vez hice un pacto, porque mi esposo se veía con otra mujer y yo fui a un brujo. Este me indicó que hiciera algunos trabajos, por lo que me dio esto y yo hice esto otro». Hay que romper los pactos. Cuando se rompen todas las ataduras que lo ligan al diablo, no hay motivo para que esté un segundo más arruinando nuestras vidas ni nuestro hogar.

Dar gracias a Dios por la liberación y pedir la plenitud del Espíritu Santo

El sexto paso es llevar a la persona a que dé gracias a Dios por la liberación y a orar por la plenitud del Espíritu Santo en su vida. La razón de eso es la importancia que la casa, el templo, como el mismo Señor lo indica, esté llena de su presencia.

Existen también algunas recomendaciones en cuanto a la ministración de liberación. Nunca deben dos o tres hombres ministrar a una mujer sola, ni en la iglesia ni en ningún otro sitio, la ministración siempre debe ser mixta. Veamos una situación ejemplificada. ¿Qué sucede si un hombre va con su esposa a la iglesia por primera vez y ella tiene una manifestación demoníaca? La llevan al área de consejería y liberación. Pasados unos minutos, el esposo comienza a preocuparse y va en busca de su esposa. Los ujieres lo llevan donde la están ministrando y entonces ve que hay tres varones alrededor de ella. Uno la está agarrando por un brazo, otro por el hombro. Al ver esa situación el hombre dice: «¿Qué es esto? ¿Qué sucede aquí?». Es importante que haya también una mujer, eso da mayor transparencia. Esta recomendación no es por causa de los líderes ni los consejeros, sabemos que ninguno de ellos va a ministrar si no tiene una buena intención en Cristo, pero debemos cuidarnos de lo que puedan llegar a pensar los demás.

Verificar la efectividad de la liberación

El séptimo y último paso es ¿cómo determinamos si la liberación fue efectiva en una persona? Después que la persona reciba liberación, notará un relajamiento total, lágrimas de gozo, alegría, cambio de carácter, mirada dulce y de paz, suspiros profundos. No hay rechazo al nombre de Jesús, sino que lo pronuncia con libertad, confiesa su liberación y declara que se realizó en el nombre de Jesús. Una vez operada la liberación, el grupo debe orar y glorificar el nombre de Cristo atribuyéndole en forma exclusiva a Él toda la gloria.

Todo lo desarrollado hasta aquí no son métodos estrictos que marcan una línea de liberación o ministración. Estos consejos simplemente son el resultado de nuestras experiencias en este campo a lo largo de tantos años. Por supuesto que cada sección de ministración y consejería debe dirigirla el pastor de cada congregación. Este, mejor que nadie, le dará la guía exacta en cuanto a los pasos a seguir para trabajar en comunión con el resto de su familia, que es su iglesia.

CAPÍTULO 8

EL PELIGRO DEL OCULTISMO

«YO ERA UN FALSO MAESTRO»

Estudié sicología clínica en la Universidad Nacional de La Plata, Argentina. Hice diversos cursos de especialización en grafología y test proyectivos gráficos. Trabajé durante nueve años en cuatro hospitales siquiátricos, en experiencias de rehabilitación de sicóticos y otras disciplinas.

Me enseñaron que saber era poder. Codiciaba ser rico en conocimiento para destacarme y sobresalir. Luego de concluir mis estudios en la universidad, decidí que el saber científico era un camino muy limitado y competitivo. En cambio, si me convertía en maestro en ocultismo, astrología, parasicología, curanderismo y orientalismo, deslumbraría con los secretos de la oscuridad. Quería ser místico, profundo y seductor: una mezcla de sicoterapeuta, gurú y sabio. Me fascinaba lo sobrenatural y lo místico.

Al final, las personas que se hallaban perdidas cayeron en mi red. Las atrapaba con temas espirituosos, ancestrales y esotéricos. Mi vanidad resplandecía. Vivía autoseducido creyendo que lo sabía todo. Muchos tenían fe en mí, me necesitaban, me seguían y por último caían en una vida como la mía: vacía, pero al parecer ordenada. Sin sentido, pero ilusoriamente bien planificada. Libertina, pero de aspecto independiente y moderno. Una vida odiosa, pero disfrazada de temperamental. Temerosa, pero encubierta por una actitud desafiante, amenazante y dispuesta al ataque.

Por mucho tiempo trabajé haciendo cartas natales y enseñando astrología no adivinatoria, aplicada a la sicoterapia. Fui instructor de meditación oriental e investigador en temas de ocultismo y parasicología. Busqué a Dios en todas las religiones orientales y sabidurías más antiguas, pero no lo encontré.

Durante nueve años trabajé en rehabilitación de sicóticos en cuatro hospicios: Melchor Romero, Borda, Estévez y Moyano, en la ciudad de Buenos Aires. De estos me expulsaron por estar en contra de los tratamientos eléctricos, quirúrgicos y químicos.

Entonces comencé a trabajar como sicoterapeuta en mi propia casa. Me presentaba como sicólogo para que no me llamaran curandero. Algunos decían que tenía poderes paranormales, eso me gustó y les creí. En realidad, era un impostor, un ciego guía de ciegos.

Investigando por años sobre la verdad y la mentira de los maestros, gurúes, curanderos y adivinos, comprobé que si bien lograba efectos sugestivos o sicosomáticos, ninguno de ellos producía transformaciones de materia, o sea, milagros. Los resultados de sus poderes eran engañosos y aparentes. A mis seguidores les advertía: «Solo les puedo enseñar lo que encontré en mis búsquedas». Esta sinceridad cautivaba más a las personas.

Muchas veces me preguntaban quién era Dios y yo les respondía: «Solo lo conozco por cuentos». Respecto al diablo les decía: «A ese sí lo he visto manifestarse en personas, en algunos de mis pacientes. Doy fe de que existe».

Era sorprendente ver la cantidad de jóvenes que acudían a pedirme clases particulares «para obtener conocimiento y poder oculto» y ofrecían pagarme más de lo que podían. Les enseñaba a meditar, a realizar transferencia de energía. No tenía un turno libre de cuarenta y cinco minutos en toda la semana, ni siquiera los sábados ni los domingos. Estaba cerca de la cumbre, mis sueños se hacían realidad, el éxito y la fama ya no estaban lejos. Fue así que a los treinta y siete años, la fama, el dinero y el éxito me alcanzaron.

En la noche de un viernes, a mediados de octubre de 1984, junto a un grupo de amigos sicólogos, estudiantes avanzados y otros profesionales, decidimos investigar lo que sucedía en la campaña del evangelista Carlos Annacondia. Al principio no quería ir, pero mis amigos me llevaron. Fuimos a ver cuáles eran las técnicas o el poder que usaban. Ahí, ante la multitud, el evangelista predicaba lleno de fervor en el Espíritu Santo. Nunca antes había visto nada igual.

En un primer momento busqué técnicas de inducción hipnótica sutil, mensajes paradójicos y conducción emocional de masa. Pero el poder de Dios se manifestaba con sencillez y transparencia.

En un momento de la reunión, les pidieron a los enfermos que pasaran al frente para orar por ellos. Yo tenía una rinitis alérgica, hereditaria e incurable, por lo que decidí pasar para ver si era cierto que allí hacían prodigios y señales. De pronto, de mi interior sale un clamor a Dios rogando por la salvación y por el amor que nunca había conocido. Annacondia dijo que si creía en el único Dios verdadero, si aceptaba a Jesús como mi Señor y mi único Salvador arrepintiéndome de mis pecados y renunciaba a toda sabiduría que no fuera de Dios, sería salvo, me reconciliaría con Dios y sanaría de mi enfermedad.

Ahí, en ese parque, me derrumbé quebrantado; allí, en aquel campo de batalla espiritual, yacía ese hombre lleno de conocimiento, envanecido, que tanto me había costado levantar. Creí, lloré y pedí perdón a Dios por mis pecados. Por primera vez entendí lo que quiere decir misericordia: amar a otros a pesar de sus miserias.

Más tarde pude comprender que, hasta ese día, Satanás me había usado como un instrumento idóneo en sus manos; aunque nunca lo busqué ni hice pactos conscientes con él. Sin embargo, cuando conocí la Palabra, descubrí que mi vida estaba corrompida, enferma y encaminada a la muerte.

¡Bendito sea Jesús que mostró en mí su amor! No miró mi maldad ni la enorme cantidad de vidas que empujé al abismo. Me rescató como lo hace con todo aquel que se acerca a Él entregándose como un niño, sin condiciones ni exigencias. De la rinitis nunca más tuve noticias.

A fines de octubre de ese mismo año, asistí a otra campaña de Annacondia. Esa noche el evangelista dijo esto: «No sea hallado en ti … quien practique adivinación, ni agorero, ni sortílego, ni hechicero, ni encantador, ni adivino, ni astrólogo, ni mago, ni quien consulte a los muertos. Porque es abominación para con Jehová cualquiera que hace estas cosas» (Deuteronomio 18:10-12). En aquel momento me percaté de cuánto me hundí en el pecado y viví en contra de la obra de Dios.

Al día siguiente me desperté de madrugada con náuseas, mareos, estornudos, tos, temblores, calambres, espasmos, etc. Creí que estaba intoxicado por algún alimento y me sentía morir. Algo me aplastaba contra la cama como si mi cuerpo fuese de plomo. Por mi cabeza pasaban vertiginosamente recuerdos dolorosos y pecados, pero sobre todo mentiras. De mi interior salían gemidos, voces roncas y gruñidos. Entonces pensé que se trataba de un ataque de locura. Después de cuarenta y cinco interminables minutos, recordé cuando Annacondia reprendía a los demonios.

Así que me aferré a Dios con todas mis fuerzas y, en voz alta y con autoridad, ordené: «Espíritu inmundo mentiroso, de falso profeta, en el nombre de Jesucristo de Nazaret, te ato y te ordeno que salgas de mi cuerpo, sal de mi alma, suelta mi espíritu… En el nombre de Jesús, abandona mi vida y no vuelvas. Mi corazón es de Dios, mi Padre». Después le pedí al Espíritu Santo que tomara control de mi lengua y no me dejara caer de nuevo en el engaño. A los pocos minutos comencé a sentirme mejor. El calor volvió a mi cuerpo, me sentí liviano y descansado, luego me dormí. Al levantarme y salir, un amigo me dijo:

—¡Qué cara tienes!

—Tuve una noche difícil —le dije sin muchos deseos de responder.

—Sin embargo —agregó mi amigo—, tienes el rostro más limpio, despejado y joven.

Esa misma noche, juntos recibimos el bautismo del Espíritu Santo. Detrás de la plataforma, con los brazos en alto, comenzamos a hablar en otras lenguas. ¡Dios me liberó de las potestades de Satanás! Hoy me comprometo a anunciar el evangelio, salvar a los perdidos y fortalecer a los débiles en la fe en el nombre de nuestro Señor Jesucristo y para la gloria de Dios.

BASILIO, Argentina.

Cuando hablamos de los poderes espirituales de maldad, de liberación demoníaca, de opresiones espirituales y de demonios, nos referimos a todas las potestades diabólicas que rondan en este mundo (véase 1 Juan 5:19). Aquel que ignora la verdad está expuesto a experimentar muchos peligros. Uno de ellos es el ocultismo. Este es un engaño satánico que se disfraza de diversas maneras para enredar al hombre que busca respuesta a los interrogantes de la vida tanto como a sus necesidades físicas y espirituales. Pero lo más significativo de todo es que en la búsqueda desesperada de esas respuestas transita caminos equivocados. Una de las causas de ese error es que la iglesia no da respuestas a sus necesidades. De ahí que se entrega a la exploración de lo sobrenatural detrás del ocultismo, la hechicería, la brujería, los maleficios, la idolatría, etc.

Las ciencias ocultas no solo hacen estragos en nuestro país, Argentina, sino también en Latinoamérica y en gran parte del planeta. A países que llamamos del Primer Mundo los atrapan también mediante estos engaños.

La Palabra de Dios, sin embargo, nos dice que hay caminos que al hombre le parecen derechos, pero que el final de ellos son caminos de muerte. Se intenta solucionar los problemas de la vida tratando de encontrar ese milagro que sea rápido y eficaz. Que no cause trastornos ni preocupación y que, por supuesto, no requiera de un compromiso y cambio de vida o actitud. Algo mágico.

Cuando se habla de buscar a Dios, muchas personas suelen poner excusas. La verdadera razón es que Dios demanda muchas cosas del hombre, entre las cuales están la santidad y la obediencia. Él exige respeto a su voluntad. Por tanto, es más fácil entregarse a las garras de Satanás, al ocultismo y a cuanta experiencia demoníaca existe actualmente en la tierra. Asimismo debemos saber que eso también requiere y exigirá a cambio ciertas cosas que con el correr del tiempo ya no se le podrá negar.

Hace algún tiempo leí una revista de esoterismo en la que ofrecían una cruz que, según decían, daría suerte para ganar la lotería. Si compraba esa cruz y no ganaba la lotería, le devolvían el dinero. Pienso que muchos ingenuos habrán creído esa mentira y habrán adquirido esa cruz. También ofrecían una pirámide de la suerte con la que se ganaba dinero y se obtenía salud. Otros anuncios decían:

«Frote la panza del Buda, gane dinero y solucione sus problemas». Otro tipo de cruz para colgar en la puerta de la casa le aseguraría paz, felicidad en el matrimonio y sustento por el resto de su vida. Otra publicidad decía asegurar su porvenir con rituales sagrados de alta magia blanca para cada signo del zodíaco.

Estas son las cosas que hoy ofrece el diablo a todos los que buscan soluciones y respuestas por caminos equivocados. Es común que personas con problemas consulten a brujos, hechiceros, magos, astrólogos y adivinos. Se hacen echar las cartas creyendo que van a obtener respuesta de Dios. Quiero que sepa que Dios condena cualquiera de esos tipos de ocultismo.

Sin duda habrá observado que mucha gente adinerada tiene su parasicólogo personal y privado. En otras palabras, un brujo a domicilio. Algunos presidentes de naciones consultan a sus adivinos antes de tomar determinadas decisiones con relación al país. Esto es muy común, quieren saber si es acertada su decisión y qué ocurrirá en el futuro. Dios no aprueba ninguna de esas actividades. Es más, las rechaza puesto que son prácticas totalmente satánicas. Mi consejo es que usted no gaste dinero, ni se ponga en enemistad con Dios. Él no está en esos lugares y abomina a quienes practican tales cosas.

Quizás se pregunte por qué digo estas cosas. Porque la Palabra de Dios —en muchos versículos— habla sobre el tema. Solo ella nos enseña la voluntad de Dios. Si desea saber sobre el futuro, búsquelo allí. Ella nos enseña qué cosas desea Dios para nuestras vidas. Ahora bien, si ejercita alguna de esas prácticas del ocultismo, aléjese de ellas y acérquese a Dios y a su Palabra. Pero para ello, también es necesario dejar el pecado, o sea, todo lo que no agrada a Dios.

ADVERTENCIAS DE DIOS CONTRA EL OCULTISMO

Muchos hombres y mujeres no quieren aceptar a Jesús porque saben que las obras que hacen son malas y si se acercan a la luz que es Jesucristo, esas obras quedarán en evidencia; por lo tanto, prefieren seguir en los caminos de la oscuridad. A través de algunos pasajes bíblicos observamos lo que Dios opina sobre esas cosas:

Astrología

Con respecto a los «contempladores de los cielos, los que observan las estrellas» y pronostican el futuro, Dios dice en Isaías 47:13-14 lo que sigue:

Fuego los quemará, no salvarán sus vidas del poder de la llama; no quedará brasa para calentarse, ni lumbre a la cual se sienten.

El cristiano no tiene que consultar horóscopos, ni preocuparse por los signos del zodíaco. Eso es maligno, perverso. Es cosa del diablo.

Espiritismo

Veamos lo que las Escrituras nos dicen acerca de este tema:

Y el hombre o la mujer que *evocare espíritus* de muertos o se entregare a la adivinación, ha de morir; serán apedreados; su sangre será sobre ellos.

—Levítico 20:27, cursivas añadidas

Esos señalamientos están en la Biblia, no lo digo yo, lo dice Dios. Muchos suelen hablar a los muertos. Los espiritistas, por ejemplo, realizan esto como una práctica común. Hay también los que les oran y les hablan.

Adivinación

Dios también habla acerca de otro tipo de prácticas. Veamos lo que afirma en Deuteronomio 18:10-12:

No sea hallado en ti quien haga pasar a su hijo o a su hija por el fuego, ni quien *practique adivinación*, ni *agorero*, ni *sortílego*, ni *hechicero*, ni *encantador*, ni *adivino*, ni *mago*, ni quien *consulte a los muertos*. Porque es abominación para con Jehová cualquiera que hace estas cosas, y por estas abominaciones Jehová tu Dios echa estas naciones de delante de ti (cursivas añadidas).

En su infinita misericordia, Dios también dice que todos los que buscan en los magos, los brujos y en los curanderos respuestas para su vida, lo hacen por *falta de conocimiento*. Por eso tenemos que leer la Palabra de Dios, para saber por dónde debemos caminar. Porque «hay camino que al hombre le parece derecho; pero su fin es camino de muerte» (Proverbios 14:12).

ANDEMOS EN LA LUZ

Por lo general, hacemos muchas cosas indebidas por falta de conocimiento. Tal vez las hagamos hasta pensando que lo que estamos haciendo es bueno, y es lógico que así sea, pero la Palabra de Dios es clara. Es más, ahora que conocemos esa Palabra, debemos actuar consecuentemente con ella. Muchas veces, en la sencillez de la vida familiar, vemos ejemplos claros de tales prácticas: la abuela que cura el mal de ojo y el empacho, sin saber que eso es curanderismo.

Es probable que usted diga: «¡Pero yo hago eso en el nombre de Dios!». Sin embargo, ¿alguna vez se ha preguntado en nombre de qué dios lo hace? Otro claro ejemplo es el que muchos enseñan el 24 de diciembre por la noche, al pasar los poderes de padres a hijos; eso no es de Dios. Si su nieto está empachado, si su hijo tiene problemas, póngale la mano en la frente y diga: «Jesús, tócalo y sánalo»; y Él lo sanará sin necesidad de que esté haciendo conjuros, hechizos ni maleficios. Todo eso es ocultismo, brujería, hechicería.

Esas costumbres son muy comunes en toda nuestra América Latina. Debemos desechar, en el nombre de Jesús, toda herencia recibida de prácticas de hechicería y brujería. Ahora que tiene conocimiento, sabe que a Dios no le agrada que practique esas cosas. Dios nos enseña en su Palabra cuál es el camino que debemos transitar. Si participaba en esas actividades, ahora pídale perdón a Dios y no lo haga más.

Lo más sencillo y frecuente que solemos hacer es buscar solución a los problemas, pero ignoramos cuál es la causa que produjo esa enfermedad o ese dolor que hay en nuestras vidas. Quizás su hogar esté destruido y no sepa por qué, por lo que decide ir a un brujo, a un hechicero, a un yerbero, a un macumbero o a los espiritistas para encontrar una solución.

Debemos tener claro algo muy importante, la verdadera causa de su conflicto es «el pecado». Eso es rebeldía contra Dios. Por eso, en primer lugar, tenemos que reconocer que somos pecadores, y que necesitamos la misericordia y el favor de Dios para presentarnos ante su presencia y decirle: «Señor, ahora estoy limpio por la sangre de Jesús». Para poder reclamarle como hijos las promesas que nos dejó en la Biblia.

Quizás usted piense: «¡Pero nunca renegué de Dios!». Tal vez sea verdad, en cierta forma, pero la Biblia dice que le dimos la espalda a Dios al hacer lo que no le agrada a Él. Pecado es todo acto de rebeldía, transgresión y desobediencia a Dios, a sus preceptos y a sus mandamientos. Eso quiere decir que todos pecamos —aunque sea sin querer— todos los días, haciendo cosas que no agradan a Dios. Pero Él quiere perdonarnos. Jesús dijo que no vino a condenar sino a buscar y a salvar lo que se había perdido. Él desea reconciliarse con usted.

Una vez que usted se vuelva a Dios, le exhorto a que nunca más se aleje de Él. Nunca más confíe en brujería, en horóscopos, ni en espiritismo. El mundo promete muchas cosas llenas de pecado, de maldad, cosas que engañan al hombre. ¡No lo permita! ¡Jesús quiere cambiar su vida! No perezca por falta de conocimiento. Usted ha aprendido que solo en Jesucristo hay respuesta, hay esperanza. Solo en Jesucristo encontrarán una mano de amor y misericordia todos los que lo necesiten.

Sé fiel hasta la muerte, y yo te daré la corona de la vida …
Seguid … la santidad, sin la cual nadie verá al Señor.
—Apocalipsis 2:10; Hebreos 12:14

Recuerdo que en mi trabajo ensuciaba la ropa con sustancias grasosas, por lo tanto, al salir a la calle caminaba por la oscuridad para que nadie me viera sucio. Si estaba bien limpio, no me importaba andar debajo de los faroles. Así sucede con el pecador, cuando tiene el alma sucia, su conciencia también lo está y no se acerca a la luz para que no vean sus obras ni las reprendan; por eso se queda en la oscuridad. Esa es una de las razones por las que no quieren acercarse a Jesús. Saben que tienen que dejar sus obras malas, pero prefieren seguir en el pecado, en la maldad y hacer lo que les gusta en tinieblas y a escondidas.

Sin duda, usted nunca ha ido —ni iría— a una fiesta de bodas con la ropa toda manchada, sucia; al contrario, se viste con la mejor ropa que tenga. Así debemos estar nosotros, pulcros y preparados para estar en las Bodas del Cordero. Ninguno que esté sucio podrá participar en esa fiesta, por eso es necesario limpiarnos, santificarnos y buscar a Dios de corazón y con sinceridad. Si amamos a Jesucristo, debemos estar preparados porque sabemos que Él viene pronto a buscar a su Iglesia y que todos estaremos en las bodas con Él.

CAPÍTULO 9

EL PODER DEL PERDÓN

En el transcurso de una de las primeras campañas, se acercó una persona y me pidió que fuera a su casa a orar por su madre. Cuando terminó la reunión, me dirigí a ver a la señora que estaba enferma. Al llegar encontré a una mujer paralítica, postrada en una cama, víctima de un asma crónica que afectaba sus pulmones. En verdad, estaba muy mal, literalmente estaba «secándose» en el lecho y muriéndose poco a poco.

Primero hablé con ella sobre Jesús y su salvación. Después de esas palabras y, tras realizar una oración de confesión de fe, ella aceptó a Cristo en su corazón. Finalmente oré por ella, pero sentí que la bendición de Dios no llegaba a su vida. Me pareció extraño lo que ocurría. Al orar, le pregunté a Dios qué estaba sucediendo. Él me hizo entender que el corazón de esa mujer estaba lleno de odio; de modo que, hasta que no perdonara, no recibiría su bendición.

Así que decidí preguntarle sinceramente:

—¿Con quién tiene usted conflictos? ¿A quién no ha perdonado?

Ella me respondió que no tenía problemas con nadie y que se llevaba bien con todo el mundo. En ese momento me di cuenta de que mentía, pues Dios me había confirmado algo y Él no engaña. En vista de eso, le dije:

—Señora, usted no me dice la verdad —e inmediatamente sentí en mi corazón que el problema era con una nuera, por lo que decidí consultar a la hija.

—¿Cuántas nueras tiene su mamá?

—Dos —me respondió.

—¿Y cómo se llaman?

—Una se llama María Rosa y la otra Ester.

Con esa referencia me dirigí hacia la mujer enferma y le dije:

—¿Cómo es la relación con su nuera María Rosa?

—¡Ah, María es un amor! Viene dos veces a la semana con mis nietos, me trae torta. En realidad, es un ejemplo de nuera —respondió con una sonrisa.

—¿Y cómo se lleva con Ester? —continué.

Ante esta última pregunta, no obtuve respuesta. Insistí cuatro veces más y, a duras penas, me contestó.

—A esa no me la nombre, es una víbora. Me robó a mi hijo y no deja que mis nietos me visiten. ¡La odio! ¡No la perdonaré!

En ese instante, ella confirmó lo que Dios me había dicho, por lo que traté de hacerle entender.

—¿Sabe lo que ocurre? Usted se está muriendo porque su corazón está lleno de odio y de resentimiento.

—No la voy a perdonar aunque me muera —replicó muy enojada.

—Hay una Palabra de Dios para usted que dice que debe perdonarla, puesto que se está muriendo a causa de ese odio.

—Pero no siento hacer eso, pastor —me respondió con franqueza.

La comprendí. Muchas veces no es fácil perdonar a alguien que nos ha herido, que nos ha lastimado tan profundamente. Cuántas veces he escuchado a personas contar cuánto las maltrataron en la niñez. Personas a quienes las violaron, traicionaron y atacaron, hechos que causaron heridas en lo más hondo de sus corazones.

Es muy probable que todos los que le han herido y han lastimado su ser no merezcan que usted los perdone, pero mucho más hemos pecado nosotros contra Jesucristo y —sin embargo— Él dijo: «Padre, perdónalos, porque no saben lo que hacen» (Lucas 23:34).

De modo que procedí a explicarle a la señora que el perdón no es un sentimiento, sino una decisión. Que si tuviéramos que «sentir» para perdonar, nunca lo haríamos. Así que traté de ayudarla y oramos juntos. La tomé de la mano y comencé a decirle que repitiera conmigo esta oración: «¡Señor, perdono a Ester! ¡Señor Jesús, perdono a Ester...!».

En realidad, tuvo que esforzarse mucho para poder decirlo, pero al fin lo logró. Repitió varias veces: «Perdono a Ester en el nombre de Jesús».

Al hacerlo, las lágrimas comenzaron a brotar de sus ojos. El Espíritu Santo había entrado en ese corazón duro y lo estaba ablandando. Mientras sollozaba, me dijo:

—Siento como si algo hubiera salido de mi pecho y quedé libre.

—¿Ya perdonó a Ester? —le pregunté.

—Sí, ya la perdoné —me respondió.

Pasado ese episodio, el milagro de sanidad comenzó a cumplirse en esa mujer. Después de no haber podido caminar durante tres años, se levantó de la cama y dio pasos nuevamente. Todos los presentes allí fueron testigos del verdadero PODER DEL PERDÓN.

ASÍ COMO NOSOTROS PERDONAMOS...

Y perdónanos nuestras deudas, como también nosotros perdonamos a nuestros deudores ... Porque si perdonáis a los hombres sus ofensas, os perdonará también a vosotros vuestro Padre celestial; mas si no perdonáis a los hombres sus ofensas, tampoco vuestro Padre os perdonará vuestras ofensas.

—MATEO 6:12, 14 y 15

Estos versículos que encontramos en el Evangelio según Mateo nos enseñan cuáles son las leyes espirituales de Dios para que los hombres accedan a sus bondades y misericordias. Muchas veces no podemos obtener los beneficios de Dios o es posible que pidamos y no hallemos respuesta. Esto se debe a que fallamos a los principios espirituales que Él nos dejó en su Palabra.

Analicemos con mayor profundidad este legado de Dios para que sus múltiples beneficios puedan ser reales en nuestras vidas. Creo que la oración del Padrenuestro es la más conocida y repetida en la tierra, pero también la menos cumplida. Veamos la primera parte.

«Perdónanos nuestras deudas»

La Biblia nos revela que somos deudores y nuestra deuda es con Dios. Ahora bien, ¿cuál es el precio que Dios le puso a esta deuda contraída? ¿La podemos pagar con dinero? Debemos tener muy claro que Dios dijo que la paga del pecado es muerte. Él le puso precio al alma del hombre, de forma que si pudiésemos reunir el dinero suficiente para pagarlo, lo haríamos. Pero la Palabra nos enseña que el alma vale más que todo el oro y la plata del mundo.

Así que no podemos pagar con dinero el perdón de Dios. Aunque muchos crean que eso es posible y dejen sus fortunas a instituciones religiosas a cambio de que recen por sus almas, quiero asegurarles que Dios no es comerciante para que le paguemos por su perdón o por el sacrificio de Jesús en la cruz. Así que el hombre tendrá que pagar con su vida la rebelión y desobediencia para con Dios. O sea, que el precio del pecado es la muerte.

Sin embargo, cuando Dios vio que toda la humanidad estaba en camino de perdición y que todos debían morir, envió a Jesús a la tierra, sin mancha y sin pecado, para que aquel que crea en la justicia de Cristo no se pierda y ya no reciba la muerte sino la vida. No lo envió a condenar al mundo, sino para que el mundo se salve por Él. Así como por un hombre (Adán) que pecó, entraron la maldición y la muerte, por Jesucristo entró la vida y también la bendición. Cuando Jesús murió en la cruz, concluyó el plan y el propósito perfecto de Dios para el hombre. En esa situación Él dijo: «Consumado es». Todos lo ven crucificado, pero pocos saben que allí Él consumó el pago de la deuda que la humanidad tenía con Dios.

Por lo tanto, Cristo es nuestro mediador. Cuando lleguemos al cielo, llevaremos un recibo espiritual que Él nos entrega al aceptarlo en nuestro corazón. ¿Saben qué dice mi recibo? «Padre, yo pagué la deuda de Carlos con mi vida y mi sangre». Este recibo no está escrito con tinta, sino con la sangre de Jesús de Nazaret derramada en la cruz. Quiere decir entonces que si usted va a Cristo, ya no es deudor porque la dádiva de Dios es vida eterna en Cristo Jesús, nuestro Señor.

«Como también nosotros perdonamos a nuestros deudores»

Esta es la segunda parte del pasaje que estamos analizando. Por todo lo que antes dijimos, la Palabra es clara y nos afirma fehacientemente que para recibir el perdón de Dios debemos también perdonar. Cuando Dios nos perdona, nos reconciliamos con Él y recibimos la salvación. Si no obedecemos esta ley, perderemos el perdón y los beneficios de Dios, y además ponemos en grave riesgo la salvación que Jesucristo nos dio a través de la cruz del Calvario.

Un día tras otro vemos las caras llenas de amargura y rencor. El odio no solo endurece el corazón, sino también las facciones. Las alteraciones espirituales se manifiestan también a través del rostro y, lo que es peor, con el tiempo hasta llega a corroer los huesos. En definitiva, ataca la salud física. La Biblia dice: «Mientras callé, se envejecieron mis huesos» (Salmos 32:3). El odio y el resentimiento provocan lastimaduras en el alma y en el corazón. Si no las curamos en forma total, constantemente sangrarán. Por años llevamos guardados rencores y venganzas hacia los que alguna vez nos han dañado. Si no dejamos que Dios intervenga y nos sane, la marca nunca se borrará de nosotros.

Cada sentimiento de rencor, odio o resentimiento es una puerta abierta al diablo. Estos sentimientos producen, en manos del diablo, diversas consecuencias como por ejemplo: suicidios, depresiones, demencia e inclusive enfermedades físicas. Setenta por ciento de las personas que ingresan a la carpa de liberación lo hacen con tremendas posesiones demoníacas, pero en su mayoría el problema espiritual deriva de la falta de perdón.

En Efesios, el Señor nos enseña lo siguiente: «Airaos, pero no pequéis; no se ponga el sol sobre vuestro enojo, ni deis lugar al diablo» (4:26, 27). Dios entiende que podamos enojarnos, que alguna situación nos cause ira, pero no acepta que esta perdure más de un día. Cada noche —antes de acostarnos— debemos poner nuestras cuentas en claro, tanto con el Señor como con aquel que hemos ofendido o nos ha lastimado.

Si a lo largo de nuestra vida hemos cometido errores y pecamos contra Dios, Él es fiel y justo para perdonarnos. Él nos dice: «Nunca más me acordaré de sus pecados y transgresiones» (Hebreos 10:17).

Muchas personas, incluso cristianas, no aceptan todavía la real importancia del perdón. Sin embargo, para Dios, aborrecer a un hermano es homicidio: «El que aborrece a su hermano es homicida, y ningún homicida tiene vida eterna en Él» (1 Juan 3:15). ¿Puede entender ahora lo que estoy hablando? Dios nos enseña que aquel que dice estar en luz y aborrece a su hermano, todavía está en tinieblas (véase 1 Juan 2:9-11). Pero también dice que si amamos a nuestros hermanos permanecemos en la luz y allí no hay tropiezo.

Lea bien, querido hermano. Esto no lo digo yo, lo afirma Dios. En 1 Juan 4:20 aprendemos que si amamos a Dios, pero a la vez aborrecemos a nuestro hermano, somos mentirosos. Porque si a nuestro hermano, que lo podemos ver, no lo amamos, ¿cómo vamos a amar a Dios, a quien no hemos visto? De ahí que el mandamiento que tenemos sea este: «El que ama a Dios, ame también a su hermano» (1 Juan 4:21).

No calle, no encubra ese sentimiento que por tantos años le está atormentando. Tal vez esa bendición que desde hace mucho tiempo espera, encuentre un obstáculo en ese sentimiento que tiene en el corazón. La confesión es el mejor camino junto con el arrepentimiento y la reconciliación.

El perdón trae reconciliación

En repetidas oportunidades he hablado con personas que no se perdonaban a causa de malas decisiones, situaciones pasadas o errores cometidos en la vida. También encontré otras con resentimiento hacia Dios porque creían que las había castigado y había permitido que se enfermaran.

El apóstol Pablo nos dice lo siguiente con respecto al perdón:

Si algo he perdonado, por vosotros lo he hecho en presencia de Cristo, para que Satanás no gane ventaja alguna sobre nosotros; pues no ignoramos sus maquinaciones.

—2 Corintios 2:10, 11

Si los que tienen heridas y raíces de amargura en sus corazones no cumplen, en primer lugar, con la ley espiritual del perdón, le dan ventajas al diablo y les abren una puerta a sus maquinaciones. Todas estas son trabas y luchas que Satanás pone en la vida de quienes aún no han entregado todo al Señor, inclusive el odio y el rencor.

Sabemos que Satanás es ese personaje maligno que vino a robar, matar, destruir y que en estos últimos tiempos ha lanzado millones de demonios para enemistar a los hombres. Ha logrado enfrentar a padres e hijos, esposos y esposas, suegras y nueras, amigos contra amigos y vecinos contra vecinos porque sabe que si no perdonamos y nos enfrentamos con otros, frenaremos la bendición de Dios.

El apóstol Pablo nos enseña en Romanos 5:10, 11, que «si siendo enemigos, fuimos reconciliados con Dios por la muerte de su Hijo, mucho más, estando reconciliados, seremos salvos por su vida. Y no sólo esto, sino que también nos gloriamos en Dios por el Señor nuestro Jesucristo, por quien hemos recibido ahora la reconciliación».

De la misma manera que al recibir a Cristo en nuestro corazón nos reconciliamos con Dios, Pablo dice que Dios, que nos reconcilió consigo mismo por Cristo, nos dio el ministerio de la reconciliación. No solamente con Él, sino con todos los que nos han ofendido o lastimado.

La palabra reconciliación proviene del latín *reconciliatio* y se refiere a la acción de restituir relaciones quebrantadas. A su vez, se traduce a la voz griega *katallage*, que significa cambiar por completo. Hay varios ejemplos de perdón y reconciliación, pero los más claros los llevó a cabo Jesús que perdonó a Judas, a Pedro y también a los que lo crucificaron, al decir: «Padre, perdónalos, porque no saben lo que hacen».

El mismo Espíritu Santo que ungió a Cristo es el que hoy está morando en nosotros. Cuando predico acerca del perdón, en algunas ocasiones veo personas que gritan: «¡Señor, perdono!». En ese instante reciben el milagro que con tanto anhelo y fe piden, y son llenas del Espíritu Santo. Esto lo podemos ejemplificar de la siguiente manera: si quiere llenar una botella con agua pero la sumerge con el tapón puesto, pueden pasar horas y horas que no entrará ni una gota de líquido. Debe sacar ese tapón y la botella se llenará. Lo mismo sucede en nuestras vidas, usted debe perdonar. Saque ese tapón que no deja que el Espíritu de Dios fluya con libertad en su ser.

En 1994 me invitaron a la Conferencia Anual de las Asambleas Dinamarquesas y prediqué sobre el poder del perdón. Ese día me llamó mucho la atención un joven que, apoyado en sus muletas, se acercó al altar y llorando gritaba: «Perdono a mi padre. Señor, lo perdono». Unos instantes después veo que arroja sus muletas al suelo y sube corriendo a la plataforma a dar testimonio. ¡Dios lo había sanado!

Si su hermano ha pecado contra usted, debe soportar y perdonarlo. Debemos entender que con la misma medida que medimos seremos medidos. En Marcos 11:25 dice: «Y cuando estéis orando, perdonad». El secreto está en lo que confesamos. Tal vez no podamos ir a ver a la persona con que tuvimos problemas, porque ya murió o viva lejos, pero sí podemos confesar ante Dios nuestro perdón pronunciando el nombre de esa persona. Por ejemplo, podemos decir: «¡Señor, perdono a Juan!». Tanto Dios como el mismo diablo lo están escuchando. El Espíritu Santo llenará su corazón de amor y cicatrizará toda herida. Entonces el diablo verá que usted está en obediencia con Dios y habrá perdido la posibilidad de atormentar su vida.

El Señor perdonó la traición de Judas, la negación de Pedro, a los que lo crucificaron y también pudo perdonar todos los pecados de usted y los míos. Reflexione y medite en estas palabras. Pídale al Espíritu Santo que ministre su vida, que navegue por esos recónditos lugares del corazón que ni aun usted hoy recuerda y que traiga a su memoria todas las heridas que por años quiso tapar y esconder hasta intentar olvidarlas.

Es su decisión, no espere más. La falta de perdón dificulta la recepción de los beneficios de Dios. Decídase a restituir las relaciones quebrantadas por completo en su corazón y entonces será lleno de las bendiciones de nuestro glorioso Señor.

Cruzadas celebradas en diferentes partes del mundo

Carlos y María Annacondia

Portadas del libro *¡Oíme bien Satanás!* en diferentes idiomas

Parte del equipo Mensaje de Salvación en los inicios

Cruzadas celebradas en diferentes partes del mundo

Personas contando testimonios de sanidad

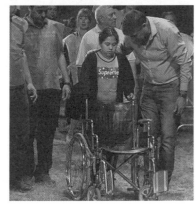

Personas contando testimonios de sanidad

Evento de oración en Argentina

Cruzada celebrada en Argentina

CAPÍTULO 10

EL BAUTISMO EN EL ESPÍRITU SANTO

¿Quién puede cambiar la vida de las personas? No existe hombre que pueda lograr por sí mismo un cambio radical en su vida y que ese cambio permanezca. Se pueden llegar a modificar algunos hábitos de vida pero, con el tiempo, se vuelve a caer en los errores y a reincidir. Solo el Espíritu Santo puede transformar las vidas y hacer que esos cambios perduren.

Por muchos años creímos que el Espíritu Santo vendría sobre la vida de una persona únicamente si vivía en santidad. Meditando al respecto entendí que el Espíritu Santo es el que santifica las vidas. Para ser lleno y bautizado necesito que el Espíritu Santo venga sobre mi vida. ¿Cómo voy a lograr ser santo si Él no está en mí?

Intenté cambiar muchas veces y no pude, pero lo logré cuando conocí al Señor y el Espíritu Santo comenzó a obrar en mi vida. Es necesario tener al Consolador en nosotros para alcanzar la santidad y luego recibir su plenitud. A través de las campañas y con testimonios reales, Dios me fue mostrando el trabajo del Espíritu Santo en las vidas.

Mientras predicaba, durante una de las primeras campañas, veo a una mujer que caminaba hacia la plataforma tomando con firmeza el brazo de un hombre que estaba totalmente ebrio. No se podía mantener en pie a causa de su estado. A pesar de todo el esfuerzo, ella continuaba caminando. Daba dos pasos hacia adelante y el hombre ebrio daba otro hacia atrás. Finalmente la mujer llegó a la plataforma, por supuesto, él no se podía ir porque si la mujer le soltaba el brazo, caía directo al suelo. Cuando comencé a hablar del pecado y del perdón de Dios, inmediatamente pedí que levantaran las manos todos los que quisieran recibir al Señor en su corazón. Entonces vi cómo aquella mujer levantó la mano del hombre y lo animó a repetir la oración de fe. Al ver eso pensé que esa señora era una cristiana que tenía al esposo alcohólico y la única manera de traerlo a la campaña era en ese estado para que pudiera escuchar la Palabra y no se fuera. Continué orando por las almas que se entregaron al Señor, oré por liberación, por los enfermos y por último oré por el bautismo del Espíritu Santo.

Esa noche muchas personas dieron testimonio de su sanidad y su liberación. De pronto, veo que el hombre ebrio estaba sobre la plataforma. Desesperado empiezo a mirar a mis colaboradores para pedirles que lo bajaran. No era la primera vez que un borracho intentaba subir al púlpito y hacer algún papelón. Pero al acercarme para hacerlo descender, noto que el hombre me sonríe y ya no tambalea. Eso me sorprendió, luego veo que alza su mano y cuando le voy a preguntar qué quería contar, me doy cuenta de que ese hombre estaba hablando en lenguas. Veo a la mujer y ella estaba saltando de felicidad. Su esposo llegó a la reunión lleno de vino e incrédulo y terminó, esa noche en la plataforma, dando testimonio y lleno del Espíritu Santo. Ese hombre solo recorrió treinta o cuarenta metros que los separaban de la plataforma y, en ese tramo, el Señor lo cambió por completo. Puedo asegurarle que él no hizo ni el más mínimo esfuerzo.

Este testimonio nos demuestra que para estar lleno del Espíritu Santo solo hay que pedirle a Dios que nos llene de su gracia. Cuando Él viene sobre nuestras vidas nos transforma, nos santifica y llena de amor a Dios y a las almas perdidas.

EL ESPÍRITU SANTO EN NOSOTROS

Un joven, ladrón de profesión, pasó frente a la campaña que estábamos celebrando en la ciudad de Bahía Blanca, Argentina. Algo le llamó la atención y se quedó. Esa noche, junto a otros amigos, planeaban asaltar una casa, pero mientras el tiempo pasaba y esperaban más la oscuridad de la noche, el muchacho oyó hablar sobre el poder de Dios que transforma vidas.

Bien sabemos que todo aquel que comete pecado no es feliz con lo que hace. La gran mayoría quiere cambiar de vida, pero hay algo más fuerte en su interior que no se lo permite. Cuando el joven oyó el llamado a aceptar a Jesús, se puso de pie y levantó la mano. Como es costumbre en cada reunión, invité a todos los que querían cambiar de vida que le pidieran ayuda al Espíritu Santo para que los hiciera una nueva persona. Ese joven siguió las instrucciones y después contó que en ese instante un fuego entró en su cuerpo y lo sacudió desde la cabeza hasta la planta de los pies. Después se echó a llorar y, a partir de esa noche, su vida cambió; nunca más robó. Cuando el Espíritu Santo llegó a la vida de ese joven, pasó —en un instante— de muerte a vida. De ser un ladrón y drogadicto, a ser un manso cordero en las manos de Dios.

El Espíritu Santo cumple diversas tareas entre nosotros, como por ejemplo: ayudar a su Iglesia, santificar, purificar, enseñarnos a amar a Dios, enseñarnos a orar. Cuando un hombre rinde su vida a Dios es lleno del Espíritu Santo y es uno con Él: «Pero el que se une al Señor, un espíritu es con Él» (1 Corintios 6:17). A través de ese Espíritu que vive en nosotros tenemos luz y guía para entender muchas cosas que antes no entendíamos ni discerníamos: «Pero el hombre natural no percibe las cosas que son del Espíritu de Dios, porque para él son locura, y no las puede entender, porque se han de discernir espiritualmente» (1 Corintios 2:14).

Ahora, ¿cómo puede haber cristianos que andan de fracaso en fracaso y de debilidad en debilidad, viviendo una mediocridad espiritual, si en ellos está el Espíritu Santo que los llenó ese primer día de conversión? Es muy sencillo, todo depende del lugar que la persona le dé al Espíritu en su vida. Él quiere todo de mí, pero solo tomará lo que yo, de mi propia voluntad, le doy. Cuando una persona está llena del Espíritu Santo, podemos medir eso por los frutos. Pudo estar lleno de Dios, haber recibido el Espíritu Santo y su bautismo, pero en el transcurso de su vida quizás se debilitó y fue perdiendo esa plenitud. Dios puede llenarme del Espíritu Santo en un segundo, pero depende de mí mantenerlo.

Conozco a muchas personas que han estado llenas del Espíritu Santo durante un tiempo, pero poco después se les ve decaídos. También conozco a otras que tuvieron un bautismo muy sencillo, pero lo han atesorado, lo han cuidado, lo han practicado, además de mantenerlo activo y vivo en sus vidas. Con solo mirarlos nos damos cuenta de que están llenos del Espíritu de Dios. Cuando se encuentran en medio de la lucha y la prueba, están igualmente gozosos. Cuando hay peligro de muerte, están firmes. El que tiene al Espíritu Santo en sus vidas es aquel que confía plenamente en Dios y no teme y demuestra con hechos su plenitud.

Cuando recibí el bautismo del Espíritu Santo fue de una manera explosiva e increíble, pero después tuve que luchar fuertemente para mantenerlo. La noche que el Espíritu Santo me bautizó marcó con fuerza mi vida y mi ministerio. En una reunión con el evangelista Manuel Ruiz comenzamos a orar y a alabar a Dios. En cuestión de minutos la mayoría de los allí reunidos comenzaron a hablar en nuevas lenguas.

María, mi esposa, parecía un ángel. Cantaba y hablaba en nuevas lenguas con mucha fluidez… En ese instante me di cuenta de que todos estaban recibiendo el bautismo en el Espíritu Santo excepto yo. Deseaba recibir el mismo bautismo que experimentaban los que me rodeaban desde lo más profundo de mi alma. Comencé a clamar a Dios diciéndole con todo mi corazón: «¡Señor, bautízame o me muero!». Hacía solo una semana que había conocido a Dios y ya estaba experimentando esas indescriptibles vivencias con el Señor.

Mientras clamaba con toda mi alma por el bautismo, un rayo del cielo cayó sobre mi vida, era el poder de Dios que hizo que me desplomara en el piso de aquella sala y ahí comencé a hablar nuevas lenguas. Un idioma tras otro venía a mi boca, toda esa noche hablé en otras lenguas. Al día siguiente estaba totalmente afónico. Mi voz nunca volvió a ser la misma desde ese momento.

Allí mismo el Señor me dio una visión. Me veía en un estadio de tres pisos hablándoles a unas ciento cincuenta mil personas y les gritaba fuerte intentando explicarles lo que me estaba sucediendo: que estaba experimentando el bautismo del Espíritu Santo. Por eso clamé una hora y media hablando en lenguas. Esa fue mi experiencia personal con el bautismo en lenguas. Por supuesto, en esos momentos ignoraba que Dios me estaba dando una visión sobre lo que luego sería «mi llamado a predicar el evangelio».

Esa noche los vecinos me escucharon gritar hablando en idiomas extraños durante algunas horas. Pero supongo que les habrá llamado más la atención verme saludarlos al día siguiente. Como ya les conté en los primeros capítulos, era un hombre de negocios muy importante y mi vida giraba únicamente alrededor de mi empresa y mi familia. Aunque viví muchos años en la misma casa, nunca me detuve a saludar a mis vecinos.

Esa mañana, algunos de ellos estaban en la vereda conversando, tal vez hablaban de lo que habían escuchado la noche anterior. Al salir hacia mi trabajo, me paré frente a ellos, los saludé y les dije: «¡Que el Señor los bendiga!». Ellos, sorprendidos, me respondieron: «¡Buenos días!». Al llegar a la empresa, abracé a los clientes y muchos de ellos sintieron que algo diferente me había sucedido. Un fuego quemó sus cuerpos cuando los abracé o les di la mano. Entonces me preguntaron qué me pasaba y yo les testifiqué de Cristo.

A partir de la noche en que recibí el bautismo, comencé a tener experiencias sobrenaturales. Por ejemplo, lo que sucedió cuando toqué a una persona y al contacto saltó por el aire cayendo a dos metros de distancia, o cuando fui a una casa por asuntos relacionados al trabajo y los espíritus inmundos comenzaron a manifestarse. Muchas de las cosas que sucedían no las comprendía porque solo tenía días de creyente.

La Biblia nos cuenta que Dios ungió con Espíritu Santo y poder a Jesús, y anduvo haciendo bienes y sanando a los oprimidos por el diablo porque Dios estaba con Él (véase Hechos 10:38), y así mismo está con nosotros. El Espíritu Santo no viene solamente para que hablemos en lenguas, ni para que caigamos al suelo. El Espíritu Santo no viene a nosotros solo para que dancemos en el Espíritu o para que lloremos. Él es una manifestación viviente en nuestra vida del poder de Dios que nos unge para que hagamos el bien, para que sanemos a los oprimidos por el diablo y para que proclamemos el evangelio de Jesús: ese es su propósito.

La manifestación visible del poder del Espíritu Santo fue que caí y hablé en lenguas. Sin embargo, el Espíritu Santo continuó actuando cuando oraba por alguna persona pidiendo sanidad o cuando le predicaba a alguien de Cristo y la persona lloraba clamando porque quería conocer a Jesús. Por ese motivo viene la unción sobre el cristiano. Debemos saber que el bautismo del Espíritu Santo tiene un propósito y es el mismo que tuvo con Jesús al ungirlo. El Espíritu Santo viene con poder, dándonos señales, conocimiento, revelándonos cosas y ayudándonos a permanecer firmes en Dios. Si aprendemos a depender de Él constante y permanentemente, nos guiará.

El verdadero riesgo de tanto correr en diferentes actividades es que nos profesionalicemos y no nos detengamos a consultarle al Espíritu Santo cómo resolver cierta situación o cómo actuar frente a un problema. La mayoría de los creyentes, luego de convertirse, piden al Señor el bautismo del Espíritu Santo. No obstante, después que lo reciben no lo cuidan y lo pierden. Está en nosotros conservarlo y aun incrementarlo día a día. Si ya ha recibido el bautismo del Espíritu Santo, ¡cuídelo! No deje de hablar en lenguas. Conserve esa relación tan especial de comunión directa con el Espíritu y Él lo guiará en cada paso del camino.

EL ESPÍRITU SANTO EN LA IGLESIA

Jesús sabía que la Iglesia necesitaría poder y que, sin ese poder, no estaría capacitada para ministrar su gracia y su amor aquí en la tierra. Por eso Dios envió al Espíritu Santo, para que sus seguidores recibieran ese poder a fin de que fueran sus testigos.

> He aquí, yo enviaré la promesa de mi Padre sobre vosotros; pero quedaos vosotros en la ciudad de Jerusalén, hasta que seáis investidos de poder desde lo alto.
>
> —Lucas 24:49

> Pero recibiréis poder, cuando haya venido sobre vosotros el Espíritu Santo, y me seréis testigos en Jerusalén, en toda Judea, en Samaria, y hasta lo último de la tierra.
>
> —Hechos 1:8

Por tanto, Dios eligió un día para tal acontecimiento, el Pentecostés. Ese fue el día que decidió que naciera la Iglesia en Jerusalén, la Iglesia de Jesús. Eso ocurrió hace dos mil años. El día de Pentecostés era muy especial para el pueblo de Israel, celebraban la Fiesta de las Primicias. Esa fiesta ocurría cincuenta días después de la Pascua judía. En esa fecha muchos de los judíos que se encontraban en diferentes ciudades, tal vez las más lejanas del mundo, iban a Jerusalén para festejar el día de las primicias.

La Biblia dice que Jesús les predicó a miles que fueron sanados y liberados, luego se le apareció a más de quinientos. Pero, ¿qué sucedió después? En el día de Pentecostés solo estaban ciento veinte en el aposento alto. ¿Dónde estaban los miles que sanaron? ¿Dónde estaban los quinientos que lo vieron? Ciento veinte estaban esperando la promesa de Jesús. ¿Qué sucedió, entonces? Un estruendo como un viento recio llegó y todos fueron llenos del Espíritu Santo. Comenzaron a hablar en otras lenguas como el Espíritu les daba que hablasen. Ese fue el día que Dios dispuso para que la Iglesia naciente comenzara a actuar con poder. El Espíritu Santo vino a capacitar a la Iglesia para que realizara sus obras en la tierra.

Se armó un gran alboroto, toda la ciudad se conmocionó. Ciento veinte hombres que recibieron el poder de Dios paralizaron una ciudad. Los doctos observaban que aquellos hombres que nunca habían estudiado idiomas, ahora hablaban en otras lenguas. Aunque no faltó quien dijera que estaban borrachos. Imagínese esa escena, allí están los ciento veinte con sus manos levantadas hablando en diferentes idiomas, gozosos, aplaudiendo, tal vez saltando y hasta danzando. Obviamente eso escandalizó a los religiosos.

Creo que los tiempos no han cambiado mucho. Si algunos religiosos vienen a nuestras reuniones, como muchas veces lo han hecho, también se escandalizarían. Pero gracias a Dios que el Espíritu Santo no nos va a pedir permiso a nosotros para obrar en cada vida como Él quiere.

Recuerdo la campaña en Córdoba, una ciudad considerada muy culta. Había muchos médicos y abogados colaborando con nosotros, gente de diversas universidades. Pero la ciudad entera se escandalizó porque cada noche sucedían milagros y maravillas, a la vez que miles hablaban en nuevas lenguas. Lo sobresaliente fue que en esa campaña se convirtieron a Jesucristo más de ochenta y cinco mil almas. ¡Bendito sea el escándalo de Dios!

Ese día de Pentecostés se alborotó la ciudad. Muchos religiosos quisieron detenerlo, pero entonces se paró Pedro, aquel Pedro que negó a Jesús, aquel que tuvo miedo, el mismo que pronunció su primer discurso evangelístico diciendo:

Estos no están ebrios, como vosotros suponéis, puesto que es la hora tercera del día [las nueve de la mañana]. Mas esto es lo dicho por el profeta Joel: Y en los postreros días, dice Dios, derramaré de mi Espíritu sobre toda carne, y vuestros hijos y vuestras hijas profetizarán; vuestros jóvenes verán visiones, y vuestros ancianos soñarán sueños.

—Hᴇᴄʜᴏs 2:15-17

Si hasta hoy ha sido religioso, deje la religiosidad a un lado y pídale a Dios que lo llene del Espíritu Santo. ¡No viva lleno de religión, sino del poder de Dios! Los religiosos dirán: «¡Las lenguas son para los apóstoles! ¡Las profecías son para los apóstoles!». Pero mi Biblia dice que Jesucristo es el mismo ayer, hoy y por todos los siglos.

Estamos viviendo en los postreros días y la Palabra nos dice que nuestros hijos profetizarán y eso es lo que sucede. Hace algunos años, en 1981, cuando mis hijos tenían doce, nueve, ocho y uno de tres años, junto a la última niña de meses, me dijeron que querían recibir el bautismo del Espíritu Santo. Sorprendido les respondí: «Muy bien, si quieren que Dios los bautice, vayan a su habitación y arrodíllense juntos a orar».

Acto seguido, así lo hicieron, fueron a su habitación y comenzaron a pedirle a Dios el bautismo. Incluso la niña de meses estaba allí en brazos de la mujer que los cuidaba. De pronto, escuché un alboroto en la habitación de los niños. Entonces le dije a María, mi esposa: «Vamos a ver a los niños porque Dios los está visitando». Cuando entramos al cuarto, la señora que los cuidaba temblaba. Solo tenía días de creyente y ya estaba hablando en nuevas lenguas y profetizando. Mi hija mayor estaba en el suelo profetizando. El resto de los niños estaban hablando en lenguas.

Cuando mi esposa y yo nos pusimos a orar junto a ellos, uno de nuestros hijos mayores comenzó a profetizar en una lengua parecida al alemán. En ese momento le pedí al Señor la interpretación de esas palabras y Dios me dijo que pusiera la mano sobre mi esposa pues ella las interpretaría. Así lo hice mientras todos continuaban orando. Mi esposa, que en ese momento tenía a la bebé en brazos, la colocó en la cama y se puso en pie diciendo: «Pronto, pronto, gran avivamiento en Argentina y Argentina será mía, dice el Señor».

Entretanto mi hijo seguía repitiendo la profecía en esa lengua que no conocíamos. En medio del fuego que había en esa habitación, el Señor trajo su Palabra y declaró lo que habría de venir para Argentina. Hacía tan solo dos años que nos habíamos convertido y aún no había comenzado el ministerio. Decir que vendría un avivamiento para Argentina y que miles de almas se convertirían causó risa a muchos cristianos, pero esa noche —mientras Dios nos mostró su plan para nuestro país— le dije: «Señor, no queremos quedarnos fuera de lo que tú vas a hacer».

Hoy puedo decir que el Espíritu Santo, a partir de ese momento, comenzó a revelarme cosas sobre el ministerio evangelístico que hoy desarrollamos. En alguna medida, Dios me manifestó con anticipación lo que haría con el ministerio. Incluso ese mismo año recibí una visión en la que vi muchos libros escritos con mi nombre. Fue entonces que dije que los haría pero únicamente si Dios me empujaba a hacerlos.

Hay muchos hombres y mujeres alrededor del mundo que dicen ser los representantes de Dios en la tierra. Eso no es verdad. Dios tiene un solo representante y es el Espíritu Santo. La Palabra de Dios lo reafirma. El apóstol Pedro lo recibió del Señor cuando usó la profecía de Joel que dice:

Y de cierto sobre mis siervos y sobre mis siervas en aquellos días derramaré de mi Espíritu, y profetizarán. Y daré prodigios arriba en el cielo, y señales abajo en la tierra, sangre y fuego y vapor de humo; el sol se convertirá en tinieblas y la luna en sangre, antes que venga el día del Señor, grande y manifiesto; y todo aquel que invocare el nombre del Señor, será salvo.

—Hechos 2:18-21

Así fue que Pedro les habló a los que estaban buscando una respuesta a tal manifestación en el día de Pentecostés. El resultado fue la conversión de más de tres mil personas que se bautizaron en aguas y perseveraron en la doctrina de los apóstoles.

Dios prometió que daría prodigios en el cielo y señales en la tierra. Esto será para todos sus siervos y siervas, para su Iglesia. ¿Está usted preparado para recibir las señales que Él le ha prometido? ¿Quiere recibir la llenura de Dios? Levante sus brazos al cielo, comience a adorar a Dios y diga:

> *Jesús, mi alma te alaba. Te amo Cristo.*
> *¡Gloria, gloria, gloria a ti Señor!*
> *Lléname ahora de tu Espíritu Santo.*
> *Límpiame, transfórmame.*
> *Te alabo Señor.*
> *Gloria a ti Señor.*

Continúe orando sin cesar. Entréguele su lengua al Espíritu Santo y si vienen a su boca palabras que no entiende, no se detenga, pronúncielas. Adore a Dios. Dios le dará el regalo de poder adorarle en otras lenguas.

> *Señor, gloria, gloria a tu nombre.*

CAPÍTULO 11

COBERTURA ESPIRITUAL

«MUERTE AL EVANGELISTA»

Durante mi niñez, mi madre me castigó mucho. Eso me llevó a tomar la decisión de irme de la casa. Mal aconsejada, me refugié con un grupo de amigos que hacía poco tiempo había conocido. Decían que me cuidarían y que con ellos estaría mejor que en mi casa. Esa misma noche comencé a fumar marihuana y, a partir de ese momento, quedé atrapada en las drogas.

Algo extraño comenzó a suceder en mi vida, me desnudaba cuando estaba con mis amigos, incluso ellos me fotografiaban en este estado. Luego me llevaron a vivir con una mujer que me enseñó cosas terribles, como bailar y desnudarme en público. La droga me quitaba toda inhibición hasta llegar a perder el pudor.

Al tiempo, esos mismos amigos me acompañaron a una sesión de espiritismo con la promesa de que allí me sentiría muy bien. Tal era la atadura que me ligaba a ellos, que no podía cortar esa relación porque me habían amenazado de muerte, obligándome a firmar un pacto.

Cada día me drogaba más. Incluso llegué a inyectarme droga en los senos. En varias oportunidades la policía me detuvo, pero a las pocas horas me dejaban ir porque alguien pagaba una fianza. Tal era mi adicción que hasta llegué a asaltar una farmacia para obtener drogas.

Cierto día asistí a un recital de un famoso cantante de rock nacional. Esa misma noche, algo de ese hombre me atrapó al punto que lo hice un ídolo para mí. Compré sus fotografías gigantes, camisetas con su cara y todo cuanto había sobre él.

Ahí comenzó todo. Esa gran fotografía que había colocado en mi habitación me hablaba. En un principio no lo podía creer, pero luego me di cuenta de que esa imagen me dominaba. En esas charlas alucinatorias le conté mi vida, sí, a la fotografía. Con el tiempo llegué a sentir que ese personaje vivía dentro de mi cuerpo y me dominaba.

Más tarde la policía volvió a detenerme y me trasladaron a un centro siquiátrico, donde me encerraron sola en un cuarto pequeño. Aun así continuaba poseída por el personaje de la fotografía, «el cantante».

Cuando comenzó la campaña de Annacondia en la ciudad de Rosario, tenía muchos deseos de ir y así lo hice. Pero mientras el hermano reprendía a los demonios algo sucedió que me hizo sentir muy mal. Desde el lugar donde me encontraba maldecía e insultaba al predicador. Le gritaba que se callara y que no hablara más.

A los pocos días, mientras continuaba la campaña allí, el personaje que dominaba mi vida me dijo: «Toma un cuchillo y mata al evangelista». Entonces le respondí que eso no podría hacerlo, pero él me dio la solución: «Oculta el cuchillo entre tus ropas y pasa a recibir la oración con imposición de manos. Cuando el evangelista se te acerque, mátalo. No temas, yo te protegeré».

Esa noche fui dispuesta a matar al predicador, pero cuando pasé al frente a orar, al acercarme un poco, antes de llegar a él, caí al suelo y tuvieron que trasladarme al área de liberación donde finalmente me hallaron el cuchillo entre mis ropas. Durante varias horas oraron por mí. Ahí renuncié a la autoridad que tenía ese «cantante roquero» sobre mi vida. Pedí perdón a Dios, pues traficaba drogas y había cometido también diversos delitos. Al alcanzar la liberación espiritual, los espíritus salieron de mí y confesé toda la verdad. Cuando finalizó la reunión, el hermano Carlos vino a orar por mí.

Durante la oración de liberación, anoté en un papel todo lo que los espíritus me decían. Entre otras cosas había escrito: «Annacondia, los espíritus te odian», también los demonios me hicieron dibujar un cajón de muertos con el hermano

Annacondia dentro junto a otra frase que decía: «Muerte al evangelista». Hoy estoy completamente libre y me congrego en una iglesia de la ciudad junto a mi familia.

ANA.

En la campaña de San Martín, la última noche de reunión había más de cien mil personas. Mientras subía a la plataforma para orar por los que tenían necesidades, un colaborador me dijo:

—¡No suba Carlos, no suba, no lo haga!

—¿Por qué? ¿Qué sucede? —le pregunté sorprendido.

—Los encargados de la seguridad nos dijeron que en medio de todas estas personas que están esperando recibir la oración se mezclaron varios hombres armados dispuestos a dispararle cuando usted suba a la plataforma.

—No se preocupe —le dije—. Tengo que orar por los enfermos, ellos lo necesitan, esa es mi misión. Eso es lo que Dios quiere que haga. Algo sucederá con esos hombres. Subiré a la plataforma para orar por las personas que trajo el Señor Jesucristo. Si Él quiere que ore por ellas, me va a cuidar. En cinco minutos esos hombres irán pataleando en dirección a la carpa.

Y así sucedió. En el mismo instante en que tomé el micrófono y dije la palabra: «Jesús», esos hombres cayeron al suelo endemoniados y los llevaron al área de liberación espiritual. Exactamente a la carpa de liberación. Allí confesaron que habían estado persiguiéndome para matarme. Un hombre vestido de blanco, sacerdote de magia negra, les pagó y facilitó las armas y los vehículos para lograrlo. Pero el Señor nos dio poder para pisarle la cabeza al diablo. No creemos en un dios de yeso ni de cartón, sino en un Dios vivo.

Esta y cada una de las experiencias por las que Dios me ha llevado confirman cada vez más que Él obra en forma sobrenatural y diferente. Una de esas formas es la cobertura espiritual que personalmente he vivido y que cada día certifico. Dios promete que, como parte de «las señales que seguirán a los que creen», está la promesa de protección y cobertura, tanto espiritual como física a sus hijos.

La Palabra nos dice: «Tomarán en las manos serpientes, y si bebieren cosa mortífera, no les hará daño» (Marcos 16:18). Imagino que en los tiempos en que se escribió ese pasaje no se utilizaban armas de fuego para matar, pero sí el veneno de las serpientes. Esto constituía la forma más sencilla y certera para asesinar a una persona. Incluso sin dejar rastros para saber quién lo hizo. Por supuesto, la efectividad de tal veneno se debía a que en aquel entonces no existía antídoto.

Tanto lo que toquen nuestras manos, como un ejemplo de lo exterior, o lo que entre a nuestro cuerpo, no tendrá efecto si contamos con la protección de Dios. Sin embargo, no debemos olvidar nunca que para alcanzar tal cobertura, al igual que cada una de las señales anteriores, es necesario «creer».

CARABINA TELESCÓPICA PARA MATAR

En otra ocasión, en una de las campañas realizadas en la ciudad de San Justo, Buenos Aires, un hombre —armado con una carabina de mira telescópica— me apuntaba desde un terreno —ubicado frente a la campaña— para matarme. Más tarde, él mismo contó en la carpa de liberación que cada vez que me enfocaba se formaba como una niebla en la plataforma que no le permitía disparar. Veía algo como una figura que me cubría. Eso le sucedió muchas veces. También dijo que en algunas oportunidades apretaba el gatillo y las balas no salían del arma. Entonces iba al campo a probar las armas y funcionaban, pero al regresar a la reunión no disparaban. Después de un tiempo, esas personas que querían matarme las atendían varios consejeros de liberación y allí confesaban lo que aquí les relato.

Esto es lo que sucedía y aún sucede en las diversas reuniones donde participo en todo el país y el exterior. Podemos entender también que quienes se comprometen en cumplir con la Gran Comisión, que oran por los enfermos, que ejercen autoridad para echar demonios, tendrán ataques que intentarán destruir sus vidas. Es decir, cuando una iglesia predica un evangelio competo, es probable que reciba ataques.

LOS ÁNGELES ME RODEAN

La Biblia dice claramente: «El ángel de Jehová acampa alrededor de los que le temen» (Salmos 34:7). En varias oportunidades muchas de las personas que se acercaron a nuestras campañas me comentaban que al llegar al lugar vieron en el púlpito ángeles que me rodeaban.

Y aún no eran creyentes, pero igualmente los vieron. Estas son las señales sobrenaturales de Dios. Siempre le pido al Señor que envíe legiones de ángeles para que me rodeen. Si ellos ayudaron a los profetas, hoy pueden hacerlo con nosotros. Los ángeles son muy importantes en la tarea de la evangelización.

En una oportunidad, al final de una campaña en la ciudad de Mar del Plata, organizamos otra en un galpón en Buenos Aires, un lugar cerrado pero muy grande. Esa campaña duraría tres días. En el momento que comienzo a predicar siento que caen piedras sobre el techo de aquel lugar. Interrumpí el mensaje y dije delante de todos los asistentes: «La persona que está tirando piedras, antes que finalice la campaña, estará aquí delante pidiéndole perdón a Dios y entregándose a Jesucristo», y continué con el mensaje.

El segundo día comienzo a predicar y otra vez las piedras empiezan a caer sobre el techo del lugar. No dije nada y proseguí con la Palabra. Cuando llegó el momento de los testimonios, un joven sube a la plataforma llorando. Había venido a contar su experiencia y dijo:

Yo era el que tiraba las piedras en el techo cada día, pero no puedo creer lo que me sucedió. Agarré una piedra muy grande para lanzarla contra el edificio, mi intención era que traspasara el techo y lo dañara a usted porque quería matarlo. Cuando voy a tirar la piedra, se me paralizó la mano. Se me aflojaron los dedos y la piedra cayó de mi mano. Pero eso no fue lo único que me sucedió, sentí dos manos en la espalda que me empujaron y del impulso avancé casi un metro y medio hacia adelante. Me di vuelta y no vi a nadie. Luego sentí otro empujón y al mirar alrededor tampoco vi a nadie. Así que me trajeron a empellones hasta la puerta de este lugar. El último empujón fue tan fuerte que terminé en medio de la congregación y cuando me quise parar ya mis piernas no me podían sostener.

Así relató su testimonio. Esa noche aquel hombre aceptó al Señor como su único y suficiente Salvador. Pero antes de bajar de la plataforma me dijo:

—Por favor, ¿puedo decir algo?

—Sí —respondí.

Levantó las manos al cielo y dijo en voz muy alta:

—¡Viva Cristo! —y bajó de la plataforma llorando.

Esa persona llegó allí odiando a Dios y a todos lo que hablaban de Él, pero se fue con Cristo en su vida. Si usted me pregunta quién empujó a ese hombre en aquella reunión, le voy a responder que fue un ángel. Dios tiene a sus ángeles para que nos ayuden en la obra y en la tarea de la evangelización.

Mi primera campaña la celebré en un barrio muy pobre. Al finalizar la reunión me enteré de que se había convertido el jefe de la pandilla de traficantes de drogas de ese lugar. Obviamente, era gente vinculada con un ambiente muy malo. Los amigos de ese hombre pensaban que yo le había lavado el cerebro. Por tanto, decidieron matarme cuando terminara la reunión.

Como es lógico, yo no sabía nada de esto. Al finalizar el culto, subí junto a mi familia al automóvil y salí despacio por la calle de la iglesia para regresar a mi hogar. En la puerta del templo unos hermanos, que luego me contaron lo sucedido, se despedían de nosotros agitando las manos. En ese mismo momento, un grupo de jóvenes armados salió de las sombras para acribillarnos. Sin siquiera haberlos visto, saqué mi mano por la ventana del auto para saludar a los hermanos de la iglesia, que con tanta amabilidad nos estaban despidiendo, y continué mi marcha. Al día siguiente supe que aquellos que apuntaban para dispararme cayeron al suelo cuando, sin pensar, agité mi mano. Los hermanos que veían todo eso desde el templo me contaron lo sucedido.

Dios nos enseña a través de sucesos como ese que Él es el que nos guarda. Satanás querrá quitarnos del medio sagazmente, pero Dios dice que no nos preocupemos porque aunque nos den veneno no nos hará daño. Esa es la señal de la protección de Dios. Cuando atacamos al infierno, el diablo no se va a quedar quieto, va a intentar quitarnos del medio lo más rápido posible.

Muchas veces se cree que los que predicamos la Palabra de Dios no tenemos ataques, pero eso es un grave error. Constantemente recibo amenazas y ataques, al igual que mi familia, que provienen del diablo. Sin embargo, no me preocupo porque tanto mi esposa como mis hijos y nietos están atados a los pies de Cristo y cuentan con la total y absoluta protección de Dios.

EL VIEJO AUTO QUE QUEMABA

Hay una villa miseria en Argentina llamada ltatí. Es la más grande y peligrosa de la zona. Cuando realizamos una campaña allí, la gente se convertía al Señor cada día y en grandes cantidades. Ese día había llovido mucho y, como las calles de esa villa son de tierra, no pude entrar con el automóvil a causa del lodo. Así que decidí dejarlo en la calle asfaltada y caminar.

Esa noche, un grupo de bandoleros quiso quemar mi auto. En esos tiempos tenía un viejo Citroen, un auto tan liviano que podían voltearlo con facilidad, cubrirlo de combustible y simplemente encender un fósforo para que no quedase nada de él. Pero lo asombroso y sobrenatural fue que cada vez que esos jóvenes querían acercarse al auto caían al suelo. Cuando al fin lograron acercarse al automóvil quisieron empujarlo, pero la placa del auto quemaba y por lo tanto no pudieron tocarlo.

Algo similar sucedió en una oportunidad cuando un par de jóvenes entraron durante la noche a la carpa donde hacíamos las reuniones y robaron sillas, placas y otras cosas más. Los colaboradores del ministerio se enojaron por ese hecho. Y se preguntaban cómo había sucedido. De modo que oramos para que Dios actuara.

Días después, los mismos ladrones regresaron con las sillas y las placas a devolverlas. Contaron que estaban arrepentidos de lo que habían hecho, que esos objetos tenían algo que no los dejaba en paz. Cada vez que querían sentarse en esas sillas, ellas quemaban, y cuando colocaron las placas en sus propias casas, vibraban sin cesar. Así que se asustaron porque pensaban que estaban embrujadas.

En todas y cada una de las situaciones actuaba lo sobrenatural de Dios. Cuando comenzaron a suceder esas cosas, como por ejemplo los atentados, entendí que el Señor dijo: «Ustedes van a predicar, mi poder y mis señales los van a seguir. Los milagros van a ocurrir, los demonios van a salir. ¡Cuidado, van a intentar quitarlos del medio! Pero yo voy a estar con ustedes». Tengo una colección de armas y puñales de las personas que terminaron en la carpa de liberación diciendo: «Yo quería matar a Annacondia».

Estas situaciones no las vivíamos dentro de la iglesia sino en las calles, donde el diablo asecha. En las iglesias se reúnen los «hijos de

Dios», pero es afuera donde están las «criaturas de Dios». Muchos quizás se pregunten: ¿por qué la iglesia no tiene estas experiencias y nosotros como ministerio evangelístico sí las tenemos? La razón es sencilla. Estamos ministrando en la calle, directamente en el frente de batalla. Sin embargo, contamos con la total protección de Dios. Satanás quiere detener el avance de la Iglesia, pero esta crece aun más. Las manifestaciones del poder de Dios son cada vez mayores. Siempre que predicamos en plazas, parques y calles, los prodigios y las señales son evidentes.

En la parábola de la oveja perdida, Jesús nos habla del pastor que deja a las noventa y nueve ovejas para ir en busca de la que se ha perdido. Aclara también que en el cielo hay gozo cuando un pecador se arrepiente. A Dios le preocupa el perdido y no los noventa y nueve justos que no necesitan arrepentimiento. El corazón de Dios está con la oveja perdida y sus ojos están sobre el que busca a esa oveja perdida. Él envía a sus ángeles para que cuiden de manera especial a aquel que busca al perdido porque está en peligro y corriendo riesgos. La Iglesia sabe que es de Dios, pero al mundo entero lo gobierna Satanás y se está perdiendo.

Sabemos que somos de Dios, y el mundo entero está bajo el maligno.

—1 Juan 5:19

Si usted quiere estar en el centro de la voluntad de Dios, debe buscar a los perdidos. Allí está Dios y todo su poder sobrenatural. De manera que si lo hace, comenzará a caminar en una dimensión diferente.

No obstante eso, la Iglesia comete un grave error que impide su crecimiento y hace perder el enfoque de la evangelización. Se transforma poco a poco en una religión, en una costumbre y lo sobrenatural de Dios empieza a apagarse. Jesús enseñaba en las sinagogas, pero los milagros ocurrían fuera de ella. Allí estaba la gente que tenía que ver para creer. Cuando Moisés llegó a Egipto, los israelitas necesitaron ver señales para creer que Dios lo había enviado. Nunca lo hubiesen reconocido como líder si no hubieran visto las manifestaciones. Sin las señales divinas somos religiosos y la iglesia se convierte en una religión. Las manifestaciones sobrenaturales de Dios son señales para que el mundo crea y se salve. Por lo tanto, la iglesia debe tenerlas dentro de su congregación.

CAPÍTULO 12

GUERRA ESPIRITUAL I

EL DIOS SOBRENATURAL

Los días 22 de cada mes se realiza un festejo especial en la iglesia tradicional oficial, en la ciudad de Santiago del Estero, Argentina. Transcurría el mes de octubre de 1990 cuando los feligreses de aquella ciudad decidieron hacer una peregrinación con una imagen en alto. El recorrido incluía una de las esquinas en donde ese año se realizaba una campaña del evangelista Carlos Annacondia.

La procesión se llevó a cabo, pero sucedió algo sobrenatural y difícil de explicar. Las cuatro personas que llevaban la imagen cayeron al suelo al llegar a la esquina donde se desarrollaba la campaña. Al mismo tiempo, algunos de los fieles seguidores también cayeron al suelo sin causa. En ese momento el evangelista estaba orando para dar inicio a la predicación. Las personas que vieron lo sucedido se asustaron puesto que no entendían lo que estaba ocurriendo. Dios estaba actuando con un propósito.

Tal fue el susto que se llevó el sacerdote encargado de esa peregrinación, que mandó a que llevaran la imagen a la iglesia para que no se dañara, a pesar de que la caja de cristal que la cubría quedó totalmente destruida. Algunas de las personas que cayeron al suelo terminaron en el hospital aunque sin ningún tipo de diagnóstico. Y otras, fueron llevadas a la carpa de liberación de la reunión. Muchos de los fieles a la imagen sintieron curiosidad por saber lo que sucedía en aquella campaña y, como habían guardado la imagen en la iglesia y el recorrido había llegado a su fin, concluyeron escuchando la Palabra de Dios en la actividad evangelística.

Más tarde, cuando el sacerdote se dio cuenta de lo sucedido, instigó a todas las autoridades policiales para que suspendieran la campaña, pero no pudieron lograrlo. Las reuniones fueron una gran bendición para Santiago del Estero. Veintiocho mil nuevas almas se salvaron y muchas también se sanaron. Tal fue el caso de una mujer ciega de nacimiento que pudo ver.

JUAN

En esa oportunidad que el joven Juan describe, visitamos la ciudad de Santiago del Estero para realizar una campaña de cuarenta días. Con anterioridad a mi llegada, se había presentado en la ciudad un conocido sacerdote que practicaba la parasicología y recorría los países latinoamericanos negando los milagros, las sanidades y diciendo que el demonio no existe. Al llegar junto con mi grupo de Mensaje de Salvación, parte de la iglesia oficial tradicional estaba entusiasmadísima porque días atrás habían tenido a uno de sus máximos exponentes mundialmente famoso.

Nuestra reunión se realizó en un predio al aire libre. Punto exacto donde la iglesia oficial desplegó a un grupo de seguidores sobre la calle perpendicular a nuestra campaña abanderados con una imagen. Al llegar a unos sesenta o setenta metros del lugar donde nos encontrábamos, voltearon la imagen en dirección a nosotros, intentando de esa manera provocar algún efecto perturbador entre nosotros. En ese mismo instante las cuatro personas que llevaban la imagen sobre sus hombros cayeron al suelo y, detrás de ellos, los que le seguían.

Se armó un alboroto tan grande, que la gente comenzó a rodear el lugar. Los que estaban en sus autos y veían a las personas en el suelo pensaron que había ocurrido un accidente y muy pronto dieron aviso a las ambulancias. Algunos camilleros que trabajaban en nuestra campaña, al darse cuenta de lo sucedido, fueron a ayudar. Al final, la mitad de las personas que formaban parte de la procesión terminó en el hospital sin daño alguno y la otra mitad en la carpa de liberación.

Si usted me preguntara qué sucedió en ese momento, solo le podría responder que hubo un enfrentamiento de fuerzas espirituales. En ningún instante pasó por nuestras mentes querer molestar a esas personas, pero por lo visto ellas estaban preocupadas por el desarrollo de nuestra campaña en esa ciudad. Tal vez pensaron que de esa manera lo notaríamos mejor. Pero quedó comprobado que eso fue algo más que un simple intento.

En el aire se está librando una guerra espiritual constante luchando por las almas. Si la Iglesia prevalece, miles de almas se salvarán, sanarán y serán libres para escapar de las garras del diablo. La Iglesia de Cristo tiene la autoridad para hacer eso. Dios nos ha entregado ciudades, naciones, pueblos y aldeas. Nosotros, como iglesia, debemos usar la autoridad que Dios nos ha dado.

De nada sirve no tener en cuenta que el diablo es nuestro enemigo y nuestro adversario. Hay muchos creyentes que ni siquiera lo quieren nombrar, por lo que dicen: «Yo no hablo de Satanás». Pero eso no ayuda en absoluto. Jesús lo nombró, lo enfrentó, lo echó y le quitó la autoridad. Mientras nosotros lo pasemos por alto, él estará como león rugiente buscando a quien devorar. Por eso lo vemos destruyendo ministros, ministerios e iglesias.

El apóstol lo dijo de la siguiente manera: «Sabemos que somos de Dios, y el mundo entero está bajo el maligno» (1 Juan 5:19). Cuando leemos «el mundo», quizás nos parezca muy general. Sin embargo, la Biblia también nos aclara tal concepto: «El que no es conmigo, contra mí es; y el que conmigo no recoge, desparrama» (Mateo 12:30). Así que, en el mundo hay dos clases de personas: Los que son de Dios y los que no lo son. Sabemos que en la tierra abundan quienes no son de Dios y nuestra misión es llegar a ellos para que lo conozcan y el poder de la Palabra los transforme.

Entiendo que ha llegado el tiempo en que debemos poner en acción esa autoridad que Dios nos ha dado. Sin embargo, muchas veces, cuando intentamos caminar por nuestra propia cuenta, el Espíritu Santo de Dios nos toca el hombro y nos dice: «¿Por qué no dejas que yo vaya delante?». Pero la realidad es que no queremos escucharlo. Ojalá puedas entender cuán grandes cosas quiere hacer Dios con su vida y con su ministerio. Él tiene un propósito específico para cada uno de nosotros. Por tanto, tenemos que ser receptivos y dejar que Dios nos use para el engrandecimiento de su obra.

Muchos jóvenes me preguntan: «Hermano Carlos, ¿qué hizo usted para que Dios le diera este ministerio?». A lo que respondo: «Los dones son regalos de Dios y como tales no se pagan. Dios los entrega a su Iglesia para darle su gracia». Toda lo que pude hacer para que Dios me bendijera —como por ejemplo orar y ayunar— lo hice con el fin de que Él me fortaleciera y me diera valor para resistir a quien en ese momento no conocía mucho, el diablo. Pero creo que a Dios no tenemos que pagarle por lo que Él quiere darnos. Él desea ungirnos, darnos gracia, todo como un regalo del cielo, para que usted pueda hacer la misma obra que Jesús hizo aquí en la tierra.

El primer paso que el cristiano debe dar para agradar a Dios es tener una verdadera conversión y consagración a Él. En realidad, esto no es fácil. Debido a diversas situaciones que hacen que el hombre pierda la bendición de Dios, muchas veces queremos que el Señor nos dé, pero no estamos dispuestos a entregarle lo que Él nos pide. Hace algún tiempo leí una anécdota que nos lo ilustra. Un niño le dice a su padre:

—Papá, ¿puedes arreglarme este camión?

El padre tomó en sus manos el juguete, lo revisó y le respondió al pequeño:

—Hijo, si me das las piezas que le faltan, lo arreglaré.

—¿Y qué le falta? —respondió el niño.

—Le falta una rueda, el parachoques y la puerta. Si me das todas esas piezas, lo arreglo para que lo puedas usar.

El niño fue al cajón de los juguetes y allí encontró casi todo, pero le faltaba una rueda. Después de mucho rebuscar, la encontró. El papá pudo reparar el juguete y el hijo quedó muy contento.

Si usted le dice a Dios: «Señor, quiero que me uses. Quiero que pongas en orden mi vida. Quiero tu unción», Él nos demandará a cambio cosas que aún no le hemos entregado. Cuando le demos todo, Él podrá usar nuestras vidas. Cuando usted camina en la perfecta voluntad de Dios, las cosas ocurren sin que sea necesario preocuparse.

Un día fui al hospital a orar por un enfermo. En la cama de al lado había otra persona a punto de morir, pero yo no sabía nada de eso. Oré por la persona que había ido a visitar y se sanó. Pero lo sorprendente fue que después que salí del hospital, el hombre que estaba casi muerto en la cama contigua se levantó, por lo que se produjo un gran alboroto en la sala debido a ese milagro. No supe nada de lo que había ocurrido hasta que algunas personas que presenciaron los hechos me lo contaron tiempo después.

Cuando caminamos en el plan de Dios, las cosas ocurren porque sí. ¡Qué importante es la unción! Lo más hermoso que Dios puede darnos es «la unción y el poder del Espíritu Santo». Si uno está en sintonía con Dios, las cosas ocurren sin que nadie haga nada. La unción es un regalo de Dios para todos los que lo buscan en obediencia.

Por lo tanto, como estamos en guerra, debemos estar ungidos por Dios para llevar adelante esta pelea. Pero, ¿quiere saber quién es nuestro adversario? El mismo diablo y sus huestes.

En la ciudad de Córdoba, un periodista escribió en un diario: «Hay uno que grita y se pelea toda la noche con el diablo a grito vivo y no sé si el diablo se va o se asusta, lo que sí sé es que lo deja sordo de tanto que le grita». La gente puede decir lo que quiera, pero nosotros le haremos la guerra a nuestro adversario: el diablo. El pasaje de 1 Pedro 5:8 dice: «Sed sobrios, y velad; porque vuestro adversario el diablo, como león rugiente, anda alrededor buscando a quien devorar». El diablo es el enemigo de Dios y de la especie que Dios creó.

En los últimos años, el espiritismo, la macumba, la umbanda, la quimbanda, la brujería, la santería, la parasicología, la meditación trascendental, la adivinación y el control mental han crecido en la Argentina y en muchos países de América Latina. ¿Sabe por qué? La iglesia está muy cómoda disfrutando de las bendiciones de Dios, pero la gente que está afuera necesita oír la Palabra.

Para aclarar este tema quiero traer a colación la visión que tuve hace un tiempo y que narré en el capítulo dos. Esta visión del Señor me llevó a un bello lugar que creí era el «paraíso». Allí todo era paz y alegría. En la visión, no solo contemplé ese lugar. También vi uno cercado a una altura de cinco metros. Me acerqué y me asombré cuando vi la multitud reunida allí. Todos estaban casi desnudos, tirados en el suelo. El calor era abrazador. Algunos miraban hacia el oasis como con sus ojos perdidos, sus cuerpos estaban casi esqueléticos, flácidos y sus labios agrietados por la sed. Extendían sus manos y decían gimiendo: «¡Ayúdennos, por favor, auxilio!». A lo lejos veía a otros acercarse tambaleándose y diciendo: «¡Por favor, necesitamos ayuda!». Era un sinnúmero de lamentos.

Entonces entendí que la Iglesia de Cristo está disfrutando de los beneficios de Dios y de su prosperidad espiritual, mientras permanece indiferente frente a un mundo que gime. Participamos de importantes actividades, congresos, seminarios, simposios, reuniones sociales, programas especiales en lujosos auditorios, pese a que lo más transcendental que Jesús nos dijo fue: «Id y predicad el evangelio». El único y verdadero negocio del que Jesús se ocupa es el de las almas perdidas. ¡Salgamos al desierto a buscar a los perdidos, ellos tienen hambre y sed de Dios, del Dios vivo!

UN ENEMIGO CONOCIDO

Tenemos un enemigo contra quien debemos pelear, pues intenta cada día arrebatar las almas para que no sean de Cristo. Efesios 6:10-12 dice:

> Por lo demás, hermanos míos, fortaleceos en el Señor, y en el poder de su fuerza. Vestíos de toda la armadura de Dios, para que podáis estar firmes contra las asechanzas del diablo. Porque no tenemos lucha contra sangre y carne, sino contra principados, contra potestades, contra gobernadores de las tinieblas de este siglo, contra huestes espirituales de maldad en las regiones celestes.

Esto nos demuestra que Satanás se opone al avance del Reino de Dios. El apóstol Pablo nos dijo que no luchamos contra hombres, sino que nuestra lucha es contra principados, potestades y huestes espirituales de maldad. Tenemos que conocer contra quien luchamos. Si Estados Unidos de América no hubiera conocido la fuerza que tenía lrak, probablemente nunca hubiera podido hacer lo que hizo. Estados Unidos sabía con qué fuerzas contaba el enemigo y golpeó de manera certera y precisa.

Creo que cuando sabemos a quién nos enfrentamos, luchamos como debemos hacerlo. Además, tenemos la posibilidad que Dios nos ha dado la victoria, por lo que la tenemos asegurada. El ejército de Jesucristo es el único en el mundo que antes de pelear tiene la batalla ganada, ventaja que no debemos darle al diablo. Si él anda como león rugiente buscando a quien devorar, Jesucristo vino a esta misma tierra para deshacer todas sus obras, mandato que también dejó a su Iglesia.

El reino de las tinieblas

En el reino de las tinieblas existen jerarquías. Según la Palabra de Dios, Satanás es el jefe supremo del reino (Mateo 12:36) y del ejército de las tinieblas (Salmos 78:49), y recorre su imperio andando por toda la tierra Job 1:7). En las Escrituras se le llama «el príncipe de este mundo» (Juan 12:31), «el dios de este siglo» (2 Corintios 4:4), «el gran dragón» (Apocalipsis 12:9) y «la serpiente antigua» (Apocalipsis 20:2).

Principados. Asimismo, el apóstol Pablo nos dice que existen principados (Colosenses 2:15). En el diccionario, la palabra «principado» proviene de un término de origen latino que significa: «El que conduce o guía a un pueblo». Es la máxima autoridad y gobierno en un estado de tipo monárquico. El príncipe o principado tiene poder sobre una nación (Daniel 10:13-20).

Potestades. Pablo también nos habla de que hay potestades. Según el diccionario, la palabra «potestad» significa: «Autoridad y dominio sobre una jurisdicción amplia, bien determinada, designada por el poder real». En este caso el poder real es el de Satanás. La «potestad» ordena y dirige las actividades u operaciones dentro de la zona que se le encomendó.

Gobernadores de las tinieblas. Siguiendo el nivel jerárquico, el apóstol Pablo nos dice que asimismo hay «gobernadores de las tinieblas de este siglo». El diccionario dice que: «El gobernador es el jefe de una provincia, región o ciudad, la cual corresponde a una categoría menor que una potestad. El gobernador tiene autoridad dentro de un ámbito restringido y gobierna según las directivas de la potestad o el apoderado real».

Los demonios y las huestes. Hasta este nivel jerárquico los cargos los ocupan los demonios (ángeles malignos). Estos seres infernales actuarían como la oficialidad de ese ejército. Se encargan de dirigir las operaciones de sus huestes (Mateo 25:41; Apocalipsis 12:9).

Según el diccionario enciclopédico, «huestes» es el conjunto de soldados de un ejército de campaña. Se emplea este nombre para designar a los partidarios que luchan por una causa, los que se envían a combatir. Cuando nos referimos a «huestes» no se incluye a la alta jerarquía del poder militar. Los demonios forman las huestes de Satanás, que según la Biblia, son seres sin cuerpo físico, inteligentes y malignos espíritus inmundos, descontentos y viciosos.

Las huestes de Satanás son los emisarios que este tiene. Entran y dominan tanto seres humanos como a bestias (Mateo 8:28-32; 12:43-45; Marcos 5:8-13). Infligen enfermedades físicas (Mateo 9:33; Marcos 9:38-42). Atormentan, producen enfermedades mentales y conducen al hombre a la corrupción y a la destrucción (Marcos 5:4-5). Quiere decir entonces que Satanás tiene un ejército bien constituido, acerca del cual el propio Jesucristo dijo que era un ejército que no se dividía.

Unidos para enfrentar la guerra

Como hemos visto, el reino de las tinieblas tiene sus jerarquías y sus huestes se unen para desplegar la maldad. Así que nosotros, como cristianos, tenemos que ser uno —y estar unificados— bajo el poder de Dios para enfrentar y vencer las huestes del maligno. En su oración al Padre, Jesús rogó por la unión de todos los cristianos. Esto lo encontramos en Juan 17:21:

Para que todos sean uno; como tú, oh Padre, en mí, y yo en ti, que también ellos sean uno en nosotros; para que el mundo crea que tú me enviaste.

¡Tenemos que estar unidos, hermanos! Sin importar las diferentes denominaciones. No importa a cuál pertenezca usted, tenemos que ser uno en el Señor.

LA AUTORIDAD QUE VIENE DE JESUCRISTO

Cuando Satanás le mostró a Jesús los reinos de la tierra para tentarlo, lo llevó a un monte alto y le dijo: «A ti te daré toda esta potestad, y la gloria de ellos; porque a mí me ha sido entregada, y a quien quiero la doy» (Lucas 4:6). Jesús, sin desestimar lo que le dijo el adversario, miró las potestades y le respondió con un texto de la Palabra: «Escrito está: Al Señor tu Dios adorarás, y a Él solo servirás» (Mateo 4:10). Satanás dijo que a él le entregaron los reinos. Pero, ¿quién se los entregó? ¿Dios? De ninguna manera. Recibió los reinos pero no de las manos de Dios. Por tanto, ¿de manos de quién los recibió?

Leamos la Biblia en Génesis 1:28 y veamos la bendición que Dios le dio al hombre al otorgarle la autoridad de señorear y sojuzgar la tierra. Sabemos que la palabra señor significa «amo, dueño». Al decirle señoread la tierra, también le decía que todo era de él.

Adán era la corona de la creación pero, al desobedecer, el diablo —que está rodeando la tierra buscando a quien devorar— le quitó la autoridad y el derecho de posesión de esta tierra. Digamos entonces que Adán le entregó a Satanás esa autoridad a través del pecado. Esto nos ayuda a entender que el diablo tiene poder y autoridad, y que nosotros estamos aquí para luchar contra él con el fin de arrebatarle las almas que tiene en sus garras. Si no se las quitamos en el nombre de Jesús, él no las soltará.

Algunas de estas cosas ya las analizamos en el capítulo 3, pero debemos refrescar varios puntos que aclararán aun más el tema.

Estamos de acuerdo en que el hombre perdió la potestad y la autoridad de la tierra, pero también sabemos que Jesús pagó la deuda. Al resucitar, canceló la hipoteca y tiene derecho a exigir la posesión de la tierra. Esta autoridad nos capacita para decirle al enemigo de nuestras almas: «Diablo, suelta eso porque no es tuyo», y se lo quitamos en el nombre de Jesucristo de Nazaret. Satanás está usurpando el dominio de la tierra. Pero nosotros tenemos poder para quitarle todo con la autoridad que procede de Dios.

¿Podemos luchar contra las fuerzas de maldad con armas naturales, como por ejemplo ametralladoras, dinamita o con una bomba atómica? No, no podemos. Pero tenemos algo más poderoso, tenemos al Espíritu Santo y la unción de Dios. Eso vale más que todas las bombas nucleares juntas.

Por tanto, ¿Cómo debemos luchar? Tal como lo hizo Daniel, a quien el varón de Dios le dijo: «Daniel, no temas; porque desde el primer día que dispusiste tu corazón a entender y a humillarte en la presencia de tu Dios, fueron oídas tus palabras y a causa de tus palabras yo he venido» (Daniel 10:12).

Daniel estaba orando con entendimiento porque había comprendido quién era su enemigo. Aun cuando, igualmente, la resistencia del príncipe de Persia duró veintiún días. Los principados diabólicos se opusieron a la respuesta de Dios (véase Daniel 10). ¿Qué palabras habrá pronunciado Daniel? Puedo imaginarme a Daniel tirado en el suelo diciendo: «*¡Oíme bien, Satanás!*, suelta a esta ciudad, suelta a esta nación». Me imagino también que le habrá demandado al diablo, con el poder y la autoridad del Espíritu Santo que estaba sobre él, que soltara a los que tenía bajo su poder.

A veces reclamamos algo durante dos o tres días y después dejamos de hacerlo. Tenemos que arrebatarle al diablo todo lo que nos robó. Usted debe ser firme, decidido y constante en sus oraciones. Piense en las batallas espirituales que se están librando en el camino de las respuestas. Si Satanás le robó un hijo que está perdido en este mundo, dígale: «*¡Oíme bien, Satanás!*, en el nombre de Jesús, suéltalo. Te ordeno que lo sueltes en el nombre de Cristo». Continúe orando y testificando con su vida hasta que el diablo lo suelte. Nuestra lucha es contra poderes de las tinieblas, potestades y principados, no contra seres humanos.

Durante una campaña en Santiago del Estero, mientras oraba junto a un grupo de hermanos, Dios me mostró una nueva visión: vi un montón de enanitos vestidos de soldados romanos que corrían de un lado para otro. Los veía con armaduras similares a las de unos soldados romanos. Caminaban por sobre las armas que estaban esparcidas en el suelo y se tropezaban unos con otros. No entendía qué me mostraba Dios. Entonces le pregunté:

—Señor, ¿qué es esto? Muéstramelo, no entiendo.

—*Lo que ves ahí son las huestes del diablo* —me respondió.

—Sí… pero, ¿por qué chocan entre sí? —volví a preguntar. Así me respondió:

—*¿Qué sucede cuando un ejército pierde a su general? No saben qué rumbo tomar. Así que ellos no saben hacia dónde ir* —fue su respuesta.

—¿Y por qué las armas en el suelo? —inquirí otra vez.

—*Cuando un ejército está derrotado, suelta las armas y huye despavorido. Si un ejército huye con las armas, es porque está listo para volver a atacar. El hombre fuerte está atado, las huestes están derrotadas. ¡He abierto el camino!* —me contestó.

Ahora entenderá por qué después de la lucha espiritual tan grande que vivimos en Santiago del Estero se convirtieron veintiséis mil personas de las doscientas mil que habitan en esa provincia. ¡El diablo fue vencido!

Satanás cegó el entendimiento de los incrédulos. Cuando el evangelio está encubierto, los que se pierden no lo descubren, está oculto a sus ojos (2 Corintios 4:3). Entonces, ¿qué podemos hacer? Vamos a ponernos de rodillas y a decirle: *«¡Oíme bien, Satanás!*, demonio de incredulidad, suelta las mentes que tienes tomadas, en el nombre de Jesús de Nazaret». Eso es lo más eficaz.

Mis primeras campañas las realicé en las «villas de emergencia». Me llamaban «el pastor de las villas». Hombres conocedores de la Biblia decían: «Lo que predica Carlos, solo puede predicarlo allí». Tenía preparados solamente tres mensajes. A cada lugar que iba no podía predicar más de tres días. Luego me invitaron a predicar a un lugar donde vivían personas de un alto nivel social, una zona de casas residenciales. Allí vivía la hija del entonces presidente de la nación. Sin embargo, ¿sabe qué prediqué? Lo mismo que en la villa. ¿Y sabe cuál fue el resultado? El mismo.

Lo importante no es lo que digamos nosotros, sino la obra que el Espíritu Santo hace en la gente. Por más que le regale a alguien una motocicleta, un auto o una casa, no se va a convertir. No es con argumentos y astucias humanas que lograremos llevar un alma al Señor. Cuando la Iglesia, en el nombre de Jesús, le arrebata al diablo lo que este usurpó, y en cuanto el espíritu diabólico se va, la persona entenderá la luz del evangelio. Esta resplandecerá en su vida. Si nosotros utilizamos este método, miles de almas se convertirán al Señor.

CAPÍTULO 13

GUERRA ESPIRITUAL II

En 1987, un pastor de México fue a verme mientras yo estaba en la ciudad de Los Ángeles y me dijo: «Hermano, hace un año tuve una visión. Hoy he venido especialmente a verlo para contársela. Mientras dormía, Dios me sacó del cuarto y me elevó hasta que pude ver todo el continente americano. Cuando sobrevolaba los países sudamericanos, pasé por Argentina. ¡Había un gran silencio allí! No puedo precisar bien qué ciudad era, supongo que se trataba de Buenos Aires. Entonces le pregunté al Señor: "¿Por qué hay aquí tanto silencio?". Y Él me dijo: "Porque aquí el hombre fuerte está atado y la Iglesia ha obtenido la victoria".

»Además de eso, el Señor me dijo algo más: "El ministerio de Carlos es el mismo de la Iglesia, él no tiene ningún ministerio especial. Si la Iglesia creyera en mí, en mi nombre echaría fuera demonios, hablaría nuevas lenguas, pondría las manos sobre los enfermos y sanarían". Esto me ha dicho el Señor, por lo que estoy convencido de que debía transmitírselo».

En verdad, el ministerio de la Iglesia de Cristo es el que usted puede usar en esta tierra. Si así lo hace, los enfermos sanarán, los demonios saldrán dando alaridos y el poder de Dios se manifestará sobre las vidas.

El ministerio de la Iglesia de Jesucristo es el que intentamos mostrar a lo largo de todas estas páginas. Estas señales seguirán a los que creen, no siguen solamente a Carlos Annacondia ni al pastor de la iglesia. La Biblia dice que estas señales seguirán a los que creen y los que creemos somos nosotros. Si no le quitamos al diablo lo que tiene en sus garras, estamos perdidos. Satanás tiene el dominio sobre la televisión, la radio, los medios de prensa, las redes sociales, etcétera. Pero si los medios están en las manos del diablo, ¿cómo se los quitamos? Por supuesto, lo primero que debemos hacer es orar e interceder día y noche. Debemos ordenarle a Satanás que suelte los medios de comunicación de esa ciudad en el nombre de Jesús.

¿Recuerda lo que narramos en el capítulo tres sobre la gran campaña realizada en 1992? Eso mismo sucedió en Tucumán, donde no solo transmitimos nuestra reunión, sino que hicimos una cadena de transmisión. Había cuatro medios allí, dos de ellos televisivos, y eran los más importantes de la ciudad. Tuvimos todos esos medios en nuestra mano. De manera que les dije a mis colaboradores: «Vamos a transmitir únicamente por el canal 5, el otro canal lo dejaremos libre para que no digan que queremos revolucionar la ciudad». Así fue que salimos al aire simultáneamente por radio y por televisión. Pero el otro canal, el que no habíamos contratado, tuvo un problema en su antena y no pudo transmitir ninguna programación. Esa noche lo único que pudo escuchar toda la ciudad fue la Palabra de Dios.

¿Piensa que el diablo nos entregó los medios de comunicación de la ciudad porque éramos buenos o muy inteligentes? Estaría mordiéndose la cola y retando a un grupo de príncipes y potestades diciéndole: «¿Qué hicieron, qué hicieron? ¿Por qué soltaron eso? Miren lo que están haciendo esos cristianos». Se derrotó al diablo, en especial esa noche, ya que todos los tucumanos pudieron ver y oír la Palabra de Dios. Y eso no fue por obra y arte de Carlos Annacondia, ni del dinero que pudimos pagar (que en realidad no fue mucho, pues ni siquiera llegó a ser el treinta por ciento de lo que nos pidieron originalmente). El diablo vino a este mundo a robar y nos quitó los medios de comunicación. Vino a matar y a destruir, por lo que día a día destruye hogares, familias, matrimonios. Sin embargo, tenemos la seguridad en Jesucristo: «Para esto apareció el Hijo de Dios, para deshacer las obras del diablo» (1 Juan 3:8).

Esa noche, en la campaña, vi acercarse a unos hombres que venían directamente de sus hogares. Estaban escuchando el mensaje por televisión y sintieron el llamado. Algunos se acercaron con el torso desnudo. Otros, en pijamas y uno en pantuflas. Eso nos demostró que la gente que estaba en sus hogares, cuando escucharon la Palabra, decidieron acudir a la campaña sin preocuparse siquiera de cómo estaban vestidos. Además, cuatro jóvenes drogadictos que estaban a punto de suicidarse, fueron a la reunión en busca de ayuda. En el instante en que llegaron al lugar, entraron a la carpa de liberación, allí los ministraron y fueron libres.

Todo eso se debió a la Palabra de Dios emitida a través de la televisión y la radio. Tres veces en el día se trasmitió por televisión la misma programación de nuestra reunión. No le pegamos un mazazo en la cabeza al diablo, sino tres.

Fue en esa misma campaña, tal y como señalamos en el capítulo tres, que una mujer vio el milagro de sanidad en su hijo que padecía del síndrome de Down. No recuerdo qué Palabra prediqué ese día, pero esa madre creyó y dijo: «Señor, aquí está mi hijo, ¿qué puedes hacer por él?». Esa madre clamó por su hijo allí, frente a su televisor. En ese instante, según testificó después, su hijo empezó a enderezarse, sus ojos comenzaron a cambiar, sus pies se corrigieron, su cerebro sanó. Luego de esa noche, la madre llevó a su hijo al médico y el diagnóstico fue contundente: ¡El niño estaba sano!

El diablo no va a dejar los medios de comunicación ni las redes sociales libres si nosotros no se los quitamos declarándole la guerra en el nombre de Jesucristo diciéndole: «*¡OÍME BIEN, SATANÁS!* ¡SUELTA MI CIUDAD, SUELTA MI BARRIO, SUELTA MI PAÍS, SUELTA LOS MEDIOS DE COMUNICACIÓN, SUELTA LAS REDES SOCIALES, EN EL NOMBRE DE JESUCRISTO!».

La Iglesia tiene poder y autoridad para hollar serpientes, escorpiones, y nada de eso la dañará. Esta es una verdad muy importante. Sin duda, ya ha leído las veces que han intentado matarme, pero gloria a Dios que el Espíritu Santo y los ángeles del Señor están siempre cerca para ayudarme y guardarme. Después de revolver tantos nidos de serpientes diabólicas puedo afirmar que nada nos puede dañar.

Ahora veamos, ¿cuál fue el resultado de esa gran campaña en Tucumán? Como recordarán, no nos permitieron realizar las reuniones en lugar alguno del centro de la ciudad. Así que nos trasladamos a los suburbios. Para llegar al lugar donde nos encontrábamos había que caminar de tres a cuatro kilómetros. Era un sitio escabroso. Solamente dos líneas de buses llegaban hasta allí. Los terrenos se encontraban al lado de una laguna, por lo que cuando llovía, el lugar se inundaba. ¡Eso sucedió una de esas noches! Mientras estaba en la reunión veía que entraba mucha agua a la carpa, por lo que los zapatos de las hermanas se hundían. Pero a pesar de todo, el resultado fue extraordinario. No sé a ciencia cierta cuánta gente vive en esa ciudad, pero estoy seguro de que todos escucharon la Palabra y el mensaje de Dios ya que casi treinta mil personas aceptaron a Jesucristo como el Señor de sus vidas.

«EL FENÓMENO ANNACONDIA»

Durante unas reuniones que celebramos en Bolivia tuvimos una gran lucha con el diablo. Sin embargo, vea la victoria que Dios nos dio. Un diario de Bolivia publicó una nota acompañada de la foto de mi cara mientras oraba. El artículo se titulaba «El fenómeno Annacondia» y decía lo siguiente:

> Todas las noches estamos siendo sorprendidos en los diferentes canales de televisión por la presencia de un predicador evangelista, Carlos Annacondia, que congrega a miles de creyentes. Los mismos, al parecer, esperan un milagro en sus vidas. Hemos sido testigos de desmayos y ataques de histeria por parte de los creyentes. ¿Qué significa este fenómeno? Milagro, hipnosis colectiva o... Además, dicho sea de paso, Annacondia es un excelente comunicador social, sabe llegar a sus seguidores. La mayoría de los canales de televisión, a partir de las 10:30 de la noche, nos han ofrecido una hora de las predicaciones de este señor, que seguramente tiene los recursos económicos suficientes como para gastar un dineral en contratar una hora diaria de televisión para transmitir durante el horario de mayor audiencia. ¿Qué dice la iglesia católica de este fenómeno?

Pues se rompían la cabeza pensando: «¿De dónde sacó este hombre el dinero? Seguro que gastó un dineral».

La verdad sea dicha, querido hermano, le cuento que no había pagado ni un solo centavo para obtener esas horas televisivas. Lo único que sí hicimos fue orar y quitarle al diablo lo que tenía en sus garras: los medios de comunicación de esa ciudad. Al averiguar quiénes pagaban los anuncios a color de los diarios más populares de la ciudad, nos enterábamos de que ciertas personas adineradas lo habían hecho. Lo mismo sucedió con la televisión. Podría relatarle cientos de historias como esta para que entienda que el evangelio no consiste solo en palabras, sino en poder de Dios.

Antes de mi conversión, contrataba mucha publicidad radial para promocionar mi empresa comercial. Por esa razón estaba vinculado a muchas personas que trabajaban en la radio. Cuando conocí a Dios, dije: «Ahora que estoy en el evangelio, voy a ir a las emisoras radiales a conseguir espacios para que el pastor Jorge Gomelsky predique». Apenas comenzaba a conocer las cosas del Señor, pero recorrí todas las emisoras que conocía y... ¿sabe cuál fue la respuesta? Se reían en mi cara y me decían: «No, para predicar el evangelio tenemos al obispo católico que es nuestro asesor espiritual y es el que se encarga de los espacios».

La verdad es que choqué contra las puertas de todas las emisoras a pesar de que creía que iba a ser fácil. Fue entonces que me puse a pensar en cuál podría ser la solución y decidí ir a Uruguay, a una emisora llamada «Real». Allí conseguí un espacio. Esa emisora se escuchaba en la ciudad de Buenos Aires, pero había que tener una radio tipo aficionado para poder oírla. De todas maneras, emprendimos la tarea con mucha alegría y entusiasmo. Transmitimos el segmento durante cuatro años en esa emisora.

Sin embargo, medite en esto, en 1980 fui a pedir cinco minutos de radio y me echaron sin contemplación alguna. Ni me imaginé siquiera que cuatro años más tarde me llamarían para preguntarme si necesitaba un espacio. Entonces me entregaron cinco horas para que pudiéramos predicar el evangelio. No era una emisora desconocida, sino una de las más escuchadas del país.

¡Algo sucedió en Argentina! El diablo tuvo que liberar los medios de comunicación porque la Iglesia comenzó a reclamarlos y le ordenó que los soltara en el nombre de Jesucristo. Eso no pasó por casualidad, nada de lo que tiene que ver con Dios es casual. Él tiene un propósito y un plan. Quiere decir entonces que nosotros debemos reclamar todo lo que necesitamos para la obra de Dios, ya sea una iglesia, un centro de reuniones multitudinarias, un programa de radio, etc. Todo lo que no esté en manos de la Iglesia se lo debemos reclamar al Señor y quitárselo al diablo en el nombre de Jesucristo.

Durante mucho tiempo los espacios nocturnos de las emisoras radiales más importantes del país los ocuparon la Iglesia. Cada día se transmitía la Palabra de Dios a cientos de personas que escuchaban. Hoy Argentina cuenta con centenares de emisoras radiales evangélicas a lo largo de todo el país.

Como Iglesia de Cristo tenemos la gran responsabilidad de desenmascarar a nuestro enemigo. Debemos considerarnos como miembros del ejército de Dios fuertemente unidos en amor al cuerpo de Cristo para luchar en forma organizada. Juntos respondemos al mando del gran Comandante en Jefe de ese ejército de los cielos que es Jesucristo. Además, sabemos que contamos con la ayuda del Espíritu Santo que nos guía en todas las cosas y nos capacita para salir victoriosos en toda batalla (Mateo 12:28).

Es cierto que nuestro enemigo, el diablo, tiene una gran inteligencia y siglos de experiencia. Aunque no puede descubrir ni nuestros sentimientos ni nuestros pensamientos, este enemigo tiene un ejército unido y organizado. Se dice que «el diablo sabe más por viejo que por diablo», y tal vez sepa que nuestro punto débil es la unidad entre los hermanos como para formar un ejército unido y firme. Sin embargo, nosotros como Iglesia y soldados del ejército de Jesucristo, debemos tomar conciencia de la clara y fundamental ventaja que tenemos: «Somos el único ejército en el mundo que tiene la batalla ganada antes de comenzar a combatir». Esto se debe a que Jesucristo nos dio la victoria al derrotar a nuestro enemigo en la cruz del Calvario (Hebreos 2:14).

Quizás se pregunte: ¿por qué si ya tenemos la batalla ganada, el diablo ha tomado ventaja sobre la Iglesia de Jesucristo? Sucede que no hemos tenido en cuenta al diablo como nuestro principal enemigo. Hemos estado afanados en construcciones de grandes y hermosos templos, pero nos hemos olvidado de que tenemos un enemigo que nos quiere destruir. Él sabe que está vencido, es más, cree en el poder de Dios y tiembla. Por lo tanto, no se presenta abiertamente, sino que se esconde. Lo que debemos hacer es buscarlo, localizarlo donde esté operando en lo oculto, en el lugar donde se encuentre, y derrotarlo en el nombre de Jesús: «Para que Satanás no gane ventaja alguna sobre nosotros; pues no ignoramos sus maquinaciones» (2 Corintios 2:11).

Esta es una de las razones por las que la iglesia muchas veces se encuentra desalentada y en derrota. Pareciera que la iglesia no se enfrenta verdadera y decididamente a su enemigo. Es más, parece que se mantiene indiferente mientras que el adversario —Satanás— permanentemente hace sus incursiones desde la oscuridad contra la Iglesia de Jesucristo. Por lo tanto, debemos enfrentar a nuestro enemigo y recordarle la derrota que sufrió a través de la sangre de Cristo, el Cordero de Dios.

Sin embargo, no es aconsejable que nos enfrentemos a los demonios de un lugar sin habernos dirigido antes al hombre fuerte de la zona, que es el que coordina las operaciones estratégicas y tácticas de las huestes espirituales de maldad. Una vez que atamos y echamos fuera al hombre fuerte de esa área, y a los ángeles de maldad que lo respaldan, los demonios pierden protección, quedan desamparados y vulnerables a nuestro ataque y al de los ángeles de Dios que en ese momento nos ayudan. Esos ángeles de luz son nuestros consiervos y participan en la batalla del Reino de Dios. Cuando los demonios se quedan sin su cabeza y sin su apoyo aéreo, se genera la huida en medio de confusión y temor.

El número de demonios en las fuerzas de Satanás es muy grande (Mateo 12:26-27; 25:41). Si inutilizamos a unos pocos, eso no disminuirá la potencia de su ataque. Pero si nos volvemos contra el príncipe, la potestad y el gobernador, en el nombre de Jesús, desorganizamos sus fuerzas, de manera que cuando el Espíritu de Dios caiga con poder sobre los demonios, estos se dispersarán y huirán despavoridos. El efecto de atacar primero a las cabezas del ejército de las tinieblas no es producto de supersticiones ni de fantasías. Lo comprobamos en cada reunión en las campañas que llevamos a cabo. Desde el comienzo, siempre se buscó pisar la cabeza de la serpiente para quitarle toda autoridad e inteligencia a fin de anular la efectividad combativa de su cuerpo.

Una de las experiencias más importantes que viví durante las primeras campañas del ministerio en 1983 y 1984 fue en la ciudad balnearia de Mar del Plata, Argentina. Las iglesias de esa ciudad organizaron una gran campaña en un estadio. Al día siguiente de haberme registrado en el hotel y mientras mirábamos por un ventanal —junto a un colaborador del ministerio— el vasto mar que teníamos al frente, Dios nos mostró una visión. Vimos en el agua tres gigantes sosteniendo un vidrio que impedía la entrada a la ciudad de millones de demonios que querían introducirse en ella. Esos gigantes eran ángeles que no permitían que los demonios ingresaran a la ciudad. De modo que los demonios estaban atados, incluso, antes de comenzar las reuniones.

El impacto que causó la campaña en aquella ciudad fue tan grande que marcó un hito para los habitantes de la misma. ¡Dios obró en la ciudad de Mar del Plata de una manera impresionante! Algunas personas que pasaban a diez cuadras de donde se estaban llevando a cabo las reuniones, caían al suelo tocadas por Dios. Otros se manifestaron demoníacamente dentro de los buses al pasar frente al estadio donde nos reuníamos. De modo que los bajaban y los traían a la campaña, así como toda la ciudad, estaban al tanto de lo que pasaba allí. Cuando la reunión finalizaba, la gente se llevaba a sus casas los casetes con las predicaciones y los endemoniados se manifestaban también en sus hogares. El cielo estaba abierto sobre aquella ciudad, la gente asistía sola a las reuniones. Personas que nadie había invitado llegaban y se convertían.

Para darnos una idea de lo que allí sucedió, podemos decir que en una ciudad de cuatrocientos mil habitantes, aceptaron al Señor públicamente ochenta y tres mil, o sea, el veinte por ciento de la población. Las restauraciones dentales eran una de las sanidades más comunes que sucedían. Calculamos que al menos una persona de cada familia tenía una muela arreglada por Dios. Los medios de prensa nos buscaron con el objeto de ver qué sucedía y todo ello lo publicaban. La campaña y los milagros cubrieron las portadas de varias revistas del medio secular. Nada más explícito que aquella visión que Dios me mostró antes de comenzar las reuniones en Mar del Plata para saber que los demonios y potestades espirituales estaban atados.

Esta guerra espiritual que día a día libramos es una lucha que no tiene fin. Si nos detenemos, sin duda vamos a perder lo que hayamos conquistado. A lo largo de tantos años de ministerio, he recorrido muchos países de esta tierra y he visto mucha religión, demasiadas estructuras y tradicionalismo, pero muy pocas lágrimas por las almas perdidas. ¡Si queremos conquistar esas vidas, debemos mantenernos diariamente librando la guerra espiritual!

CAPÍTULO 14

EL TOQUE SANADOR

«DIAGNÓSTICO: CÁNCER EN LOS HUESOS CON METÁSTASIS»

Lo que ocurrió con un tío mío, llamado Fernando, fue un testimonio impactante. Estaba muy grave, internado en el Hospital Francés de la ciudad de Buenos Aires. El diagnóstico médico era cáncer en los huesos, lo que se había complicado porque hizo metástasis en diversas partes del cuerpo, sobre todo en los riñones. Los huesos de su cuerpo estaban casi pulverizados, a tal punto que le realizaron una biopsia y se determinó que ya casi eran polvo. Tanto había avanzado la enfermedad que su cuerpo se debilitó y llegó a pesar cuarenta y cinco kilogramos.

Debido a su grave estado, los médicos no se animaban a realizar un tratamiento con rayos ni quimioterapia. Era un caso terminal, estaba desahuciado. Vivía a base de calmantes. Tan grande era el dolor que sentía que le ponían unas bolsas con arena entre las rodillas para que no le rozaran y no le causaran tanto sufrimiento. El simple contacto con las sábanas le molestaba. Vivía en una queja constante. Nada lo aliviaba.

Mi mamá y mi tía me pidieron que fuera a ver al evangelista Carlos Annacondia, que estaba en Mar del Plata realizando una cruzada. Así lo hice. Planifiqué llevar un pijama de mi tío para que el pastor Annacondia orara, pero a causa de la ansiedad por llegar, lo olvidé en la habitación del hotel.

Al entrar al estadio me sorprendió ver la tribuna cubierta de personas y a Annacondia caminar entre la gente orando por todos. Cada persona que tocaba, se caía. Era la primera vez que veía eso. Tenía mucha fe en que Dios podía hacer algo, de modo que entré al terreno del estadio.

Mientras Annacondia ministraba a la gente, intenté contarle lo que sucedía. Pero inmediatamente me impuso sus manos y caí. Permanecí en el piso, no sé por cuánto tiempo. No creo que hubiera escuchado el motivo por el que yo iba, pero Dios sí lo conocía. Después supe que esa misma noche, mi tío experimentó una mejoría de salud.

Al día siguiente regresé a Buenos Aires, con la ropa que no había podido llevar al estadio. Sin embargo, mi tía —por fe igualmente— visitó a mi tío y le llevó esa ropa. Hacía tres meses que no se podía levantar de la cama. Una noche, de pronto lo vemos caminando por el pasillo. Esa fue una señal tremenda, maravillosa. A partir de ese día, cada noche lo pesábamos y comprobábamos que aumentaba un kilogramo. Al tercer o cuarto día, como el médico vio que evolucionaba, dijo: «Ahora sí puede soportar la quimioterapia».

Cuando se aplica quimioterapia, por lo general la persona pierde peso. Pero él, a pesar del tratamiento con esas drogas tan fuertes, continuaba aumentando. Todas las noches se agregaba un kilogramo más. A fin de cuentas, había aumentado los veinticinco kilogramos perdidos durante la enfermedad.

Al ver la constante mejoría, los médicos decidieron hacerle nuevos estudios. El primero fue del riñón y el resultado indicaba que estaba totalmente sano. Luego le realizaron otro examen de los huesos y, lo que antes era polvo, ahora estaba sólido por completo. Finalmente nos dijeron que ya no hacía falta que estuviera en Buenos Aires; por lo que ya podíamos regresar a Junín, nuestra ciudad.

Una especialista en oncología, muy conocida del Hospital Francés de Buenos Aires, dijo: «Esto es un milagro de Dios. Nunca vi un prodigio tan grande. Este hombre estaba prácticamente en el ataúd, era un enfermo terminal».

Cuando los vecinos lo vieron llegar a Junín, se produjo un alboroto muy grande en el barrio. Los primeros días que salió a caminar por las calles, la gente salía para verlo pasar. Decían: «Este es el hombre que estaba prácticamente muerto y ahora está en medio de nosotros». Era un muerto que había resucitado. Ha sido un milagro de Dios. A raíz de esa sanidad, la esposa, los hijos y otros familiares comenzaron a asistir a la iglesia. Además, parte de las personas que forman la congregación a la que pertenezco son producto de ese testimonio. Hace algunos meses la doctora que lo había tratado vino a nuestra ciudad. La esposa de mi tío, que es una creyente fiel, fue a verla y le preguntó:

—¿Se acuerda del caso de mi esposo?

—¡Claro, cómo no me voy a acordar si fue el único milagro tan grande que vi en mi vida! —respondió la doctora.

Mi tía, que es muy valiente, dijo:

—Nosotros siempre oramos agradeciéndole a Dios por ese milagro y ahora también vamos a orar por usted.

Después de esa experiencia, me aferré mucho más al Señor. Creo que cuando Dios bendice a una persona de esta manera, esto se extiende a toda una familia, a todo el barrio, y eso fue lo que pasó.

ROBERTO.

Luego Fernando, el protagonista de esta sanidad, relató lo siguiente:

«Me sentía mal, tenía dolores en todo el cuerpo. No podía descansar. Tanto era así, que en la cama matrimonial dormía yo solo porque para poder cambiar de posición tenía que moverme mucho a causa de los fuertes dolores. Esa situación se prolongó por espacio de casi un año. En ese tiempo me vieron muchísimos médicos, casi veintidós. Ninguno determinaba el diagnóstico. Hasta que uno de ellos me hizo ciertos estudios.

»Ante la sospecha de que fuera cáncer, me remitió a Buenos Aires, al Hospital Francés. Allí me atendió una especialista en oncología y me diagnosticó: cáncer en los huesos con metástasis. Tan grave era la enfermedad, que los médicos me pronosticaron quince días de vida. Había adelgazado tanto que no me podía sentar porque corría el riesgo de que se me quebrara la columna vertebral.

»Cuando mi sobrino fue a la campaña de Annacondia en la ciudad de Mar del Plata para pedir oración por mí, empecé a sentir cierta mejoría. Dejé de sentir dolor y recuperaba el peso cada día. Fue tal la sorpresa de los médicos, que aún no lo pueden creer. Hoy, once años después, estoy sano para la gloria de Dios».

En 1979, vivimos en Argentina el enfrentamiento de dos grandes fuerzas: la dirigencia militar que gobernaba nuestro país y el fuerte deseo que había entre los que experimentamos, en ese año por primera vez, el poder de Dios. Anhelábamos predicarles a los perdidos, orar por los enfermos y que estos recibieran sanidad. Por lo tanto, decidimos entrar en un sitio lleno de este tipo de personas: los hospitales.

En plena época en la que imperaba un régimen militar en Argentina, no era sencillo entrar a los centros de atención médica para orar por los enfermos. De forma que, durante el horario del mediodía cuando cerraba mi comercio e iba a orar al hospital. Antes de entrar, siempre le decía a Dios: «Señor, hazme invisible para poder entrar y que nadie me lo impida». Y así sucedía. Entraba al lugar, oraba por los enfermos y Dios los sanaba. Era sencillo, ellos creían y yo no dudaba.

Cierto día, me visitó un hermano que en ese entonces trabajaba en mi empresa —ambos nos convertimos el mismo día— y me dijo que una prima suya tenía cáncer de tiroides, por lo que estaba muy mal. Ya la habían operado, le habían quitado la glándula y aplicado cobalto hasta quemarle toda la piel del pecho. Tal era el dolor en el cuerpo quemado por el tratamiento, que la mujer ni siquiera soportaba la sábana que la cubría.

De modo que, inmediatamente fuimos a su casa a orar por ella. Al llegar, la señora se levantó de la cama con mucho esfuerzo y, a pesar del dolor, nos recibió. Sabía que le llevábamos el mensaje de la Palabra de Dios. Así que oramos con fe por ella, leímos la Biblia y le dijimos que Dios la amaba y que podía sanarla de su enfermedad.

Cuando salimos de esa casa, le dije al hermano: «Dios la sanó, tengo la seguridad de que Dios la sanó». Y él me respondió: «Amén, lo creo». Al día siguiente de esa oración, la llamamos por teléfono a su casa para saber cómo seguía. Teníamos la certeza de que algo sobrenatural había sucedido. La familia entonces nos dijo: «No lo podemos creer, pasó algo extraordinario». La mujer estaba levantada cocinando, había limpiado el patio y realizado una gran cantidad de quehaceres domésticos.

Luego nos contó lo sucedido. Al día siguiente de la oración, mientras el esposo estaba en el trabajo y los niños en la escuela, decidió salir a barrer la vereda. Las vecinas, que estaban al tanto de su enfermedad, le decían: «Mujer, tienes que entrar a tu casa e ir a la cama. Cuando venga tu familia se va a enojar». Pero ella les respondía: «No me voy a morir. Dios me sanó. Estoy sana».

Ese milagro ocurrió a fines de 1979. Ya han pasado muchos años y aún hoy sigue viva y sana. Según los médicos, ese día o al día siguiente debió haber muerto, pero Dios hizo un milagro.

Las sanidades físicas son también parte de las señales de Dios para los hombres. Al enfrentarme en cada reunión al asombroso milagro de una sanidad, mi alma se alegra por varias razones. Una de ellas es ver esas caras llenas de dolor que llegan a las campañas y que se transforman en rostros repletos de emoción y alegría al recibir el milagro. Cada señal que evidencia el poder de Dios le indica al hombre la necesidad que tiene de volverse a Él.

En su ministerio terrenal, muchos seguían a Jesús porque veían las señales que hacía con los enfermos (Juan 6:2). Así como en aquella época, todos los incrédulos se acercan a las reuniones para buscar reales evidencias de los milagros. Pero después de ver las sanidades solo les queda arrepentirse de sus pecados. Esa es la otra razón que me causa alegría: saber que las almas son salvas al ver esos milagros de Dios.

En la ciudad de Encarnación, Paraguay, Benita nos relató su milagro:

«A los treinta y siete años de edad comencé a enfermarme. Tanto en Asunción como en Encarnación me vieron todos los médicos posibles. Tenía muchos dolores y constantes hemorragias. Sin saber qué hacer, me remitieron a la ciudad de Posadas para recibir atención médica. Mi hija, que vivía en Buenos Aires y era creyente, fue a verme. La doctora le dijo que me debían intervenir quirúrgicamente con urgencia porque la enfermedad estaba muy avanzada, tenía cáncer de útero.

»Mi hija decidió trasladarme a Buenos Aires para que me operaran. Al llegar a la ciudad me llevó a la campaña del hermano Carlos Annacondia. Allí acepté a Jesús como mi Salvador personal. Esa misma noche creo que recibí la sanidad, pero no lo comprobé hasta el momento exacto de la operación.

»La misma mañana que salía hacia el hospital para ser operada, sentí una voz que me dijo: "No te van a operar, estás sana". De inmediato miré hacia los lados para ver quién me hablaba, pero nadie estaba cerca de mí, solamente una sobrina que negó haberme dicho algo.

»En los estudios previos a la intervención, los médicos vieron algo diferente. Los doctores comenzaron a presentarse en la habitación para verme. Primero uno, luego otro y así sucesivamente. Al final, uno de ellos decidió enfrentarme y me dijo: "Señora, usted está sana, no tiene ningún cáncer".

»Al regresar a mi casa, mi esposo no creyó nada en cuanto a mi sanidad, pero yo debía demostrarle que había recibido un milagro. Insistí en que no quería operarme. Entonces le pedí a Dios una señal para que él creyera y me la concedió. A los cuarenta y ocho años de edad, Dios me regaló un embarazo seguido de un precioso bebé al que llamamos Jorge. Hoy todos juntos asistimos a una iglesia evangélica y servimos al Señor».

PROPÓSITOS DE LA SANIDAD

Uno de los principales propósitos del Señor, a través de estas señales milagrosas, es salvar a los pecadores para que se vuelvan a Él. Jesucristo no clasificaba las reuniones en cultos de evangelización ni cultos de sanidad. La Biblia dice en el Evangelio de Lucas, capítulo 9, versículo 6, que Jesús y sus discípulos pasaban por todas las aldeas anunciando el evangelio y sanando enfermedades. Anunciaban el mensaje de salvación y también sanaban a los enfermos. Realmente no creo que todos ya eran salvos como condición para acceder a la sanidad.

La sanidad divina es el proceso por el que Dios actúa de forma sobrenatural en las personas impartiendo vida y salud. Esa transformación que se produce en un enfermo al recibir sanidad es exclusivamente un proceso sobrenatural divino. Debemos destacar que no nos estamos refiriendo en este caso a la intervención científica de la medicina, a la cual respetamos y aceptamos, sino únicamente a la actividad sobrenatural de la sanidad.

Al estudiar las sanidades que describe la Biblia, pude ver que gran cantidad de ellas fueron el resultado de la misericordia de Dios. Muchos expresaban: «Señor, ten misericordia de mí». Por lo que Jesús se compadecía y los sanaba. Las multitudes de afligidos seguían a Cristo buscando su milagro.

En Marcos 6:34 vemos que Jesús salió y vio una gran multitud, dice además que tuvo compasión de ellos porque eran como ovejas que no tenían pastor. De manera que comenzó a enseñarles muchas cosas. Jesús aprovechaba esas grandes reuniones de personas que se sentían atraídas por las sanidades y les enseñaba.

Ahora veamos con más profundidad cuál era el verdadero motivo por el que Jesús sanaba. En primer lugar, y el más importante, era glorificar al Padre por el milagro. En segundo lugar, lograr el cambio que esa sanidad producía en la persona. Ese milagro haría un cambio en su vida y serviría al Señor.

Cuando Jesús liberó al endemoniado gadareno, este quería seguir a Jesús. Sin embargo, Él no lo dejó y le dijo:

> Vete a tu casa, a los tuyos, y cuéntales cuán grandes cosas el Señor ha hecho contigo, y cómo ha tenido misericordia de ti.
>
> Marcos 5:19

Ese era el plan que Jesús tenía preparado para esa vida: que se convirtiera en un mensajero del milagro del evangelio. Esa liberación fue el impulso ideal para ser un gran predicador del evangelio. ¿Acaso usted no lo hubiera sido?

ORACIÓN POR LOS ENFERMOS

Hay diversas formas de orar por los enfermos. Pero veremos en forma particular la utilizada en este libro desde el inicio: «Sobre los enfermos pondrán sus manos, y sanarán» (Marcos 16:18). Esto lo he experimentado a lo largo de toda mi vida cristiana. Cientos de personas han sido sanadas al imponer las manos sobre ellas.

Imposición de manos

Hay poder en el *toque* de las manos. Muchas veces Jesús también sanó con solo tocar al enfermo. Pero en realidad no fue el único método que utilizó, aunque la primera vez que sanó a alguien durante su ministerio terrenal fue tocando a la persona, o sea, por «imposición de manos».

Observemos la escena que nos relata Marcos 1:31. Jesús va a ver a la suegra de Pedro y, nos dice la Palabra que, la tomó de la mano, la levantó e inmediatamente cesó la fiebre. Con referencia al mismo pasaje, pero relatado por Lucas, extraemos otro detalle que se agrega a esta hermosa sanidad. Aquí nos dice que Jesús, al acercarse a la suegra de Pedro, se inclinó hacia ella, reprendió la fiebre e inmediatamente recibió sanidad.

En el paralelismo de este pasaje determinamos la actitud de Jesús en cuanto a la enferma. Se acercó e inclinó hacia ella, tomó su mano, oró reprendiendo la enfermedad e inmediatamente la mujer sanó. Tan solo un *toque* de Jesús determinó la sanidad de esta persona.

El *toque* tiene en sí mismo una importancia particular. Los niños siempre sienten seguridad cuando su madre los toca. Aunque no se emita palabra alguna, ese pequeño contacto físico es una manera especial de decir «estoy contigo».

Ahora veamos, ¿qué sucede si impongo las manos sobre un enfermo y realmente no creo que esa persona va a sanar? Lo más probable es que no sane. La fe es lo que diferencia a la enfermedad de la sanidad. Debemos entender que no hay ningún poder en el aspecto físico de nuestras manos, pero sí en la unción y el poder del Espíritu Santo que fluyen a través de ellas. Esto nos lo corrobora la Biblia en el siguiente versículo: «Y hacía Dios milagros extraordinarios por mano de Pablo» (Hechos 19:11).

Cuando usted, líder o pastor, ora en su congregación por sanidad, siempre lo hará creyendo que Dios obra milagros y que esa noche será especial. La persona por la que está orando reconocerá su fe y autoridad divina y a la vez activará la fe en su propia sanidad, de esta manera accederá a la liberación. Por lo general, cuando oro por los enfermos durante mis campañas, inmediatamente después les pido que hagan lo que sus enfermedades no les permitían hacer antes.

Allí veo a las personas que no podían levantar los brazos, intentar alzarlos. A los que no podían caminar o correr, dar los primeros pasos. Otros comienzan a palparse los quistes, tumores o fibromas que abultaban sus cuerpos. De inmediato, las lágrimas brotan de quienes miraban con ojos expectantes los resultados de la oración de fe. Cada una de esas personas comienza a poner su *fe en acción*. Cada intento de probar la sanidad demuestra fe. Después les pido que se acerquen a la plataforma a dar testimonio de lo que experimentaron a fin de que inspiren fe en otros que aún no han recibido su milagro.

Oración por prendas

Una madre se acercó desesperada a la campaña que estábamos realizando en el barrio de la Boca, en la ciudad de Buenos Aires. Su hijo estaba internado por una enfermedad muy grave en el Hospital Argerich, ubicado a unas pocas cuadras del lugar. Traía en las manos un pañuelo de su hijo para que oráramos por él. El niño se encontraba en estado de coma irreversible con respirador artificial. Por esa causa decidió llevar una prenda para que oráramos por él. La mujer se acercó con fe para orar por su hijo, al que los médicos le declararon «muerte cerebral», sin embargo algo extraordinario ocurrió: Dios respaldó esa fe sincera de la mujer.

Al regresar a la sala de terapia intensiva del hospital, la madre puso el pañuelo sobre la frente de la criatura; acto seguido, el chico reaccionó milagrosamente y comenzó a hablar. Cuando eso ocurrió, las madres que estaban cuidando a sus hijos en la misma sala se peleaban por aquel pañuelo. Una de las personas que estaba ahí en ese momento, me contó después que cuando lo ponían en otros cuerpos enfermos, muchos sanaban al instante por el poder de Dios. Al cabo de unos días, aquella madre se acercó a relatarnos el testimonio y a darle la gloria a Dios por el gran milagro recibido en ese hospital.

Así como ese, he visto y oído acerca de milagros de sanidad y liberación operados a través de la oración por las prendas del enfermo que no puede asistir a una campaña. Por lo general, en cada reunión, muchas personas traen prendas (pañuelos, pijamas, etc.) de alguna persona enferma que no pudo asistir a causa de su enfermedad.

Esos elementos suelen ser de mucha bendición para los afligidos. La Biblia relata sanidades ocurridas de esa manera. En el libro de Hechos, capítulo 19:11-12 dice:

Y hacía Dios milagros extraordinarios por mano de Pablo, de tal manera que aun se llevaban a los enfermos los paños o delantales de su cuerpo, y las enfermedades se iban de ellos, y los espíritus malos salían.

Simplemente creo que estas sencillas piezas de telas ungidas por el Espíritu Santo pueden sanar enfermos y liberar oprimidos. Debemos recordar siempre que Dios quiere sanar y muchas veces no solo existen ataduras demoníacas detrás de cada enfermedad, sino que pueden ser propósitos especiales de Dios en nuestras vidas para enseñarnos a atravesar pruebas.

¿POR QUÉ NO TODOS LOS ENFERMOS RECIBEN SANIDAD?

Cada noche llegan a las reuniones personas con las más diversas enfermedades físicas y espirituales. Muchos testimonios de sanidad y liberación se narran durante el transcurso de la actividad. De esa manera inspiran la fe de los asistentes.

Algunos me preguntan por qué, de los cientos que asisten, solo algunos sanan. Me gustaría recordar junto a ustedes cuando Jesús estaba en el estanque de Betesda, según el Evangelio de Juan, capítulo 5. Allí había muchos enfermos: cojos, ciegos y paralíticos. Pero Jesús se acercó solamente al paralítico y le preguntó: «¿Quieres ser sano?». Si Jesús estuviera junto a nosotros, tal vez le preguntaríamos por qué solamente sanó al paralítico si había una multitud de enfermos. En todos esos casos, debemos creer por fe en la soberanía de Dios.

No puedo afirmar que la causa de no recibir sanidad sea por falta de fe. Soy testigo de muchas personas que han asistido a las reuniones sin fe, solo para curiosear, y Dios las ha sanado. Algunos subían a la plataforma felices, temblando y testificaban: «Yo no creía. Vine hasta aquí para burlarme y Dios me sanó».

En la mayoría de los pasajes, la Biblia indica que Jesús sanaba a todos los enfermos. En algunos de ellos leemos: «Le siguió mucha gente, y sanaba a todos» (Mateo 12:15). «Y toda la gente procuraba tocarle, porque poder salía de Él y sanaba a todos» (Lucas 6:19). Pero luego de intentar sacar alguna conclusión al respecto, al ver estos textos entendí que todas esas personas iban directamente a Jesús a buscar sanidad.

En la actualidad, muchos van a las campañas o a las iglesias en busca de tal o cual persona y no en busca del Gran Sanador que es Jesucristo. Ese es el error y la gran diferencia. Buscan la sanidad, no al Sanador.

En los tiempos de Jesús había una mujer que hacía doce años que padecía de flujo de sangre. Ella, dice la Biblia, pensó: «Si tocare solamente su manto, seré salva». Así lo hizo, pero —a pesar de la multitud que lo rodeaba— Jesús notó que alguien lo había tocado con fe, así que volviéndose hacia ella le dijo: «Ten ánimo, hija; tu fe te ha salvado». Y nos cuenta luego que la mujer fue salva desde aquella hora (véase Mateo 9:20-22). Esa mujer que sufrió por tantos años de una hemorragia constante, al ver a Jesús buscó primeramente en Él la salvación y también halló de inmediato la sanidad.

En una de mis últimas campañas ocurrió un caso sorprendente. La situación por la que atraviesan los países en este tiempo es realmente difícil, las personas buscan con desesperación un milagro. Al finalizar las reuniones, siempre bajo de la plataforma para orar por las personas. Pero esa noche, al comenzar a orar e imponer las manos sobre las cabezas, la gente empezó a agarrarme la mano y a pasarla de uno a otro hasta casi arrastrarme entre ellos. Nunca en tantos años de ministerio había vivido una situación semejante.

Al regresar a mi hogar, le comenté a mi esposa lo sucedido. Entonces, sabiamente María me respondió: «¿Recuerdas cuando éramos recién convertidos a quién le pedíamos que orara por nosotros? Nuestras rodillas eran las que confesaban nuestra dependencia de Dios. Nunca dependimos del toque de un hombre. Esa fue la mejor escuela en la que podíamos habernos graduado».

Si la gente va a buscar la sanidad en Jesús, seguro que sanará. Pero si va en busca de Annacondia, nunca se liberará de la enfermedad.

Por eso es que constantemente recalco en mis reuniones: «Aquí está Jesús». Si logran entenderlo, saldrán sanos.

En cierta ocasión, uno de mis colaboradores me preguntó: «¿Por qué los medios de comunicación no difunden los casos de sanidades tan importantes como los que presenciamos en nuestras reuniones?». Entonces le respondí que no estaba en la sabiduría humana el entender a Dios. El hombre natural no puede entender las cosas sobrenaturales. No las puede discernir si no lo hace a través del Espíritu Santo.

Hay testimonios impactantes y asombrosos como el caso del ex combatiente de la guerra de las Malvinas. El joven, como resultado del combate, tenía medio cráneo de platino. Luego de asistir a nuestras reuniones, Dios le creo huesos en ese lugar. El metal desapareció. Ese fue un gran milagro que llegó a conmover a toda su familia y a la zona donde él vivía.

En otra oportunidad, oré por un joven ciego que llegó a las reuniones junto a su lazarillo. Después de la oración, recobró la vista al instante, dio testimonio del milagro sucedido y nunca más lo volví a ver. Como a los cuatro meses, regresé a la misma ciudad para realizar una nueva campaña y veo que traen otra vez al joven —agarrado de la mano— para que orara por él. Entonces le pregunté qué había sucedido. Me contó que después de recobrada la vista, nunca más asistió a una iglesia. Se olvidó de Dios. Se olvidó de quien lo sanó. Ese día oré por él pero no recuperó la vista. El joven desperdició la oportunidad que Dios le dio a pesar de que la sanidad anterior fue real. Entonces recordé cuando Jesús volvió a encontrar al paralítico y le dijo: «Mira, has sido sanado; no peques más, para que no te venga alguna cosa peor» (Juan 5:14).

«TUS PECADOS TE SON PERDONADOS»

Veo sanidades maravillosas, efectuadas por Dios en las personas, constantemente. Pero he podido asimismo observar que muchas enfermedades son el resultado de una vida sumergida en el pecado. Como notamos que la falta de perdón es un obstáculo para la sanidad, el pecado también lo es.

Uno de los mejores ejemplos que podemos tomar al respecto se encuentra en Marcos 2:1-12. Se trata de la historia del paralítico que cuatro hombres llevaron a Jesús. Como la multitud les impedía acercarse, decidieron hacer una abertura en el techo. De esa manera pudieron hacer descender a su amigo en el lecho. Me gustaría que juntos reconstruyamos los hechos. La fe de aquellos amigos debía ser muy grande. Sabían que Jesús podía sanar al paralítico, pero no era tan fácil tener acceso al Señor. La multitud les impedía acercarse, mucho más si llevaban una camilla con un enfermo. Después de varios intentos, alguno de ellos debe haber sugerido lo siguiente: «¿Y si lo introducimos por el techo? Hacemos un agujero y lo bajamos con unas cuerdas». El paralítico habrá dicho: «¿Por el techo? Bueno, en realidad deseo que Jesús ore por mí. Haré lo que sea necesario para lograrlo». Otro de los amigos quizás calculó el lugar exacto para entrar y los cuatro juntos lo bajaron en el lecho.

De pronto, mientras hablaba a la multitud, Jesús ve descender al paralítico. Al instante, pudo percibir la fe del enfermo y de los cuatro amigos. Toda esa movilización y despliegue mostraba la fe de aquel que necesitaba sanidad. Entonces Jesús le dijo: «Hijo, tus pecados te son perdonados».

Reflexione por un segundo en lo que los amigos y la multitud pensarían en aquel momento. Incluso usted: ¿qué pensaría? Jesús le perdonó los pecados, pero ese hombre necesitaba sanidad, no perdón. Por supuesto que Jesús supo enseguida cuáles eran los pensamientos de esas personas; por lo que les dijo: «¿Por qué caviláis así en vuestros corazones?». El significado de la palabra «cavilar» es fijar tenazmente la atención en algo. Hasta eso sabía Jesús de todos los presentes. Veamos la idea completa. La Biblia nos dice: «Y conociendo luego Jesús en su espíritu que cavilaban de esta manera dentro de sí mismos, les dijo: ¿Por qué caviláis así en vuestros corazones? ¿Qué es más fácil, decir al paralítico: Tus pecados te son perdonados, o decirle: Levántate, toma tu lecho y anda?».

Jesús sabía lo que había dentro del corazón de aquel hombre enfermo. Sabía que había una barrera que impedía la sanidad: el pecado. Entre Dios, su bendición y nosotros, muchas veces existen barreras. De modo que Jesús quitó esa barrera y luego lo sanó.

Cada uno de nosotros tenemos barreras antes de llegar a Cristo, yo las tuve y supongo que usted también. Necesitamos la ministración de su Espíritu a través del perdón para alcanzar la sanidad y la liberación espiritual.

El perdón es tan importante en una vida, que si la persona no se libera del rencor, este puede llegar a enloquecerla. Tal fue el caso de Beatriz, que nos contó lo siguiente:

Mi infancia fue muy difícil y cruel. Mi juventud no fue diferente, a pesar de que creí haber encontrado la felicidad al conocer a mi marido. Formamos una familia, teníamos una buena situación económica, pero el odio y el resentimiento se apoderaron de mi corazón. Pretendía creer que el dinero ocultaba la verdad de mi interior, pero no era así.

Por medio de una de mis hijas me enteré de que mi esposo me estaba siendo infiel con una joven compañera de trabajo. Ese odio latente en mi vida comenzó a crecer hasta desbordarse. Empecé a planear la mejor manera de matarlo y luego quitarme la vida. Varias veces intenté hacerlo con cuchillos, navajas, revólveres y diferentes medios contundentes. Aún hoy, mi esposo lleva esas marcas en el cuerpo.

Ese estado interior me sumió en una profunda depresión. Bajé más de quince kilogramos, me transformé en anoréxica. Mi cuerpo ya no respondía a mis exigencias y vivía postrada en la cama. Mis hijos debían acompañarme hasta el baño. Me aseaban y atendían de día y de noche. Nunca estaba sola porque cada vez que podía, intentaba quitarme la vida. Me lancé bajo un automóvil en movimiento, busqué una estación de trenes para arrojarme sobre las vías. Pero en cada una de esas ocasiones me salvaban y me llevaban a casa. No comía, no dormía, todos mis órganos se descompensaron y dejaron de funcionar normalmente. Eso me produjo una parálisis hemipléjica que torció por completo mi cara y parte de mi cuerpo en el lado derecho. Los médicos me diagnosticaron esquizofrenia paranoica.

El paso siguiente fue ir al hospital neuropsiquiátrico donde me internaron. Sin querer, escuché por radio que a pocas cuadras de mi casa estaría el evangelista Carlos Annacondia orando por sanidad. Decidí ir, burlé a todos los que me cuidaban y me escapé hacia allá haciendo un esfuerzo sobrehumano. Tan deplorable era mi estado que al llegar al lugar los ujieres me sujetaron y me llevaron al área de consejería para hablar conmigo. Realmente estaba loca, mi mirada estaba extraviada y la detenía por varios minutos en una sola dirección.

Cuando el evangelista oró, sentí algo muy especial en la parte derecha de mi cuerpo, donde tenía la parálisis. Sentí además un dolor muy profundo, precisamente en la cabeza. Al instante tuve la sensación de que algo muy pesado salía de mi hombro. Comencé a gritar como un animal y, según me contaron después, quedé suspendida en el aire por unos segundos. De inmediato me llevaron al área de liberación, donde me pedían que perdonara a quien odiara, pero me resistí, no quería hacer eso.

Cuando el hermano Annacondia llegó personalmente a orar por mí, al tomarme las manos y mirarme, me dijo: «Si no hay perdón y sentimientos de paz en tu corazón, nada de lo que hagas podrá ayudarte». Sentí que Jesús estaba allí. Al instante entendí que tenía que perdonar a mi esposo para terminar con mi sufrimiento y recibir libertad. Así lo hice y sané físicamente. La parálisis desapareció, las hemorragias terminaron, mi columna encorvada se enderezó, se normalizó el funcionamiento de mis riñones y de los demás órganos afectados.

Desde ese día me entregué al Señor con todo mi corazón. Dios restauró mi matrimonio. Mi esposo conoció al Señor y hoy juntos somos líderes de un grupo de crecimiento en nuestra congregación. Hace poco tiempo le hablé de Dios a la joven con la que mi esposo me había sido infiel. Ella se arrepintió y hoy se congrega en otra iglesia evangélica.

RESTAURACIÓN DENTAL

En una oportunidad, mientras ministraba a las personas que se habían acercado a la plataforma, oré por un joven de dieciocho años. Al imponer mis manos sobre su cabeza, el muchacho se estremeció y se echó hacia atrás. Enseguida me di cuenta de que un espíritu demoníaco estaba en él. Me acerqué y le pregunté: «¿Cuántos demonios son?». Entonces me respondieron a través de la boca del muchacho: «Somos muchos».

Le pedí a un camillero que lo llevaran al área de liberación para que lo ministraran. Al finalizar la reunión, fui a ver lo que sucedía con el joven que me había llamado tanto la atención. Luego de una intensa lucha contra las potestades demoníacas fue liberado.

Cuando concluimos la oración, nos relató su vida. Había conocido al Señor hacía muchos años y se había apartado. Cierto día, el propio diablo se cruzó en el camino hacia su casa y le habló. Agarró la Biblia que el joven llevaba en la mano y la rompió en mil pedazos delante de su vista. Entonces le dijo al muchacho: «Tú quieres dinero, fama y poder. Yo te lo voy a dar. Y para demostrarte mi poder te voy a arreglar esa muela que tienes cariada». Así fue que introdujo el dedo en la boca del sorprendido joven y con una pasta negra le reparó la muela. Tal fue la admiración del muchacho, que hizo un pacto ese mismo día con Satanás.

La noche que el joven acudió a la campaña, debía entregar al diablo su primer y único hijo en sacrificio. Satanás le había dado en sus manos la villa miseria donde vivía. Allí podía mandar, tener poder y dinero. Dirigía diversas bandas de gente de mala vida de la zona. El diablo también le entregó una cruz con una mancha roja en el centro para que el muchacho la tuviera siempre en la mano e invocara el poder diabólico cuando lo deseara. Esta le daba al joven un gran poder cuando la apretaba entre los dedos. A eso se debía que tuviera a toda la villa bajo sus órdenes.

Sin embargo, Dios quería que aquel joven tuviera una oportunidad y lo llevó a la campaña esa noche. En el momento que oré por él, apretó la cruz pero esta vez no le funcionó. Tal fue el choque de poderes en esa oración, que la cruz que tenía entre las manos salió despedida. Las horas comenzaron a pasar a medida que orábamos por él. Casi a la medianoche, el muchacho comenzó a desesperarse. Debía entregar a su primer hijo en sacrificio a Satanás esa noche. En plena oración de liberación el diablo me dijo a través de la propia boca del joven:

«Le voy a quitar la vida. Le voy a parar el corazón y lo mataré». Tal era el grado de lucha espiritual que, en ese instante, el joven dejó de respirar. Entonces le pedí a Dios con toda mi fe que le devolviera la vida. Así sucedió. Después de eso quedó libre y pudo contar públicamente todo lo vivido.

Al relatarme la historia de la muela que Satanás le empastó, tomé aceite en mi dedo y lo puse en ese lugar. Y dije: «En el nombre de Jesús, deshago toda obra del diablo». Algo asombroso sucedió, la amalgama se deshizo y se derritió al instante. Entonces pensé: *Si esto está haciendo el diablo en la gente, voy a orar para que a través del poder de Dios, las obras del diablo sean deshechas.* Así fue que comencé a orar por las caries y miles de personas que han recibido restauraciones dentales con diferentes tipos de materiales, algunas de ellas en oro. Dios hace milagros asombrosos.

Satanás trajo el pecado al mundo y luego llegaron la enfermedad y la muerte como consecuencia. Cristo vino para deshacer las obras del diablo, una de las cuales es la enfermedad. Por lo tanto, podemos creer que Él sanará nuestras enfermedades hoy. Cristo llevó nuestros pecados y nuestras enfermedades. ¡Acéptelo, usted puede ser sano! Dios puede convertir su enfermedad en un asombroso milagro de sanidad.

En este capítulo deseo dejarles una oración para todas las personas que necesitan sanidad. Le ruego que pongan sus dos manos sobre la enfermedad y repita en voz alta esta oración. Ponga en acción toda su fe y crea fielmente en nuestro Señor Jesucristo:

Padre, mi alma te alaba y te glorifica. Padre del cielo, he aquí estoy delante de tu divina presencia. Padre, te ruego que tengas piedad, piedad de mí, en el dulce nombre de Jesucristo te lo pido.

Padre, comienza a tocarme, ahora mismo Dios mío. Comienza a tocar mi cuerpo enfermo. Tócame Jesús. Padre bueno, toca con poder la enfermedad que tengo en mi cuerpo. Tócala Jesús, por el poder de tu palabra.

Espíritu Santo comienza a moverte en mi vida, continúa sanando y limpiando mi cuerpo Señor. ¡Poder de Dios! ¡Poder de Dios! ¡Aleluya!

Por sus llagas he sido curado. Amén y amén.

CAPÍTULO 15

EL MUNDO PARA CRISTO

SANTA Cruz, Bolivia

Estimado hermano Annacondia:

Mis saludos para usted y su familia. He decidido escribirle para que conozca mi testimonio. Algo glorioso sucedió en mi vida y deseo que sepa lo que Dios hizo conmigo y con mi familia a través de su vida.

Mi nombre es Jagpal Singh Dhaliwal, nací en 1969 en el noroeste de India, en la ciudad de Punhjab (Ludhiana). Me crie y crecí en la religión del sikhismo. Creíamos en diez profetas y en la reencarnación de las vidas. Pero algo sucedía en mi corazón que no me permitía aceptar esa creencia. Día a día me preguntaba: ¿de qué sirve llevar esta vida si uno tiene que morir para luego convertirse en una planta o en un animal? No encontraba el motivo ni la lógica para ello. Había un gran vacío en mi vida. Busqué ayuda en el hinduismo, luego en el budismo, practiqué yoga, pero nada cambiaba mi sentimiento interno.

Los años pasaron y mi familia peleaba cada día más. Mi madre era profesora y mi padre, militar. Él bebía mucho y eso hacía que las peleas fueran cada vez mayores. Me incliné por la astrología y las ciencias ocultas, pero no había cambios positivos en mí. Todo iba de mal en peor.

Con el correr de los años, mis padres decidieron ir a Santa Cruz, Bolivia. Allí perdieron todo su dinero. Eso desencadenó en mi padre una caída aun mayor en el vicio de la bebida. Ninguna religión, ningún tratamiento, pudo ayudarnos con el problema de alcohol que mi padre padecía. No había tranquilidad en mi hogar, lo que me llevó a pensar en el suicidio algunas veces.

El 10 de agosto de 1991, un amigo me invitó a una campaña cristiana, usted era el predicador. Era la primera vez en mi vida que asistía a una reunión de ese tipo y también era la primera vez que escuchaba el nombre de Jesús. Miles de personas estaban en ese lugar, no sé qué cantaban ni qué hablaban. Por ese entonces mi español era muy pobre. Pero me gustaba ver a la gente sacar sus pañuelos y batirlos al aire mientras cantaban sonriendo.

Cuando usted subió a la plataforma, toda la gente comenzó a aplaudir y a levantar las manos. Yo hacía lo mismo que ellos. Entonces usted comenzó a orar y, aunque no entendía lo que decía, sus palabras conmovieron mi corazón. De pronto, sin saber la razón, comencé a llorar y a gemir. No podía dejar de hacerlo. Luego usted abrió la Biblia y la leyó. Era la primera vez que escuchaba palabras de ese libro. En su voz había algo que me tocaba profundamente y me impartía paz. Mi actitud era reverente, en mi interior entendía que alguien sagrado estaba en ese lugar.

Después de la predicación, usted oró. De pronto veo que una mujer frente a mí cae al suelo. Creí que se había desmayado pero al mirar a la izquierda veo más personas caerse en todo el lugar. ¡Era sorprendente! ¡Jamás había visto algo semejante!

Al ser ministrados personalmente con imposición de manos, todos caían al suelo. Todo era muy nuevo para mí. Nunca había visto nada igual en India. Recuerdo que le comenté a mi amigo que solamente caían los débiles, que yo no caería porque era muy fuerte, era de India. Mi amigo se rio y me dijo entonces que no me parara en la fila. De inmediato, me veo en la fila con los que querían que usted orara por ellos. Miré al ujier y con mis pocas palabras le dije: «Yo no caer». Al cerrar mis ojos, un pensamiento cruzó mi mente. Sentí la necesidad de pedir ayuda. Oré a Dios diciéndole: «Ayúdame Dios». Y lo repetí varias veces.

Entonces usted puso su mano sobre mi cabeza y oró por mí, nada raro me pasó, entonces pensé: «Otros se caen y a mí no me pasó nada». Pero al abrir los ojos me di cuenta de que yo también estaba en el piso. ¡Dios mío, no me di cuenta cuando me caí! Respiré profundamente y una paz intensa llenó mi alma. Enseguida supe que era Dios. Todo mi ser sentía su presencia. No me quería ir de aquel lugar. En mi cuerpo sentía correr como una corriente eléctrica. El día siguiente a mi conversión llevé a mi papá a la campaña. Recibió ministración espiritual en la carpa y fue libre del alcohol. Desde aquel día hasta hoy nunca más probó la bebida. Luego, mi hermana y mi madre también aceptaron al Señor. Desde ese momento todo cambió, me convertí en la persona más feliz del mundo. El vacío en mi interior desapareció. Después de esa campaña que duró treinta y tres días, comencé a congregarme en una iglesia de la ciudad de Santa Cruz, con el pastor Ariel Batallano. Allí me discipularon y me enseñaron las Escrituras. En 1992, me bauticé en aguas. Al año siguiente recibí la promesa del Espíritu Santo y más tarde el llamado al servicio de Dios. Luego finalicé el seminario bíblico y en 1994 fui consagrado pastor.

He contado mi testimonio en algunos países como: Bolivia, Perú, Estados Unidos y Canadá. Dios me ha acompañado con señales y maravillas. Hoy estoy preparándome para llevar el evangelio a la gente de mi propio pueblo, de mi tribu. Ellos deben conocer que Dios es el único que puede salvar.

Doy gracias a Dios por su vida, por haber sido el canal que me llevó hasta Jesucristo. Lo aprecio mucho. Siempre estaré orando por su vida.

Su hijo espiritual, Jagpal

Dios nos ha ayudado a que juntos, a través de este libro, podamos descubrir y aprender diversas artimañas con las que el diablo engaña a este mundo y asimismo darnos cuenta de que el Señor asignó una tarea a sus discípulos. El mensaje fue claro, la comisión fue sencilla aunque desafiante. Pero luego de haber avanzado junto a ustedes a lo largo de estos capítulos, cada vez se afirmaban más en mi vida estas palabras: «Estas señales seguirán a los que creen».

Una vez que Jesús se les apareció a los once y les dio esta Gran Comisión, la Biblia nos cuenta que el Señor, después que habló, ascendió a los cielos y se sentó a la diestra de Dios. Sin embargo, hay algo que confirma y concluye todas estas palabras. En Marcos 16:20 lo encontramos:

Y ellos, saliendo, predicaron en todas partes, ayudándoles el Señor y confirmando la palabra con las señales que la seguían. Amén.

Estas palabras avalan y confirman a todos los que están trabajando por las almas perdidas. Los discípulos salieron a las calles a cumplir con lo que Dios les encomendó, pero el Señor siempre estuvo con ellos ayudándolos. Incluso confirmando con señales todo lo que Él les había dicho.

Nuestro desafío hoy es que el enemigo está arrebatando al mundo. Las calles están llenas de personas sin rumbo, desorientadas en la vida, buscando el camino que nosotros ya hemos encontrado. ¿No cree que es tiempo de que ellas también conozcan la verdad? En nuestras manos está la autoridad, la unción, el poder y las señales. Nunca olvide que al igual que con los discípulos, el Señor estará con nosotros dondequiera que vayamos, avalando el trabajo y confirmando con señales, con estas señales, la Palabra.

El corazón de Dios está dolido por la oveja perdida. Día a día miles de almas mueren en manos de aquel que solo los ha engañado y lo más triste es darnos cuenta de que muchos de ellos aún no han oído el evangelio. ¡No permitamos que padezcan más! La Palabra dice: «El alma que pecare, esa morirá» (Ezequiel 18:4). No permitamos que tantas vidas continúen perdiéndose sin conocer la verdad.

La Iglesia de Jesucristo tiene la gran responsabilidad de anunciar el evangelio. He sentido de Dios que gran parte de la Iglesia ha olvidado el gran mandato, la Gran Comisión que nuestro Señor Jesucristo dejó: «Id por todo el mundo y predicad el evangelio a toda criatura» (Marcos 16:15).

Pero, ¿cómo podemos predicar a los perdidos? Simplemente con la verdad y la sencillez del evangelio. Ellos están cansados de fracasos, de mentiras. Se sienten sin esperanzas y con gran necesidad. No podemos ir solo con palabras. Perdieron la confianza aun en los que tienen investiduras de poder y autoridad. Los han defraudado y no han cumplido sus contratos ni sus promesas. Pero la Biblia nos dice que Dios siempre cumple lo que promete.

La Iglesia no puede salir a hablar al mundo con las manos vacías. El apóstol Pablo dijo:

Ni mi palabra ni mi predicación fue con palabras persuasivas de humana sabiduría, sino con demostración del Espíritu y de poder.

—1 Corintios 2:4

Debemos predicar con verdadera unción. No podemos permanecer más en una actitud pasiva. Necesitamos tener un mensaje lleno de poder y de la virtud de Dios para que se manifiesten las señales. Sabemos muy bien que si el poder no es de Dios, no tiene frutos. No hay señales que demuestren por quien estamos avalados.

El mismo Cristo nos dijo que íbamos a recibir poder cuando viniera sobre nosotros el Espíritu Santo. Él será el encargado de ungir personalmente a cada cristiano. De esta manera tendremos la facultad de ganar a otros para Cristo. Cada uno debe hacerlo desde el lugar donde Dios lo ha puesto, ya sea una gran plataforma, una pequeña iglesia o desde un sencillo trabajo. Debemos predicar con poder un evangelio explosivo.

Ahora piense, ¿qué sucedería si a este poder explosivo se le agrega autoridad? Ya hemos leído en capítulos anteriores sobre la autoridad que se nos ha delegado por Cristo. Puedo asegurarle que si usted predica el evangelio de nuestro Señor Jesucristo con unción, poder y autoridad, nadie permanecerá indiferente. Las señales que lo acompañarán serán tan impactantes que nadie podrá pasarlas por alto. ¡Propóngase este desafío! No continúe insensible a las cosas espirituales, prepárese para un cambio. Busque ese poder que el Señor nos promete. Busque esa dinamita explosiva que el Espíritu Santo depositará en usted. Este poder hará eficaz nuestras palabras.

LAS CINCO FACETAS DE LA GRAN COMISIÓN

En la Gran Comisión que nuestro Señor nos dejó, hallamos cinco puntos que marcan específicamente las señales que acompañarán a los que la lleven adelante.

Salvación

La primera faceta de esta Gran Comisión es la *salvación* y está implícita en las palabras: «Id por todo el mundo y predicad». Esto debe hacerse para que todos sepan que Dios tiene una respuesta a todas las necesidades y una oportunidad de encontrar la vida eterna en Cristo Jesús.

Liberación

El segundo aspecto es la *liberación* y hallamos eso en la frase: «echarán fuera demonios». Debemos estar completamente seguros de nuestra autoridad como hijos de Dios sobre las huestes diabólicas. Podemos reprender al diablo con autoridad y enfrentarlo con estas palabras: «*¡Oíme bien, Satanás!*, a ti te digo que salgas de esta vida y que la dejes libre».

Investidura

En tercer lugar, llegamos a la plenitud del Espíritu. Esta es la *investidura* que todos necesitamos de Dios. Hemos recibido este don inmerecido por gracia. El fluir del Espíritu Santo debe estar sobre, en y a través del cristiano nacido de nuevo. Eso implica una vida llena de propósito y sentido. El Espíritu Santo es el que nos orienta y dirige en nuestro peregrinaje terrenal.

Cobertura espiritual

El cuarto principio es la *cobertura espiritual* que tenemos en Cristo. Cuando dice «cosa mortífera no les hará daño», vemos que una cobertura sobrenatural envuelve nuestro cuerpo, tanto física como espiritualmente. Aunque las fuerzas del mal planeen cómo destruirlo, su vida estará totalmente cubierta. Esta será entonces otra señal por la que todos los que lo están observando verán la protección divina sobre su vida y la de su familia.

Sanidad

Por último, el quinto aspecto es la *sanidad*. El Señor dijo a sus discípulos: «sobre los enfermos pondrán sus manos, y sanarán». En un mundo donde las enfermedades son una de las causas más grandes de preocupación, donde día a día aparecen nuevos virus incontrolables —como el que ahora azota a la humanidad: el COVID-19— y bacterias destructivas que no respetan edad, sexo ni clase social, la sanidad divina es una de las señales por las que se acercan las personas a las reuniones cristianas. Al igual que en el tiempo de Cristo, las multitudes continúan en busca de un milagro sanador, y usted tiene la obligación de presentarles al Sanador.

SEÑALES PARA SER IDENTIFICADOS

Las señales deben seguir a la Iglesia para que el mundo crea en la predicación de la Palabra de Dios. El diablo, nuestro enemigo, no cesará en el intento de destruir la obra de Dios, pero no debemos temerle.

Durante una campaña en la ciudad de La Plata, recibimos la siguiente noticia:

Todos los brujos y hechiceros de la ciudad y de Ensenada, una ciudad vecina, pidieron ayuda a sus colegas de Paraguay y Brasil para impedir la bendición de Dios y además poder destruir lo que el Señor estaba haciendo en ese lugar.

En verdad, como humano que soy, sentí que el temor quería invadirme. Pero una voz del cielo me dijo al oído: «Os doy potestad para hollar toda fuerza del enemigo y nada os dañará». Esta es la herencia de la Iglesia de Jesucristo.

La hora ha llegado para que juntos levantemos la obra de Dios sabiendo que las señales seguirán a los que creen, para que el mundo que no conoce a Jesucristo crea en Él. Su Palabra es autoridad hoy y siempre. Opera en el momento conveniente conforme a su voluntad. No obstante, ofrece la posibilidad de actuar en base a la fe. Como lo dice el apóstol Pablo: «Según el poder que actúa en nosotros» (Efesios 3:19). De manera que le presenta el desafío a cualquiera que se anima a creer, especialmente a la Iglesia, que debe actuar en plena certidumbre de fe. No solo para hollar al enemigo, sino también para alcanzar protección.

LA HORA HA LLEGADO

En 1981 recibí un mensaje de parte de Dios que decía: «Pronto, pronto, pronto. Gran avivamiento para Argentina. Argentina será mía, dice el Señor».

Hoy, con el paso de los años, vemos cómo el Dios todopoderoso movió y continúa moviendo mi querida patria hacia el cumplimiento de esa profecía. Sin embargo, aún no hemos visto todo lo que Él tiene preparado para este país.

Sé muy bien, porque he participado, que este mismo movimiento también estremece a muchos países latinos. Grandes naciones se están movilizando en medio de un avivamiento espiritual. Pero no nos olvidemos que la hora ha llegado para que juntos edifiquemos la obra.

Este es el mensaje de Dios para usted: hermano, líder, pastor. ¡La hora de predicar el evangelio a toda criatura ha llegado! A usted se le ha encomendado esta comisión.

Permanezcamos firmes y unidos en Cristo para que juntos podamos ver esa realidad que estamos vislumbrando: *El mundo para Cristo*.

Si usted, que ha llegado hasta este punto del libro, siente el anhelo de que Dios use su vida para que miles de personas conozcan a Cristo, ponga sus manos sobre esta página y repita conmigo esta oración:

Padre que estás en los cielos, vengo oh Dios a ti en este día a suplicarte que la misma unción y el mismo poder del Espíritu Santo que movió a tantos hombres de fe y que moró en ellos, que ungió a Jesucristo con Espíritu Santo y poder, esté sobre mi vida en esta misma hora.

Padre, recibo esa unción y ese poder para hacer bien y para deshacer todas las obras del diablo, para que los enfermos sean sanados, los oprimidos liberados, los yugos quebrados y las puertas de las cárceles sean abiertas. ¡Padre, recibo ahora mismo la unción y el poder que vienen de ti!

Señor, me pongo en tus manos. Usa mi vida, hazme un ganador de almas. Me comprometo a hacer tu perfecta voluntad en todas las cosas. En el nombre de Jesús. Amén.

«¡OÍME BIEN, SATANÁS!»

Padre, mi alma te alaba y te bendice.

Padre, Dios Santo, toca las vidas de los que están leyendo este libro.

Padre, comienza ahora a romper las cadenas del diablo, a romper las ataduras del adversario. Aleluya.

Padre, con la autoridad que me has conferido en tu nombre, ato y reprendo a todo espíritu de enfermedad. Padre, recorre los cuerpos enfermos, cambia la sangre, pon corazones nuevos, continúa moviendo tu mano poderosa.

Señor, danos autoridad para deshacer las obras del maligno, las obras del diablo. ¡Satán, inmundo, estás vencido, hay un ejército que se levanta contra ti, en el nombre de Jesús de Nazaret!

¡Dios mío derrama sabiduría y conocimiento sobre nosotros, unción para poder hacer tu obra! ¡Te lo pedimos en el nombre de Jesús de Nazaret! Sopla tu Espíritu Santo y capacítanos. Danos amor por las almas perdidas, por los que sufren. ¡Oíme bien Satanás, estoy en contra de ti!

Espíritu de hechicería, espíritu de brujería, de macumba, de umbanda, de quimbanda, de santería, ¡salgan ahora de estas vidas, de las naciones! Espíritu de magia negra y magia blanca, ¡váyanse! Demonio de magia roja, ¡sal ahora!

Toca las vidas Dios. Rompe las cadenas y las ataduras satánicas. ¡Diablo vete!

Dios nuestro, mueve tu mano de poder.

Reprendo toda demencia, ¡espíritu del diablo vete!

¡Rompo todo conjuro del diablo, deshago toda hechicería satánica!

Oh Dios, tu Iglesia se pone de pie. Recibimos poder, poder de Dios. ¡Sopla Espíritu Santo!

Señor, somos tu Iglesia, la Iglesia vencedora y victoriosa. Diablo, estás vencido.

¡Oíme bien Satanás, quita tus manos de las naciones, sal fuera en el nombre de Jesús!

Y tú, Satanás, estás vencido por la eternidad. Amén y amén.

MANUAL DE LIBERACIÓN ESPIRITUAL

Este material fue escrito con mucho respeto y dedicación para que usted, amable lector, pueda contar con bases bíblicas acompañadas de hechos reales (experiencias), a la hora de tratar temas que son de suma importancia para la Iglesia de Jesucristo.

En esta obra podrá leer acerca de un asunto muy transcendente del que la Biblia nos da referencias más que claras, se trata de la autoridad que tenemos como hijos de Dios para vencer a nuestro adversario por medio del nombre de nuestro Señor Jesucristo.

Asimismo, nos detendremos en un punto relevante al hablar de la autoridad que tenemos como Iglesia: conocer un poco acerca de nuestro adversario y cómo opera en las vidas. Aquí es importante tener en cuenta que nuestro Señor Jesús también valoró este tipo de enseñanzas, ya que no es bueno ignorar las maquinaciones del enemigo; al contrario, es bueno saber su accionar y hasta dónde puede llegar su autoridad, para que también recuerde que está vencido y que jamás podrá contra la autoridad del nombre de Jesús.

Otro aspecto significativo de este material es que podamos ver y conocer más a fondo la necesidad del mundo que nos rodea, del cual formamos parte; que entendamos los sufrimientos de aquellos con quienes compartimos cada día, como nuestros amigos, vecinos, familiares, etc., y a medida que comprendamos un poco de ello que podamos entender la responsabilidad que tenemos como IGLESIA DE JESUCRISTO al haber recibido tan sublime autoridad.

Tenemos una tarea más que significativa y necesaria por realizar, una que muchas veces ignoramos y desconocemos; pero es tiempo de saber acerca de esa sublime labor y que, además, nuestro Señor nos ha capacitado para implementarla con éxito.

El fundamento de todo esto, que hoy está plasmado aquí, es: EL AMOR DE DIOS para con el HOMBRE.

Esperamos poder ser de bendición para cada uno de ustedes.

Al servicio de Dios y de usted,

Carlos Annacondia y el equipo de Mensaje de Salvación

EL LLAMADO DE CRISTO

Como Iglesia de Jesucristo tenemos un llamado que no podemos ignorar. Veremos a través de la Biblia, la Palabra de Dios, un poco más acerca de ese llamado que Dios nos hace como hijos suyos que somos. Dice la Biblia en Éxodo 3:1-4:

«Apacentando Moisés las ovejas de Jetro su suegro, sacerdote de Madián, llevó las ovejas a través del desierto, y llegó hasta Horeb, Monte de Dios. Y se le apareció el ángel de Jehová en una llama de fuego en medio de una zarza; y él miró, y vio que la zarza ardía en fuego, y la zarza no se consumía. Entonces Moisés dijo: Iré yo ahora y veré esta grande visión, por qué causa la zarza no se quema. Viendo Jehová que él iba a ver, lo llamó Dios de en medio de la zarza, y dijo: ¡Moisés, Moisés! Y él respondió: Heme aquí».

En este relato vemos a Moisés, un Moisés que ya tenía ochenta años, un Moisés que había pasado cuarenta años en el palacio de Faraón viviendo como un rey, criado con lo mejor de la época. Ese Moisés que hizo las cosas a su manera, por lo que tuvo que huir al desierto. Un Moisés lleno de capacidades humanas, pero que a Dios no le servían para sus propósitos, razón por la que lo envió cuarenta años al desierto. Un desierto que fue el escenario de preparación en el que Dios lo entrenó para lanzarlo a cumplir su propósito. Un desierto que hizo de Moisés el «hombre más manso».

Muchas veces pensamos que el desierto es el fin de nuestros sueños, de nuestro ministerio. Moisés debe haber pensado lo mismo, ya no tenía nada, pero —en realidad— Dios estaba usando ese desierto con el objeto de hacerlo apto para la gran obra que habría de encomendar en sus manos.

Luego de vivir tantos años en el desierto podemos decir que Moisés ya se había habituado al mismo. Pero no solo vivía en el desierto, sino que trabajaba apacentando ovejas allí mismo. Un día, como bien lo relata la Biblia, Moisés apacentaba las ovejas cuando vio una señal que llamó poderosamente su atención: era una zarza que ardía (algo demasiado común en el desierto) pero que no se consumía. Dios quería hablarle a Moisés, por lo que llamó su atención. Dios sigue llamando la atención del hombre por medio de señales. Dios quería hablar con Moisés, quería revelársele. Tenía un mensaje claro que darle a Moisés y, por esa razón, descendió; por esa razón, habló; por esa razón, se manifestó; su presencia era tan real que Moisés tuvo que taparse los ojos a causa del miedo. El propio Dios estaba allí, pero no había descendido para que Moisés pasara un buen tiempo. Dios había descendido para algo mucho mayor. Él tenía un propósito. Tenía un mensaje para Moisés.

La Biblia nos relata en Éxodo 3:7-10:

> *«Dijo luego Jehová: Bien he visto la aflicción de mi pueblo que está en Egipto, y he oído su clamor a causa de sus extractores; pues he conocido sus angustias, y he descendido para librarlos de mano de los egipcios, y sacarlos de aquella tierra a una tierra buena y ancha, a tierra que fluye leche y miel, a los lugares del cananeo, del heteo, del amorreo, del ferezeo, del heveo y del jebuseo. El clamor, pues, de los hijos de Israel ha venido delante de mí, y también he visto la opresión con que los egipcios los oprimen. Ven, por tanto, ahora, y te enviaré a Faraón, para que saques de Egipto a mi pueblo, los hijos de Israel».*

Ese es el mensaje de Dios para Moisés.

Dios había descendido con un propósito, iba a hablar con Moisés. En el mensaje dado por Dios, no solo lo comisiona para una tarea, sino que le revela su voluntad.

En el mensaje dado a Moisés podemos ver que Dios había descendido con el propósito de liberar a su pueblo de la esclavitud. Moisés podría haber pensado: «¡Qué bueno Dios, hazlo con gran poder!», pero si vemos más adelante Dios le dice a Moisés que sería Él quien iría a liberar a su pueblo. Dios estaba llamando a Moisés, había descendido por amor a su pueblo y estaba preparando un libertador.

Hoy el mundo gime, al igual que el pueblo de Israel. Hoy vivimos en un mundo esclavizado, como lo estaba el pueblo de Israel. Hoy el mundo clama por ayuda y Dios es el mismo que se le presentó a

Moisés. Él sigue descendiendo hoy para llamar a su Iglesia y enviarla a un mundo que sufre. Debemos entender como Iglesia que este es el llamado que Dios nos ha hecho. Hay un mundo adolorido y en sufrimiento, un mundo que clama por ayuda, y Dios ha oído su clamor. Por esa causa Él desciende, para hablar con sus siervos, con su Iglesia y enviarlos a rescatar a aquellos que están en esclavitud.

Es tiempo de que seamos conscientes del llamado y la responsabilidad que Dios nos ha dado. Fuimos escogidos, llamados a un muy alto propósito. Debemos preocuparnos por cumplir ese propósito.

Si continuamos leyendo el pasaje de *Éxodo 3* y los primeros versículos de *Éxodo 4*, veremos que Moisés se excusa delante de Dios por sus condiciones limitadas y alega que el pueblo de Israel no le creería que Dios se le había aparecido. Dios, que siempre suple todo lo que el hombre necesita, ya había cubierto este aspecto del llamado de Moisés, por lo que continúa dándole una serie de SEÑALES que deberían ser hechas ante el pueblo para que creyera. Dios no solo llamó a Moisés para un propósito, sino que lo capacitó para llevar adelante el mismo. Al ver los últimos versículos de *Éxodo 4* podemos notar que el pueblo vio las señales hechas por Moisés y de esa manera creyó que Dios lo había enviado.

Dios ha llamado a su Iglesia al igual que a Moisés y, además, también la ha capacitado. Dios no nos envía a un mundo incrédulo con las manos vacías. Él nos ha dado señales. La Biblia expresa en Marcos 16:15-18:

> «Y les dijo: *Id por todo el mundo y predicad el evangelio a toda criatura. El que creyere y fuere bautizado, será salvo; mas el que no creyere, será condenado. Y estas señales seguirán a los que creen: En mi nombre echarán fuera demonios; hablarán nuevas lenguas; tomarán en las manos serpientes, y si bebieren cosa mortífera, no les hará daño; sobre los enfermos pondrán sus manos, y sanarán*».

Dios nos ha llamado y nos ha dado señales, al igual que lo hizo con Moisés. Dios nos capacitó para hacer su obra, para cumplir con su llamado.

EL CARÁCTER DE JESÚS: AMOR

Hemos hablado acerca del llamado que Dios nos ha hecho como *iglesia suya* que somos y acerca de que Dios nos ha dado señales, que nos ha capacitado para la obra. Es importante que ahora podamos hablar sobre el carácter de Jesús. Cuando nos referimos a *su* carácter hablamos del amor, la compasión que Él tenía por la gente que necesitaba su ayuda. Por eso es de vital importancia que podamos desarrollar el carácter de Jesús para poder hacer su obra en forma correcta.

Cuando Jesús miraba las multitudes las veía como ovejas sin pastor, desamparadas, que necesitaban de su ayuda. Muchas veces cuando observamos las multitudes las vemos como símbolo de poder, de éxito. Debemos aprender a amar a la gente como Él la amaba. Ese es el secreto para poder desarrollar el llamado, el propósito de Dios.

Ahora bien, para poder desarrollar con éxito la tarea que Dios nos ha encomendado es necesario tener el carácter de Jesús. Debemos amar a la gente. El apóstol Pablo nos habla, en 1 Corintios 13, acerca de esta realidad y afirma que por más que hagamos mucho o tengamos muchos dones, sin amor nada somos. Cada una de nuestras acciones deben estar motivadas por el amor, ese es el carácter de Jesús.

Jesús estaba con la gente, pasaba tiempo con las personas, las escuchaba, las atendía. En cierta oportunidad, Jesús le preguntó a uno de sus discípulos que quién lo había tocado y él le dijo: «...la multitud te aprieta...». Jesús andaba entre la gente porque amaba a las personas. Así es el carácter de Jesús.

Podemos hablar de muchos pasajes que nos describen el carácter de Jesús. Miremos, por ejemplo, la viuda de Naín. Esta mujer salía de la ciudad llorando la pérdida de su único hijo, se había quedado sola en la vida. Jesús, por otro lado, venía con una gran multitud que lo seguía alegre por los milagros que había operado entre ellos. Otra multitud esperaba a Jesús en la ciudad de Naín, ya que sus discípulos iban antes a avisar a la ciudad que Él venía en camino.

De modo que dos multitudes estaban pendientes de Jesús, pero cuando vio a una mujer llorando, en necesidad, se ocupó de ella. No la dejó en su necesidad. Quizás algunos pensarían: «Maestro, dos multitudes esperan por ti, cómo vas a detenerte por una mujer», así es el carácter de Jesús, Él no deja a ningún necesitado en el camino. Por eso se acercó a la mujer y le dijo: «No llores». Él no quería verla sufrir, así que allí mismo le devolvió a su hijo, resucitó a aquel joven muerto. Sí, Jesús se detuvo por una mujer necesitada cuando dos multitudes lo esperaban, ese es el carácter de Jesús.

Otro pasaje de las Escrituras que nos revela el carácter de Jesús es el que narra la negación de Pedro. Él había compartido mucho tiempo con su Maestro. Incluso había dicho que jamás lo negaría y que hasta estaría dispuesto a morir en lugar de Él, sin embargo le falló. Pedro negó a Jesús. ¿Qué haríamos nosotros ante una actitud como esa? ¿Nos enojaríamos? ¿Nos quejaríamos contra esa persona? Probablemente sí, pero Jesús no es como nosotros. Él miró a Pedro con tanto amor, que este salió y lloró amargamente. Así es Jesús. Debemos aprender a amar como Él ama si queremos ver buenos resultados.

En este tema no solo nos detendremos a conocer cuál es el origen de Satanás y su ejército, punto sobre el cual la Biblia nos da referencias muy claras, sino que también analizaremos cómo trabaja el enemigo en contra de la creación más valiosa de Dios: el ser humano.

CÓMO ENTRA EL ENEMIGO EN LA VIDA DEL HOMBRE

Desde el primer hombre (aquí el término hombre es genérico, se refiere al ser humano) hasta nuestros días, el accionar del diablo es el mismo. Este busca llevar al hombre a pecar, ya que es el pecado lo que abre las puertas de una vida y así, de esa manera, Satanás pueda comenzar su obra de destrucción.

La Biblia dice que el hombre posee una naturaleza perdida. A esa condición humana, el Nuevo Testamento la llama «vieja naturaleza». Una naturaleza que no quiere tener nada que ver con las cosas de Dios. Esta naturaleza caída se describe como «carne» y es la herencia que tenemos a causa del pecado del primer hombre. Esta naturaleza desea gobernar nuestras vidas a través de las obras de la carne, las cuales claramente se mencionan en la Biblia:

«Y manifiestas son las obras de la carne, que son: adulterio,
fornicación, inmundicias, lascivia, idolatría, hechicerías, ene-
mistades, pleitos, celos, iras, contiendas, disensiones, herejías,
envidias, homicidios, borracheras, orgías y cosas semejantes a
éstas; acerca de las cuales os amonesto, como ya os lo he dicho
antes que los que practican tales cosas no heredarán el reino
de los cielos».

—GÁLATAS 5:19-21

Ahora bien, el resultado de vivir en la carne es solamente uno: el pecado. Y el pecado le da lugar al diablo para controlar nuestras vidas. Satanás puede hacer lo que quiera cuando el hombre decide vivir bajo la vieja naturaleza; cuando se coloca bajo el dominio del enemigo de las almas. Por eso la Biblia dice que los que practican el pecado caen atrapados en el lazo del diablo y son cautivos de su voluntad, como lo afirma el apóstol amado: *«De cierto, de cierto os digo, que todo aquel que hace pecado, esclavo es del pecado»* (Juan 8:34).

El pecado de por sí atrae a los espíritus malignos. Estos se sustentan, se recrean y hacen su morada en aquellos seres humanos que se complacen en ese medio pecaminoso. De modo que el hombre se habitúa a una vida de pecado y, como consecuencia, le cuesta apartarse de él. El enemigo de nuestras almas, por su parte, ha intentado minimizar el pecado; pero esto no es algo para minimizar puesto que Jesús murió por el pecado de todos los pecadores. El pecado es lo opuesto a la santidad de Dios, es el carácter del enemigo, es lo que identifica a Satanás. El pecado es lo que destruye la relación con Dios, la vida espiritual. El pecado corta el fruto del espíritu, el gozo, la oración, la comunión con los hermanos. Sin embargo, si confesamos nuestros pecados recibimos la remisión y el perdón de Dios.

Lo que queda claro es que Satanás no puede entrar en el hombre si no es por medio del pecado. Es por esa razón que el diablo y su ejército buscan constantemente tentar y hacer pecar a cada individuo: *«Sed sobrios y velad; porque vuestro adversario el diablo, como león rugiente, anda alrededor buscando a quien devorar»* (1 Pedro 5:8); y de esta manera poder tomar autoridad sobre la persona y efectuar su obra destructora. *«El ladrón no viene sino para hurtar, matar y destruir; yo he venido para que tengan vida, y para que la tengan en abundancia»* (Juan 10:10).

En este punto es importante aclarar que Dios creó al hombre para que lleve una vida de libertad. Es por ello que Satanás busca esclavizarnos por medio del pecado y alejarnos de Dios (sabiendo que fue creado para estar en comunión con el Padre y depender de Él), y así destruir la más predilecta creación de Dios.

La Biblia, en diferentes oportunidades, nos insta a fortalecernos en Dios para no caer ante el ataque del enemigo.

El apóstol Pablo nos instruye con la siguiente amonestación:

«Por lo demás, hermanos míos, fortaleceos en el Señor, y en el poder de su fuerza. Vestíos de toda la armadura de Dios, para que podáis estar firmes contra las asechanzas del diablo. Porque no tenemos lucha contra sangre y carne, sino contra principados, contra potestades, contra los gobernadores de las tinieblas de este siglo, contra huestes espirituales de maldad en las regiones celestes. Por tanto, tomad toda la armadura de Dios, para que podáis resistir en el día malo, y habiendo acabado todo, estar firmes. Estad, pues, firmes, ceñidos vuestros lomos con la verdad, y vestíos con la coraza de justicia, y calzados los pies con el apresto del evangelio de la paz. Sobre todo, tomad el escudo de la fe, con que podáis apagar todos los dardos de fuego del maligno. Y tomad el yelmo de la salvación, y la espada del Espíritu, que es la Palabra de Dios; orando en todo tiempo con toda oración y súplica en el Espíritu, y velando en ello con toda perseverancia y súplica por todos los santos».

—Efesios 6:10-18

Y el apóstol Santiago agrega: *«Someteos, pues, a Dios; resistid al diablo, y huirá de vosotros»* (Santiago 4:7).

Nuestro Señor Jesucristo nos ha provisto una solución para poder ser libres de la esclavitud del pecado, pero es el hombre el que posee la capacidad de elegir, quien debe aferrarse a la salvación dada en forma gratuita por Jesús.

Satanás intenta por todos los medios que el hombre no acepte la salvación de Cristo, ya que con ella nuestro Señor puede comenzar en las vidas una obra de liberación. Por eso es importante saber que cuando una vida abre la puerta de su corazón a Jesús, este inicia una obra restauradora y de liberación, la cual debe estar siempre acompañada por la voluntad del hombre.

En muchas ocasiones hay personas que luego de haber aceptado a Jesús como su Salvador continúan ligadas al pecado y, como consecuencia, tienen una vida de derrota y frustración. Dios quiere traer libertad absoluta a cada una de esas vidas.

A fin de concluir esta sección, podemos decir que ha quedado claro que el pecado es lo único que puede abrirle la puerta a Satanás, pero que Jesús desea obrar la liberación total en cada vida, para que puedan disfrutar de todos los beneficios que Él ya nos entregó.

CÓMO OPERA EL DIABLO
EN LAS VIDAS

Para poder comprender la forma en que Satanás actúa en su proceso de destrucción (ya que en esto se basa su obra) de la vida de una persona, veremos en primera instancia cómo está compuesto el hombre. En su Primera Carta a los Tesalonicenses, el apóstol Pablo menciona la composición total de nuestro ser: espíritu, alma y cuerpo. «*Y el mismo Dios de paz os santifique por completo; y todo vuestro ser, espíritu, alma y cuerpo, sea guardado irreprensible para la venida de nuestro Señor Jesucristo*».

Ahora bien, veamos cada uno de esos elementos descritos por Pablo:

ESPÍRITU: es la parte del hombre que percibe las cosas divinas y es inmaterial. «*Ciertamente espíritu hay en el hombre y el soplo del Omnipotente le hace que entienda*» (Job 32:8).

ALMA: esta parte del ser humano se confunde —muchas veces— con el espíritu, porque también es inmaterial y tienen algunas similitudes. Es la parte que posee la voluntad, la inteligencia y los sentimientos.

Cuerpo: es la parte material del hombre, «el barro», es lo más burdo del ser. Sin embargo, por poseer además los sentidos (oído, vista, gusto, tacto y olfato) es el que ejecuta los deseos y la voluntad del alma.

Una vez que hemos entendido la composición de nuestro ser, veremos ahora cómo busca Satanás entrar en una vida por medio del pecado para destruirla. Los sentidos (como ya indicamos, componentes del cuerpo) son los sensores, los receptores del alma; es decir, los que captan la mayoría de las circunstancias que el alma procesará luego.

El alma, que como bien hemos visto posee la voluntad, es la que recibe la información y la procesa por medio de sus componentes, la que luego decide ante la información recibida. (Es importante aclarar aquí que, en este contexto, la información recibida por el alma consiste en los diversos tipos de tentación contra los cuales el hombre debe luchar constantemente).

Una vez que el alma toma una decisión, el que la ejecuta es el cuerpo, consumando así el pecado. Debemos comprender que cualesquiera sean los aspectos de la vida que se involucren en el pecado cometido, siempre, el que decide cometer el acto pecaminoso es el alma, no el cuerpo, ya que este solo expresa los deseos del alma; ni tampoco el espíritu. Por esa razón la Biblia dice: «...*el alma que pecare, esa morirá*» (Ezequiel 18:4).

En la Biblia podemos ver pasajes que nos hablan de la lucha que tiene el hombre con el pecado. En Gálatas 5:16-17 encontramos que el espíritu y la carne se oponen entre sí, pues mientras el primero quiere agradar a Dios, el segundo se opone. Así lo dice el apóstol Pablo:

«Digo, pues: Andad en el Espíritu, y no satisfagáis los deseos de la carne. Porque el deseo de la carne es contra el Espíritu, y el del Espíritu es contra la carne; y éstos se oponen entre sí, para que no hagáis lo que quisiereis».

Luego dice el mismo apóstol, en Romanos 8:7, que:

«Los designios de la carne son enemistad contra Dios, porque no se sujetan a la ley de Dios ni tampoco pueden».

Y el apóstol Santiago agrega:

«*Cuando alguno es tentado no diga que es tentado de parte de Dios; porque Dios no puede ser tentado por el mal, ni él tienta a nadie; sino que cada uno es tentado cuando de su propia concupiscencia es atraído y seducido. Entonces la concupiscencia, después que ha concebido, da a luz el pecado; y el pecado, siendo consumado, da a luz la muerte*».

—Santiago 1:13-15

Así que el alma es atraída, tentada y seducida por sus propias concupiscencias (apetito desordenado de los bienes materiales y de los placeres carnales). Por ello, una vez que el alma peca, queda atrapada en las garras del diablo.

EL ORIGEN DE SATANÁS (EZEQUIEL 28:13-16)

Si queremos conocer el origen, carácter y destino de Satanás hay una fuente de información fidedigna que es la Biblia, la Palabra de Dios. Ella nos provee todo lo que necesitamos saber sobre Satanás para poder entender la forma en que opera. Jesús, cuando vino a la tierra, enseñó, se enfrentó y combatió a Satanás venciéndolo en la cruz del Calvario.

¿QUIÉNES SON LOS DEMONIOS?

Los ángeles fueron creados por Dios. Sin embargo, algunas de esas criaturas angelicales no guardaron su lugar y se rebelaron contra la soberanía de Dios (2 Pedro 2:4; Judas 1:6). Una tercera parte de ellos fueron arrastrados por Lucifer (Apocalipsis 12:4). Dice la Palabra de Dios que el fuego eterno está destinado para Satanás y sus ángeles (Mateo 25:41).

La Biblia tiene varios nombres para ellos. Los llama demonios, espíritus inmundos, impuros, malignos (Marcos 9:17; Lucas 7:21, 8:2; Hechos 19:13-16; 1 Corintios 2:12). Sin embargo, son seres inteligentes —aunque malvados— sin cuerpo biológico que buscan poseer a las personas para destruirlas (Juan 10:10). Satanás quiere robar, matar y destruir a la persona. Por eso ataca su moral, sus sentimientos, su libertad, su pudor, llevándola —mediante la acción de los demonios— a la perversión, la prostitución, la degradación, la corrupción. Todo ese actuar demoniaco lleva al individuo a un abismo del que no puede salir.

Veamos algunas de las características de los demonios:

- Existen, son seres creados (Marcos 1:23; 1:34; 3:11; 5:23; 5:7-12; 6:13).
- Son seres espirituales (Mateo 12:45; Lucas 11:26; Apocalipsis 16:14).
- Son muy numerosos y están en todas partes (Marcos 5:9; Apocalipsis 16:14).
- Sus manifestaciones son visibles (Mateo 4:24; 8:16; 28:33; 9:32).
- Son violentos, no quieren ser expulsados del cuerpo que ocupan, por lo que lanzan feroces ataques (Marcos 1:23; 5:3-5; 9:17-20).
- Conocen a Jesús y saben que Él tiene autoridad sobre ellos (Mateo 8:29; 31:32; Marcos 1:24; 5:7; Hechos 19:15).
- Saben el destino que les espera (Mateo 8:29; Lucas 8:31).
- Tienen inteligencia y toman decisiones (Lucas 11:24-26).
- Hablan, utilizan la boca de los seres humanos (Mateo 8:28-34).
- Se agrupan jerárquicamente. Ocupan distintos niveles de jerarquías y grados de maldad. El hombre fuerte es el jefe.
- Son depravados y buscan hacer que el hombre permanezca en pecado y en enfermedad.
- Pueden producir enfermedades, pero no todas las enfermedades son demoníacas ni son provocadas por demonios. (En los evangelios hay referencias de personas poseídas. Como resultado de dicha posesión se producen efectos como la mudez, epilepsia, sordera, ceguera, locura, etc.; ejemplos de ello los vemos en Mateo 17:2-15; Marcos 9:17-25; 12:22; Lucas 11:14; 13:11). Las Escrituras hacen una distinción entre enfermedad y posesión demoníaca. Muchas enfermedades no tienen que ver con demonios. La

Biblia muestra casos como el de la curación de la suegra de Pedro (Marcos 1:19-31) y otros ejemplos más, como: el siervo del centurión (Lucas 7:1-10); el hijo del oficial del rey (Juan 4:46-54); la hija de Jairo (Lucas 8:40-42; 49-56).

• Ejercen influencia en las personas que se hallan expuestas a ellos y a sus actividades diabólicas (Efesios 2:2).

El pasaje de Efesios 6:10-12 nos aclara que nuestra lucha no es contra personas con cuerpo, sino contra fuerzas espirituales de maldad, cuyo jefe es Satanás y cuyo ejército es constituido por sus principados, potestades, gobernadores y sus huestes de maldad. Jesús vino a la tierra a deshacer todas sus obras y dejó ese mandato a la Iglesia.

LA GUERRA ESPIRITUAL

Cuando hablamos de «guerra espiritual» es importante que relacionemos los términos aquí empleados con los de la vida real. Podemos comparar la guerra espiritual con un conflicto bélico entre naciones. Al mismo tiempo, podemos dividir la guerra en dos etapas. La primera consta de un bombardeo aéreo, que tiene como objetivo debilitar al enemigo y hacerlo huir de sus bases. Al hacer un paralelo con la guerra espiritual, podríamos decir que el propósito en esta primera etapa es tomar autoridad en el nombre de Jesús y hacer retroceder al enemigo, con el fin de quitarle autoridad sobre las vidas, ciudades y naciones.

Satanás, el enemigo de nuestras vidas, ha tomado territorio al cegar el entendimiento de la gente para que no les resplandezca la luz del evangelio. Es nuestra responsabilidad, por medio de esta arma entregada por Jesucristo a la Iglesia, derribar todo argumento del diablo que esté enceguecido las vidas para echar fuera todo espíritu de incredulidad que los esté atormentando.

Este es un paso necesario y más que importante para una victoria segura, pero no es el único para llegar a ella. Una vez que el enemigo esté debilitado y haya perdido autoridad es hora de que la infantería (el ejército de tierra) comience a conquistar todo aquello que está debilitado. La infantería aquí es como la Iglesia que sale a las calles a arrebatarle las vidas a Satanás, vidas por las cuales ya hemos orado y le hemos ordenado a Satanás que suelte sus mentes.

Es muy importante orar, interceder y hacer guerra espiritual para que Satanás suelte las vidas que tiene atadas, pero también es relevante que la Iglesia salga a conquistar lo que el diablo está dejando por la autoridad del nombre de Jesús. La Biblia nos insta no solo a orar por las vidas, nos ordena que salgamos a buscarlas y a predicarles del evangelio, ya que *«cómo creerán si no hay quién les predique»*. Para desarrollar este tema veremos algunos pasajes bíblicos que nos serán de gran ayuda. En *1 Juan 5:19* leemos que *«Sabemos que somos de Dios, y el mundo entero está bajo el maligno»*. En este pasaje de la Escritura podemos ver, con claridad, que hay un mundo que está dominado por Satanás. Queda claro que aquellos que somos de Dios no estamos dominados por ese enemigo, ya que estamos en este mundo, pero no somos de este mundo. Vale la pena aclarar que aquellos que no están bajo el dominio de Dios están bajo el dominio del adversario, ya que no existe un término medio en estas cuestiones.

Por lo tanto, queda claro que hay un mundo que está lejos de Dios y que está siendo afectado e influenciado por Satanás. El diablo hará todo lo posible para que esas vidas que están bajo su dominio jamás puedan acercarse a conocer la salvación ofrecida por nuestro Señor Jesucristo.

La Biblia declara en 2 Corintios 4:3-4:

«Pero si nuestro evangelio está aún encubierto, entre los que se pierden esta encubierto; en los cuales el dios de este siglo cegó el entendimiento de los incrédulos, para que no les resplandezca la luz del evangelio de la gloria de Cristo, el cual es la imagen de Dios».

Aquí puede notar que Satanás trabaja desde siempre para que el ser humano no llegue a conocer la verdad del evangelio de salvación. En este pasaje las Escrituras definen la obra del enemigo para separar las vidas de su salvación eterna.

Conforme a los pasajes que estamos viendo podemos deducir otro punto más que importante a la hora de hablar de guerra espiritual.

Pareciera que hay gente, o ciudades o países que están endurecidos al evangelio, por lo que muchas veces nos ponemos en una actitud contraria a la gente misma, pero debemos entender que el problema al cual nos enfrentamos no es la dureza de los corazones al evangelio, sino la obra del enemigo para impedir que las vidas conozcan a Cristo.

Nuestra lucha no es contra la gente ni contra sus actitudes, nuestra batalla es contra Satanás y sus fuerzas que trabajan para separar al hombre de Dios. La Biblia declara en Efesios 6:12:

> *«Porque no tenemos lucha contra sangre y carne, sino contra principados, contra potestades, contra los gobernadores de las tinieblas de este siglo, contra huestes espirituales de maldad en las regiones celestes».*

Por medio de este pasaje nos queda más que claro lo que anteriormente afirmábamos, nuestra batalla es contra Satanás, que es el que tiene al mundo bajo su dominio, no contra las personas que están bajo su influencia.

En cuanto al trato con la gente debemos tener en cuenta que en la guerra espiritual es fundamental poder desarrollar el carácter de Cristo. Cuando hablamos de *su* carácter nos referimos al amor por la gente, a la compasión por los que sufren, lo cual debe ser siempre nuestra principal motivación a la hora de servir al Señor. Jesús amó de tal manera al hombre que dio su propia vida por él. Esa es la clase de amor que debemos tener por la gente que necesita la ayuda de Dios. Podemos decir entonces que debemos guerrear contra Satanás para que suelte las vidas, pero debemos amar a aquellos que necesitan la salvación. Salvación que nosotros tenemos el privilegio de disfrutar por medio de nuestro Señor Jesucristo.

EL DOMINIO DE SATANÁS

Hemos leído en las Escrituras que Satanás tiene el dominio sobre la tierra, de lo que surgen muchas dudas e interrogantes sobre si esto es tan real o no. En primer lugar, debemos entender que la Biblia es la Palabra de Dios y lo que en ella está escrito es solo por inspiración del Espíritu Santo. De ello podemos deducir que si la Biblia dice que Satanás tiene dominio sobre la tierra es porque es verdad. Veamos a continuación algunos pasajes acerca de la autoridad de nuestro enemigo, para que comprendamos cómo en realidad continúa este tema.

En Lucas 4:5-6 la Palabra de Dios dice:

«Y le llevó el diablo a un alto monte, y le mostró en un momento todos los reinos de la Tierra. Y le dijo el diablo: A ti te daré toda esta potestad, y la gloria de ellos; porque a mí me ha sido entregada, y a quien yo quiero la doy».

En este pasaje podemos leer acerca de la tentación de nuestro Señor Jesucristo tras haber sido bautizado en aguas y bautizado por el Espíritu Santo. Aquí el propio Satanás (padre de mentira) le expresa a Jesús (la Verdad) que todos los reinos de la tierra le fueron entregados a él. Al ver la respuesta de Jesús, podemos notar que en ningún momento le dijo que esa declaración era mentira. Jesús sabía que, en esa oportunidad, su enemigo no estaba mintiendo, sino que estaba hablando la verdad.

La pregunta que surge aquí es ¿quién le entregó los reinos de la tierra a Satanás? La Biblia nos da referencias más que claras al respecto, que a continuación nos ocuparemos de desarrollar. En Génesis 1:28 dice:

«Y los bendijo Dios, y les dijo: Fructificad y multiplicaos; llenad la tierra, y sojuzgadla, y señoread en los peces del mar, en las aves de los cielos, y en todas las bestias que se mueven sobre la tierra».

Aquí podemos ver la bendición de Dios al primer hombre y a la primera mujer (Adán y Eva) que habitaron nuestro planeta. El ser humano fue la corona de la creación de Dios. El hombre fue hecho a imagen y semejanza de Dios, fue dotado con facultades que ningún otro ser viviente poseía.

Una de esas facultades que Dios le dio al hombre fue la de *sojuzgar* (definido por el diccionario como: dominar, mandar, sujetar, subyugar, someter) y *señorear* (definido por el diccionario como: dominar o mandar una cosa como dueño de ella) sobre la tierra. En otras palabras, Dios le entregó al hombre la autoridad total sobre la tierra y todos los seres que la habitaban; el hombre sería el que tendría la autoridad sobre la tierra. Simplemente porque Dios lo dispuso de esa manera.

Dios creó todo para que el hombre (su máxima obra) pueda disfrutarlo y no solo eso, sino que le entregó las llaves, la autoridad sobre la tierra. Respecto a esto, veremos a continuación el pacto de Dios con Noé y analizaremos algunas cosas importantes.

Génesis 9:1: «*Bendijo Dios a Noé y a sus hijos, y les dijo: Fructificad y multiplicaos, llenad la tierra*». Vemos aquí que Dios, al igual que con el primer hombre, hizo un pacto con Noé y lo bendijo, pero si analizamos detenidamente las palabras de Dios a uno y a otro, notaremos que cuando Dios bendice a Noé, en ningún momento le habla de sojuzgar ni señorear sobre la tierra, cosa que sí hizo con el primer hombre. Esta diferencia radical entre un pacto y otro tiene un motivo, y podemos encontrar el mismo en Génesis 3:1-6. En este pasaje de las Escrituras vemos relatado el momento en que el hombre es vencido por Satanás y el pecado.

El hombre, que tenía la autoridad dada por Dios sobre la tierra, es tentado por Satanás a pecar, a cometer un acto que era contrario a Dios y a su voluntad. Al acceder a la oferta del enemigo, el hombre estaba siendo vencido por él, y cuando un adversario vence a otro le quita sus posesiones y se apodera de ellas. Eso fue lo que hizo Satanás al vencer al hombre, tomó lo que le pertenecía al hombre, la *autoridad* sobre la tierra; es decir, las llaves de la tierra.

Al haber analizado la autoridad que Dios le dio al hombre sobre la tierra, y cómo este la perdió en manos de su adversario, podemos entender por qué Satanás al tentar a nuestro Señor Jesucristo le dijo que «a él le habían sido entregados los reinos de la tierra». El hombre perdió la autoridad que Dios le dio y la puso en manos de Satanás al ceder ante el pecado. Para alegría de los hijos de Dios, y esperanza de aquellos que aún no tienen este privilegio, la historia no termina aquí. Hay un punto mucho más importante que los que hemos visto hasta ahora y que desarrollaremos a continuación.

Cuando Jesús vino a la tierra a vivir como nosotros, llegó con un propósito claro: debía ir a la cruz del Calvario para dar salvación y redención con el fin de que el hombre aprovechara la oportunidad de comenzar a vivir en un nuevo pacto. Cuando Jesús estaba muriendo en la cruz exclamó: «CONSUMADO ES», que significa «hecho está». *Sí,* Jesús había vencido a aquel que hacía mucho tiempo derrotó al hombre y, al vencer a Satanás, recuperó lo que este le había quitado al hombre. Jesús, al resucitar, traía en una mano cautiva la cautividad y en la otra mano las llaves y las escrituras de propiedad de la tierra que le había arrebatado al enemigo. Jesús recuperó lo que el hombre había perdido. ¡¡¡Gloria a Dios!!!

Sin embargo, eso no es todo, hay más cosas maravillosas que Dios ha hecho por nosotros. Jesús le entregó esa autoridad que había recuperado a su *iglesia,* para que esta cumpla su propósito y tenga las herramientas para vencer a su adversario. Satanás está derrotado ante una Iglesia que conoce la autoridad que Jesús le ha entregado y la utiliza. Así que debemos tomar esa autoridad y ordenarle a Satanás que suelte nuestras familias, nuestros barrios, nuestras ciudades, nuestros países, nuestras circunstancias, para que recibamos la bendición de Dios.

Como Iglesia de Jesucristo tenemos la victoria sobre nuestro enemigo. Dios nos ha entregado esa victoria para que podamos vivir una vida más que vencedora y llena de bendiciones de parte de Dios. Es más, como poseemos esta gran bendición de Dios tenemos la responsabilidad de ordenarle a Satanás que suelte a aquellos que aún tiene dominados. Debemos ejercer, usar la autoridad que nos ha sido entregada.

JESÚS VENCIÓ Y NOSOTROS, SUS HIJOS, SOMOS HEREDEROS DE SU VICTORIA

La Biblia declara en Gálatas 3:29: *«Y si sois de Cristo, ciertamente linaje de Abraham sois, y herederos según la promesa».* Aquellos que somos de Dios tenemos también el privilegio de heredar su victoria, y con ella muchísimas promesas de las cuales Dios nos hace partícipes. Es muy importante que como iglesia de nuestro Señor

Jesucristo podamos aprender, entender y desarrollar estas leyes espirituales (como la que hemos venido desarrollando a lo largo de este tema). Muchas veces por desconocer estos principios o por otras razones, la Iglesia no toma la verdadera autoridad que Dios le ha entregado.

La Biblia declara en Gálatas 3:1:

«Entre tanto que el heredero es niño, en nada difiere del esclavo, aunque es señor de todo».

La Iglesia tiene la autoridad y los beneficios de Dios por heredad, pero muchos viven bajo esclavitud aún. Es tiempo de comenzar a conocer y tomar nuestra posición desde la perspectiva de Dios, es tiempo de dejar de ser niños y así dejar de ser esclavos. Es tiempo de crecer en Dios y comenzar a vivir como dueños de la herencia y la autoridad divina. Es tiempo de asumir nuestro lugar como Iglesia y usar la autoridad concedida por Dios para derrotar a nuestro enemigo y arrebatarle las almas que aún tiene en sus garras.

AMOR Y COMPASIÓN

En la Primera Carta a los Tesalonicenses (5:23), la Biblia nos enseña la composición del ser humano, mencionando el deseo de Dios de trabajar en cada una de las áreas de nuestro ser, sin dejar nada librado al azar. La libertad que Dios quiere darnos abarca cada una de las áreas de nuestro ser; por lo tanto, cuando alcancemos esa clase de libertad podremos vivir una vida llena del Espíritu Santo y en verdadera victoria, tal como Cristo planeó que viviéramos.

El motivo de esta enseñanza es la liberación práctica, es decir, cómo ayudar, según la Biblia, a quien necesita la libertad de Cristo en algún área de su vida. Es muy importante que comprendamos que, para poder ayudar a otra persona a alcanzar la libertad en Cristo, el primero que debe estar libre es uno mismo. Si yo soy esclavo del pecado, no podré ayudar a nadie a ser libre de él. No puedo dar nada de Dios si no soy de Dios. Solo puedo ministrar liberación eficazmente si tengo libertad en Cristo. Solo podemos dar algo de Dios cuando recibimos de Dios, antes de eso no podemos dar nada de Dios. Es por esa razón que cada uno de nosotros debemos buscar en nuestros corazones para asegurarnos realmente de que no hay nada que pueda esclavizarnos al pecado ni al pasado, puesto que Cristo quiere utilizarnos para ayudar a otros a alcanzar la verdadera libertad en Cristo.

Nada más maravilloso que ver a alguien que fue esclavo del pecado (trátese de odio, rencor, idolatría, inmoralidad, etc.) y que hoy disfruta de la libertad en Jesucristo. Apreciar eso nos enseña a valorar lo que ello significa y nos motiva a sentir la necesidad de ayudar a aquellos que aún están en la esclavitud del pecado. Poder vivir y sostener la libertad en Jesús, es lo que nos permitirá tener compasión por aquellos que aún son esclavos y que necesitan hallar la libertad en Cristo.

Es más que importante, a la hora de hablar de la ministración de liberación, que comprendamos que es imposible realizar esta tarea sin tener amor de Dios, por los necesitados, en nuestros corazones. Es ese amor el que se traduce en compasión y, al mismo tiempo, se transforma en una acción que —guiada por Dios— genera resultados sobrenaturales en el necesitado. Si estamos llenos del amor de Dios trabajaremos y lucharemos por la libertad de los esclavizados.

Dios es amor (1 Juan 3:8) y fue su amor el que lo llevó a actuar al ver la necesidad del ser humano (Juan 3:16). Es ese mismo amor el que debemos buscar los hijos de Dios, entendiendo que ante la necesidad tenemos las herramientas dadas por Dios para llevar las vidas a la verdadera libertad que solo Cristo ofrece. Cuando trabajamos con el amor de Cristo la persona encuentra la libertad en Jesús con más facilidad (1 Juan 3:18).

Es a través del amor de Dios en nosotros que la persona encontrará la confianza necesaria para ser ministrada. Por medio del amor de Dios, la verdad de Cristo puede ser revelada a las vidas, y será esa misma verdad la que les muestre la necesidad de libertad. Ante esa realidad la persona deseará ser libre y es entonces cuando la batalla ya está prácticamente ganada. Para ministrar a una persona no es necesario gritar ni reprender demonios, hay que dialogar con la persona para llegar al punto (del pecado) en el que Satanás ha tomado autoridad. Esto debe hacerse con un diálogo lleno de amor y comprensión por la persona y su situación, dedicando el tiempo necesario y guiando a la persona a los principios bíblicos para hallar la libertad en Jesús.

Al hablar del amor como requisito fundamental, desechamos la idea de que una ministración pueda realizarse como un método o sistema de trabajo. La ministración solo funciona bajo la guía sobrenatural del Espíritu Santo en nosotros. El Señor nos ha llamado a amarnos los unos a los otros (Juan 13:34; Marcos 16:15-18; Romanos 12:10).

AUTORIDAD

La Biblia nos enseña que una de las señales que seguirán a la Iglesia —a aquellos que creemos en Jesús y somos parte de su cuerpo—, es que en *su* nombre echaríamos fuera demonios (Filipenses 2:9-11). Cabe destacar que si nos avocamos a la tarea de echar fuera demonios es porque Jesús nos ha encomendado esa labor, no porque sea un principio humano o una cláusula laboral.

Es de destacar que no «todos» pueden echar fuera demonios, solo pueden hacerlo aquellos que creen, que viven una vida conforme a Cristo y que, por ende, tienen la autoridad de Jesús para echarlos fuera. Esto tampoco es cosa de hombres, es algo que viene de Dios. En consecuencia, debemos entender que alguien que esté en esclavitud no tiene autoridad para echar fuera demonios ni para liberar a nadie.

Un principio bíblico para poder ejercer potestad es el de estar bajo autoridad. No podemos pretender vivir una vida de rebeldía y pecado y querer ejercer eficazmente autoridad en el mundo espiritual porque eso no será posible. En Hechos 19:14-16 vemos un claro ejemplo de lo que ocurre cuando alguien que no está en la condición correcta pretende enfrentarse a las huestes diabólicas de maldad. Debemos comprender que para poder ejercer autoridad y realizar esta hermosa tarea de ayudar a otros a ser libres, *necesitamos vivir una vida ordenada delante de Dios, estar llenos del Espíritu Santo* (ya que esta no es una tarea humana) y *estar bajo la autoridad de Dios y de la Iglesia,* según lo establece Dios en su Palabra.

La Biblia nos enseña la verdad de la sujeción (1 Pedro 5:5). Debemos sujetarnos unos a otros. El que no esté dispuesto a estar bajo sujeción, respetando el orden de Dios, no podrá ejercer autoridad sobre los demonios. Claro está que para poder vivir en sujeción necesitamos ser humildes y mansos, virtudes que también son espirituales, que no tienen nada que ver con lo carnal. De esta forma podemos comprender que la autoridad viene de Dios y es delegada por Dios, la cual debe reconocerse y respetarse. Ya no será necesario manipular ni forzar situaciones a conveniencia. Este principio de autoridad y sujeción tiene que ver con la realidad de que somos un cuerpo, el Cuerpo de Cristo, y que nos necesitamos los unos a los otros. No podemos andar solos, haciendo lo que nos plazca. Cuando, como Iglesia, aprendamos a caminar en calidad de cuerpo —en sujeción y bajo autoridad— no habrá diablo que pueda resistirse; por lo que la victoria en Dios está garantizada.

AUTORIDAD EN LA PALABRA

Cuando una persona acude a ser ministrada, no llega en el mejor estado, sino que tiene alguna manifestación física, según nos enseña la Biblia. Esta no es una situación cómoda ni fácil de manejar. Es por eso por lo que debemos saber bien quiénes somos en Dios y qué autoridad tenemos en Él. Siempre debemos tomar el control de la ministración y no permitir que los demonios ganen ventaja. Para ello será necesario comprender que debemos darles órdenes a los demonios. Esas órdenes se dan con «palabras». La autoridad delegada está en la palabra, es a través de nuestras claras palabras que los demonios acatarán nuestras órdenes. Si observamos en la Biblia, nos quedará clara esta verdad al ver que Dios creó al mundo entero con el poder de su Palabra (Salmos 148:5). Además, podemos analizar el ministerio de Jesús y ver que fue a través de la palabra que Él perdonó pecados, echó fuera demonios, sanó enfermos, resucitó muertos (Marcos 1:27; 2:5, 9-12, 9:25, Lucas 8:24-25; 10:17). Por tanto, hay autoridad en la palabra dada.

Debemos entonces ejercer autoridad usando la palabra. Ante una manifestación demoníaca en una persona debemos darle una orden clara al demonio diciéndole que «se sujete en el nombre de Jesús» o también puede decírsele: «Te ato en el nombre de Jesús», y el demonio no tardará en obedecer a la orden dada con autoridad.

Es muy importante que la orden sea emitida con rapidez, para impedir que el demonio lastime a la persona o que él mismo se crea con autoridad y llame así la atención de las otras personas. Hay que actuar con rapidez y eficacia dando una orden clara y recordándole al demonio que está bajo autoridad y que no es él quien tomará el control de la situación. El demonio sabe de autoridad. Por eso uno debe ejercerla con confianza en Dios. Se le debe dar una orden, sin necesidad de elevar la voz, ya que no es un consejo. Si la Biblia es la Palabra de Dios (y sabemos que lo es, AMÉN) usted no debe tener temor, Dios no lo avergonzará, ejerza la autoridad porque funciona.

Es importante, a la hora de ejercer autoridad con la palabra, tener algunos aspectos en cuenta: la autoridad siempre debe ser ejercida por una sola persona. No corresponde y no es ordenado, que muchos —al mismo tiempo— ejerzan autoridad sobre un demonio ni que den una orden distinta cada uno ya que, ante esta situación de desorden y falta de autoridad real, el demonio será el que tome la ventaja. La autoridad y la orden la debe dar una sola persona y el resto debe estar apoyando en oración.

El pasaje que hemos leído nos enseña que en el «nombre de Jesús» debemos echar fuera demonios. No debemos hacerlo de otra manera. La declaración de autoridad siempre debe ser en el nombre de Jesús. En Filipenses 2:9-11 la Biblia nos enseña más acerca de esta verdad y de la autoridad en el nombre de Jesús. No debemos ir más allá de la Biblia y debemos ejercer autoridad donde hay autoridad; esto es en el nombre de Jesús. No debemos utilizar otras expresiones ya que estaríamos fuera de los principios Bíblicos y los demonios reconocen eso. No se sujetarán ante órdenes dadas fuera de los parámetros establecidos por Dios.

Otro aspecto muy importante a la hora de ministrar y referirnos a la autoridad, es el diálogo con los demonios. Ellos buscarán tomar el control de la situación muchas veces, comenzando a hablar por boca de la persona en la que se manifiestan. Por tanto, no debemos dialogar con los demonios. Todo lo que necesitamos saber de Satanás y sus jerarquías ya Jesús lo dejó bien aclarado en la Biblia. Tenemos que recordar que Satanás es padre de mentira y que nada de lo que él pueda informarnos es cierto.

Satanás no está interesado en la libertad de la persona (por el contrario, trabaja para que siga atada). Es por eso por lo que nunca nos dará información certera para ayudar a liberar a la persona. En Juan 8:44 tenemos reflejada esta verdad acerca de que el diablo es mentiroso y que no hay verdad en él. Debemos recordar que en Cristo tenemos autoridad para vencer a Satanás. Por eso, cuando él quiera confundirnos hablando por medio de la persona, debemos tomar autoridad en el nombre de Jesús y ordenarle a Satanás que «enmudezca» y no hable más.

BLOQUEO MENTAL

Una de las cosas que pueden pasar cuando una persona acude a ser ministrada desde el altar es que se encuentre bloqueada, es decir, que el demonio provoque un «bloqueo mental». Por medio del bloqueo mental el demonio buscará anular la mente de la persona para que no pueda ser ministrada y encontrar así la libertad. El bloqueo mental (circunstancia en que la persona pareciera no reaccionar) se produce porque el demonio busca aturdir los pensamientos de la persona, llenándola de temor y de imposibilidades. La reacción del ministrador en ese momento debe ser «atar» todo espíritu que tenga control en la mente de la persona y ordenarle al espíritu humano que tome control de la persona.

ATENCIÓN: ante un bloqueo mental no debemos reprender a los demonios, sino que debemos atarlo y ordenar a la persona (al espíritu humano) que tome control de su mente.

Lo que debemos lograr para poder dialogar con la persona es que esta vuelva en sí. Podemos ver en la Biblia cuando el hijo pródigo «volvió en sí» y se dio cuenta de su real estado y su verdadera necesidad (Lucas 15:17).

Ayuda mucho para este cometido que enviemos mensajes claros a la persona como por ejemplo: «Jesús te ama», «Jesús te quiere hacer libre, no tengas temor», «Toma el control de tu mente», «Abre tus ojos, en el nombre de Jesús».

Una vez que la persona esté en sus cabales se dará cuenta de la profunda necesidad que tiene de ser ayudada, por lo que colaborará. Ante eso, lo primero que debemos hacer es llevarla a entregar su vida a Cristo. Debemos guiarla en una oración sencilla en la que la persona rinda su vida a Cristo y se arrepienta de sus pecados. Una vez que esté consciente y haya rendido su vida a Cristo, gran parte de la batalla por su libertad ya está ganada.

CONFESIÓN AUDIBLE

Algo que debe ocurrir para que la persona que es ministrada pueda encontrar la libertad en Cristo es la confesión de sus pecados, de esos hechos que la han mantenido atada al reino de las tinieblas. La confesión es una declaración y un reconocimiento de los pecados cometidos, y esto no es un tema menor a la hora de alcanzar la libertad en Cristo. Ya que si la persona no reconoce su pecado no podrá ser perdonada y mucho menos alcanzar libertad.

Es importante este paso en la ministración ya que lo que estamos buscando no son demonios en la persona, sino el momento en que ellos establecieron autoridad en su vida. Y sabemos que Satanás llega a una vida solo a través del pecado. Es por eso por lo que, al confesarlos, la persona nos está dando las herramientas necesarias para una ministración efectiva, de manera que podamos deshacer todas esas obras de Satanás.

La Biblia nos enseña en Romanos 10:10 y 1 Juan 1:9 la relevancia de la confesión audible, la importancia de utilizar la boca para declarar la verdad de Jesús incluyendo el arrepentimiento. (Véase Proverbios 18:21). Debemos comprender que Dios es omnisciente, es decir, que sabe lo que pensamos cada uno de nosotros. Pero Satanás no tiene esa capacidad, y se entera del arrepentimiento de esos hechos que a él le dieron autoridad, cuando la persona los confiesa y por supuesto luego se arrepiente de los mismos. Por esa razón es más que necesaria la confesión audible, que se escuche, que Satanás y su ejército se enteren de esa confesión y de ese anhelo de cambio y arrepentimiento.

SEÑALES INDICADORAS DE LA LIBERTAD

Hay señales que nos muestran que la persona quedó verdaderamente libre y que ya no hay un accionar demoníaco en su vida. Una señal muy típica y conocida de que los demonios salen de una vida es cuando la persona vomita. Esto puede suceder, pero no es necesario que así sea. Es decir, es una señal clara y real, pero no siempre sucede de esta manera. No debemos buscar que así sea. Nuestra preocupación es que los demonios salgan y la persona quede libre, no la manera en que salgan.

Debemos comprender que los demonios son espíritus que no siempre darán una señal visible al salir de una persona. Claro que eso ocurre en algunas ocasiones. Muchas veces las personas gritan, eructan, escupen, etc. Etas son señales visibles de que algo está ocurriendo y que la persona está en proceso de liberación. Pero debemos saber que muchas veces nada de eso ocurre y la persona también alcanza la libertad.

Lo que debemos ver a la hora de cerciorarnos de que la persona esté libre, no es tanto la manifestación física de la salida de los demonios, sino el estado en el que la persona termina dicha ministración. Si la persona fue libre sentirá paz, tranquilidad. Notaremos que la expresión de su rostro cambia, ahora hay alegría, esperanza, fe. Nos debe quedar claro que entonces la libertad se verifica en el cambio que puede verse en la persona que fue libre. En su rostro, en sus expresiones hay un cambio producido por el Espíritu Santo (Marcos 5:15).

Es importante saber que una vez que nos cercioramos de la libertad de la persona, debemos orar para que sea llena del Espíritu Santo. Él es quien le dará el poder para mantener la libertad en Cristo y quien la guiará a caminar una nueva vida de la mano de Jesús. La vida que esa persona debe recibir y vivir no se logra por méritos humanos sino solo por medio del Espíritu Santo. Por eso debemos orar por ella según nos enseña la Biblia (imponiendo nuestras manos) para que sea llena del Espíritu Santo.

EQUIPO DE TRABAJO

Siempre es bueno ministrar en equipo, el cual debe ser integrado por al menos dos personas. Claro está, no es un requisito, es un consejo ya que podremos ayudarnos los unos a los otros. Hay algunos aspectos a tener en cuenta a la hora de ministrar de esta manera. El primero es saber que sobre todo necesitamos la guía sobrenatural del Espíritu Santo, ya que sin ello no habrá libertad posible para la persona que será ministrada.

Es importante recalcar el principio de la autoridad ya mencionado. Uno solo debe ser el que tome autoridad, el que dé las órdenes a los demonios y el que dialogue con la persona. No debemos entrometernos, ni hablar todos juntos, ya que eso complicará la ministración. Mientras uno dirige el trabajo, el resto permanece en oración (en voz baja) apoyando al que ministra, no reprendiendo. Debemos asimismo saber que no es correcto desplazarnos en la ministración. Si alguno del equipo tiene una instrucción de Dios que aportar a la ministración debe hablar con el que esté en autoridad, de modo que, en consenso, puedan cambiar de tarea. El que ministraba comenzará a apoyar en oración a su compañero de equipo. Siempre en acuerdo y sin interrupciones. Debe haber orden y autoridad en la ministración. Una clave hermosa a la hora de poder trabajar en equipo es que nuestro anhelo sea el mismo que el de Cristo: «que la persona quede libre». No buscamos nada más que eso, lo cual nos ayudará a unirnos y a respetarnos en todo momento.

PROCESO DE MINISTRACIÓN

Es importante que la ministración de liberación sea un proceso guiado, en todo momento, por el Espíritu Santo. Como ya lo hemos aclarado, no es un sistema de trabajo ni una metodología que aplicar. Simplemente, buscando las bases bíblicas correspondientes, queremos ayudarle a comprender algunas acciones que deben tenerse en cuenta a la hora de ministrar a una persona.

Lo primero que necesitamos saber, en caso de llegar la persona manifestada, es que estamos ante un accionar demoníaco. Para eso debemos estar atentos a algunas cuestiones físicas que se muestran como indicadores, pero en especial debemos estar alertas al discernimiento que nos debe dar el Espíritu Santo.

Algunas de las reacciones que las personas con problemas demoníacos pueden tener son:

- Movimientos violentos del cuerpo (sobre todo de brazos y piernas).
- La mirada: llena de odio, muchas veces perdida, en otras ocasiones con los ojos completamente cerrados sin poder abrirlos.
- Opresión en alguna parte del cuerpo.
- Gritos desenfrenados, fuera de control.
- Emisión de maldiciones con su boca.

- Bloqueo mental. Parecería que la persona no reacciona ni responde ante los estímulos externos.
- Sensación de ahogo.

Hay que prestar mucha atención a que muchas de esas reacciones son similares a otras que son netamente físicas (es decir de enfermedades). Una vez asegurados de que se trata de un problema espiritual, debemos actuar sabiendo que lo que necesitamos en todo momento es dialogar con la persona para saber cómo ha llegado a esa condición. Para eso debemos tomar autoridad en el nombre de Jesús y, si la persona está bajo una manifestación demoníaca (con algún síntoma de los antes mencionados), debemos ordenarles a los demonios que «se sujeten en el nombre de Jesús». Puede que en algunos casos los demonios se resistan a sujetarse. Sin embargo, en todo momento debemos mantener la autoridad y la orden dada conscientes de que deben sujetarse ante el nombre de Jesús.

En caso de que la persona no tenga manifestaciones visibles, pero esté con un bloqueo mental (como que no responde a nada) debemos ordenarle, como ya hemos visto, al espíritu humano que tome control de su mente, y darle a la persona palabras de aliento y de fe en Jesús.

Una vez que contamos con la voluntad de la persona debemos preguntarle si desea ser ministrada. En caso de aceptar comenzaremos allí una hermosa tarea por realizar. Debemos llevar a la persona, en primer lugar, a entregarle su vida a Cristo y a pedirle al Espíritu Santo que le recuerde todas las cosas necesarias para una efectiva ministración.

Debemos llevar luego a la persona a la confesión de los pecados que le han dado lugar al diablo en su vida. En Proverbios 28:13, la Biblia nos enseña la importancia y el alcance de confesar nuestros pecados. No debemos ocultarlos. Podremos ver más de esto en Salmos 32:5 y 1 Juan 1:9. Es importante conocer y aclararle a la persona que lo único que puede separarla de la bendición de Dios (y su libertad) es el pecado, por eso es necesario confesarlo y arrepentirse, ya que eso le quita la autoridad al diablo (Romanos 3:10-18).

Aquí es importante aclarar que cuando la persona confiesa sus pecados delante del ministrador está abriendo el corazón y confesando situaciones secretas que quizás nunca había revelado y que lo está haciendo bajo la convicción del Espíritu Santo que está gobernando la ministración, pero en confianza con quien está ministrando. Esa confesión es una gran responsabilidad, ya que llega a nosotros como una herramienta para ayudar a la persona a alcanzar la libertad en Cristo. Debemos saber que los hechos confesados no deben ser contados a terceros. Es decir, debemos guardar el «secreto de confesión». En ocasiones en las que se actuó con inmadurez y se publicaron los pecados de una persona, eso causó mucho dolor a la Iglesia, ya que se generaron dudas, temores y desconfianzas propias de no haber actuado con respeto por el creyente.

Así que la confesión debe ser utilizada únicamente para la ministración y luego ser guardada en total reserva. Debemos evitar el chisme. Si nuestro interés es ayudar a las personas, debemos ministrar con este fin. Por lo tanto, debemos evitar todo lo que pueda causar dolor a esa persona. Una vez que la persona ha confesado debemos guiarla a renunciar y pedir perdón por sus pecados. Esto es lo que le quitará al diablo el derecho legal de estar en esa persona. De la misma forma que la confesión, la renuncia debe realizarse delante de la persona que está en autoridad ministrando y en voz audible.

La renuncia consta de llevar a la persona a pedir perdón por cada uno de los pecados confesados con anterioridad y «renunciar» a cada uno de ellos. Un ejemplo claro sería: «Señor Jesús, me arrepiento del odio que he tenido contra (diga el nombre de la o las personas) y renuncio a todo espíritu de odio en mi vida». «Me arrepiento de tal pecado y renuncio al mismo». Hay casos puntuales en que se necesitan renuncias precisas, como por ejemplo, asuntos de fornicación o adulterio. Eso no es de Dios, por lo que debemos llevar a la persona a arrepentirse de pecados como esos (Lucas 18:20; Hebreos 13:4; 1 Corintios 6:9).

También debemos conducir a la persona a renunciar a la autoridad que dio sobre su cuerpo a esa persona con quien mantuvo relaciones sexuales ilícitas. Tenemos que llevarla a renunciar a toda transferencia espiritual que se efectuó en esa relación. La Biblia nos enseña que con esa unión (por medio de la relación sexual) ambas personas se convierten en una sola carne (Marcos 10:7-8). Es por ello por lo que hay que renunciar a la autoridad y a la transferencia de espíritus. Asimismo, debemos llevar a la persona a desligarse de la otra persona con quien ha cometido ese pecado. También tenemos casos de ocultismo. En este tipo de asuntos debemos considerar varios aspectos, tales como:

- Renunciar a consultar agoreros y a los pactos realizados. Si la persona recuerda los detalles, debe mencionarlos.
- Desligar a terceras personas involucradas en el hecho; por ejemplo, la que le hizo un «trabajo» a la pareja.
- Renunciar al sacerdocio de la persona (sacerdote del diablo) que realizó el trabajo.
- Renunciar a toda vinculación con el mundo espiritual de maldad.
- Comprender y llevar a la persona a entender que estas prácticas son contrarias a Dios (Deuteronomio 18:10-12).
- El odio: se debe renunciar al mismo, como también confesar perdón específico a cada persona que es objeto de ese sentimiento. Debemos llevar a la persona a bendecir a quien odiaba y a declarar el amor en Dios para con esa persona.
- Las maldiciones: debemos entender que las mismas existen. Podemos definirlas en tres grupos: maldiciones ancestrales, maldiciones por medio de la palabra que recibimos y maldiciones por medio de los pecados cometidos. Al identificar una maldición, debemos ver cuáles son los espíritus que actúan en cada maldición. Se debe llevar a la persona a renunciar a ese espíritu.
- Los traumas: Hablamos de heridas emocionales (acontecimientos muy intensos a los que no se le han encontrado formas de resolverlo). Nos referimos a heridas de la infancia, sentimientos de culpa. Debemos llevar a la persona a perdonar a quien haya causado esa herida y renunciar al odio que haya en su vida. Hay que considerar que las heridas emocionales pueden venir desde el embarazo (rechazo, odio, violencia, etc.). El sentimiento de culpa es un tormento profundo. A la persona que siente culpa le cuesta mucho aceptar el perdón de Dios. Es por ello que debemos llevarla a perdonarse a sí misma y a recibir el perdón de Dios.

Una vez que la persona ha pedido perdón y ha renunciado a todas esas cosas pecaminosas debemos entender que Satanás ha perdido autoridad sobre ella. Es en ese momento en que la persona que ministra debe expulsar fuera a cada uno de esos demonios identificados en la ministración. Esta tarea de echar fuera demonios (Mateo 10:8, Marcos 6:7 y 13, Lucas 9:1 y 10:17) debe realizarse con autoridad y en voz audible. Recordemos siempre que la Biblia nos enseña a realizar esta tarea solo en el nombre de Jesús.

Al finalizar, si la persona no vuelve a manifestar presencia demoniaca debemos orar para que el Espíritu Santo llene el lugar que el pecado y el diablo han dejado vacío en esa vida. Si la persona no muestra los signos de libertad antes mencionados debemos volver a indagar para saber qué es lo que aún no se ha confesado y realizar nuevamente la tarea hasta que la persona sea libre y sellada por el Espíritu Santo.

UN TESTIMONIO PERSONAL DEL PODER DE LA ORACIÓN

Un día me encontré con Esteban Hill y su esposa. Ellos me relataron una experiencia vivida en una de nuestras cruzadas en Argentina. El matrimonio Hill había viajado como misionero a nuestro país y uno de sus objetivos era visitar una campaña evangelística, porque había llegado hasta sus oídos el comentario del gran mover de Dios, y querían conocer el porqué de aquellas asombrosas conversiones, milagros y liberaciones. Así fue como se acercaron una noche a la campaña.

Mientras estaban entre la multitud (y sin haber conversado con nadie acerca de aquella inquietud que los movía) se les acercó un individuo desconocido. Sin preámbulos ni presentación, les hizo la siguiente pregunta: «¿Quieren conocer el fundamento de esta victoria espiritual?». Su respuesta inmediata fue: «Sí».

El desconocido los guio entre la multitud, abriéndose paso hasta llegar detrás de la plataforma donde se estaba predicando el mensaje de Jesucristo. Allí debajo se encontraban cientos de personas que llevaban muchas horas de intercesión profunda, orando, llorando, clamando y gimiendo junto a María, mi esposa, que los acompañaba.

Al ver eso, el individuo, al cual nunca más volverían a ver, les dijo: «He aquí el secreto».

Desde el principio de nuestro ministerio, Dios nos mostró que la oración y la intercesión profunda eran parte vital de la victoria espiritual que Él nos daría. Al oír ese relato, el Señor volvió a confirmarme esa preciosa verdad.

Mucho se ha hablado acerca de la oración. Sabemos, además, que hay variadas maneras de orar y distintos tipos de oración, pero yo quiero hablarle acerca de la intercesión. La intercesión nace en el mismísimo altar de Dios, cuando hay un corazón que sufre por los perdidos, que padece por ver al mundo caminar hacia la perdición, sin esperanzas.

Si miramos la Palabra del Señor, encontraremos enseñanzas acerca de lo que es la verdadera intercesión.

EL FUEGO ARDERÁ CONTINUAMENTE

En Levítico 6:12-13 leemos lo siguiente: «*Y el fuego encendido sobre el altar no se apagará, sino que el sacerdote pondrá en él leña cada mañana, y acomodará el holocausto sobre él, y quemará sobre él las grosuras de los sacrificios de paz. El fuego arderá continuamente en el altar; no se apagará*». La obligación del sacerdote era mantener la llama encendida siempre, debía poner leña en el altar «cada mañana». Hay un altar encendido y es el altar personal, donde aquellos que oramos le pedimos a Dios por nosotros, por nuestra familia, por el país, por el gobierno, por la Iglesia, por los que sufren. La misma figura es válida para nuestras vidas en la actualidad, a pesar de que nuestro sacerdocio ya no es como en el Antiguo Testamento. Cada mañana debemos reavivar el fuego del altar. Si dejamos que se apague, estaremos fallando en cuanto al principio que Dios nos enseña. Debemos mantener nuestro altar, nuestra devoción a Dios, encendidos. No podemos dejarlo apagar bajo ningún concepto.

Muchas veces el apuro y las numerosas actividades hacen que nuestro tiempo de oración sea casi una obligación: «Señor, bendíceme en este día. Guarda mi vida, mi familia… Amén». Dios nos demanda otra cosa. Mantener el fuego encendido implica algo más de trabajo que solo acercarnos al altar.

Es sabido que el fuego es uno de los principales elementos que combaten las impurezas, los gérmenes y los microorganismos nocivos para la salud. «El fuego mata todo», dicen por ahí. Lo mismo ocurre con el fuego del altar: lo quema todo. Cuando nos encontramos frente al altar, ante el fuego encendido, el Señor se encarga de quemar todas nuestras impurezas.

Dios está buscando hombres y mujeres que se pongan de rodillas frente a Él, velando no solo por sus necesidades, sino intercediendo por aquellos que sufren. Cuando hacemos eso nuestra oración llega hasta el mismo trono de Dios. Al inclinar nuestra vida delante de Dios debemos procurar introducirnos a su presencia, llegar hasta su misma corte. Allí, donde todo el ejército de los cielos día y noche le adora; donde hay ángeles, arcángeles, querubines, serafines y ancianos. Junto a ellos debemos arrojarnos a los pies de Jesús. Si entendemos en nuestro corazón que hemos llegado a ese lugar, difícilmente podremos contener las lágrimas y la emoción, sabremos con certeza que Él nos está escuchando.

DIOS ESTÁ BUSCANDO SACERDOTES

El Señor nos ha levantado como reyes y sacerdotes. Conocemos muy bien nuestras funciones como reyes, los privilegios que podemos disfrutar, los beneficios y las promesas con las que contamos por gozar de esa función. Pero no es lo único que se menciona en Apocalipsis 1:6, también hay un sacerdocio. El pasaje dice que «nos hizo reyes y sacerdotes para Dios».

Fácil es hacer nuestra la realidad de que reinamos con el Señor Jesús, que nos ha puesto por cabeza, que podemos tomar todas las riquezas y bendiciones de su reino. Pero lo que el Señor busca en estos tiempos es sacerdotes. Aquellos que estén dispuestos no solo a gozar de las riquezas, sino a sacrificarse por otros; a quedarse sin el aplauso, porque nadie verá lo que están haciendo; o a perder la voz de tanto gritar diciéndole a Satanás que suelte las almas que tiene atrapadas.

Ambas cosas son nuestras tareas, funciones, privilegios y responsabilidades. Somos reyes (y muchos procuran serlo), pero también somos sacerdotes. ¿Y cuál es la función del sacerdote? Muy simple, el sacerdote es aquel que se interpone entre Dios y el hombre, haciéndose cargo de los pecados del pueblo. Ezequiel 22:30 lo dice así: «*Y busqué entre ellos hombre que hiciese vallado y que se pusiese en la brecha delante de mí, a favor de la tierra para que yo no la destruyese; y no lo hallé*». Dios busca hombres y mujeres valientes que quieran exponerse delante de Él y no solamente gozar de sus bendiciones.

En las Escrituras tenemos muchos ejemplos de verdaderos sacerdotes. Encontramos un Moisés que, en repetidas ocasiones, se presentaba ante Dios para reclamar por su pueblo. Veamos algunos pasajes bíblicos pertinentes:

Entonces Moisés se volvió a Jehová, y dijo: Señor, ¿por qué afliges a este pueblo? ¿Para qué me enviaste? Porque desde que yo vine a Faraón para hablarle en tu nombre, ha afligido a este pueblo; y tú no has librado a tu pueblo.

—ÉXODO 5:22-23

Entonces clamó Moisés a Jehová, diciendo: ¿Qué haré con este pueblo?

—ÉXODO 17:4

Entonces volvió Moisés a Jehová, y dijo: Te ruego, pues este pueblo ha cometido un gran pecado, porque se hicieron dioses de oro, que perdones ahora su pecado, y si no, ráeme ahora de tu libro que has escrito.

—ÉXODO 32:31-32

Entonces el pueblo vino a Moisés y dijo: Hemos pecado por haber hablado contra Jehová, y contra ti; ruega a Jehová que quite de nosotros estas serpientes. Y Moisés oró por el pueblo.

—NÚMEROS 21:7

Cuando el pueblo sufría hambre, Moisés clamaba a Dios. Cuando el pueblo tenía sed, Moisés intercedía delante de Dios. Siempre que los israelitas se veían en aprietos y sufriendo, allí estaba Moisés cargando con todos los reclamos del pueblo, haciéndose responsable de ellos frente a Dios.

Daniel fue otro fiel sacerdote de Dios. Sin haber cometido los pecados del pueblo, los hizo propios al clamar en ayuno, lloro y ceniza por el perdón de Dios. Así lo indica en Daniel 9:3-5, 16-17:

Y volví mi rostro a Dios el Señor, buscándole en oración y ruego, en ayuno, cilicio y ceniza. Y oré a Jehová mi Dios e hice confesión diciendo: Ahora, Señor, Dios grande, digno de ser temido, que guardas el pacto y la misericordia con los que te aman y guardan tus mandamientos; hemos pecado, hemos cometido iniquidad, hemos hecho impíamente, y hemos sido rebeldes, y nos hemos apartado de tus mandamientos y de tus ordenanzas ... Oh Señor, conforme a todos tus actos de justicia, apártese ahora tu ira y tu furor de sobre tu ciudad Jerusalén, tu santo monte ... Ahora pues, Dios nuestro, oye la oración de tu siervo, y sus ruegos; y haz que tu rostro resplandezca sobre tu santuario asolado, por amor del Señor.

Y podríamos hablar de tantos otros como Abraham, Débora, Jeremías, Joel, Elías y más; que no hicieron a un lado su función de sacerdotes, sino que se pusieron en la brecha, delante del Señor, para clamar por otros.

LA ORACIÓN QUE AGRADA A DIOS

Jesús mismo a través de una parábola quiso enseñarnos que, aunque existen muchas maneras de orar, solo una oración llega al corazón de Dios.

Dos hombres subieron al templo a orar: uno era fariseo y el otro publicano. El fariseo, puesto en pie, oraba consigo mismo de esta manera: Dios, te doy gracias porque no soy como los otros hombres, ladrones, injustos, adúlteros, ni aun como este publicano; ayuno dos veces a la semana, doy diezmos de todo lo que gano. Mas el publicano, estando lejos, no quería ni aun alzar los ojos al cielo, sino que se golpeaba el pecho diciendo: Dios, sé propicio a mí, pecador. Os digo que este descendió a su casa justificado antes que el otro...

—Lucas 18:10-14

Orar es más que presentarnos ante Dios para formular peticiones de manera flemática, indiferente. Es derramar nuestra alma con llanto, sabiendo que nada somos delante de Él. Como aquel publicano que lo único que podía hacer era llorar y golpear su pecho, clamando por perdón. Una oración intensa, profunda, nacida del corazón, es la que recibe respuesta de parte de Dios.

Muchas veces nuestra oración es una sucesión de palabras, algo que brota de la mente. Pero la intercesión profunda solo podremos experimentarla cuando hayamos visto el sufrimiento por el cual estamos pidiendo. ¿Cómo puedo orar por un drogadicto si nunca vi a uno morir en un hospital o si nunca sentí a una madre llorar pidiendo desesperadamente ayuda por su hijo? Sabemos que cuando la droga entra en un hogar destruye, no solo a aquel que está preso por las cadenas de la adicción, sino que el dolor y el sufrimiento acaban también con los que lo rodean, con toda la familia.

Por tanto, no puedo interceder verdaderamente por un hombre preso del alcohol hasta que no sepa o no haya visto la violencia que existe en un hogar cuando alguien es alcohólico. Toda la familia padece violencia, agresión y dolor, al ver la degradación de su ser amado.

Cuando oro por los matrimonios, por las familias, lo primero que viene a mi mente es aquello que he visto cientos de veces en las campañas: niños llorando, halando mis pantalones, pidiéndome que ore para que mamá o papá vuelvan a casa, para que tengan nuevamente una familia. Entonces sé por qué pedir, cómo orar, cómo interceder. No me es difícil gemir, porque estoy viendo el efecto que produce un matrimonio destruido. Lo mismo siento cuando entro a un hospital y me acerco a una camilla a orar por un enfermo.

No nos será posible interceder si en nuestros oídos no sentimos ese grito de dolor, el alarido desgarrador de aquel que sufre, si no podemos ver sus caras agonizando, esperando solo la muerte; personas que están en agonía, gritando de dolor por la enfermedad, pidiéndonos ayuda.

Si está dispuesto a interceder, prepárese una toalla bien grande porque la va a empapar con lágrimas. Cuando sintamos el dolor y suframos por ello, no podremos menos que clamar con llantos y gemidos. La Palabra dice: *«Los que sembraron con lágrimas con regocijo segarán»* (Salmos 126:5).

Algunos piensan que el secreto está en el tiempo que se invierte en la oración. Pero la cantidad de horas repitiendo palabras no es lo importante, sino cómo se realiza esa oración. Yo valoro más una o dos horas de oración con intensidad, con gemidos, con lágrimas que ocho o diez de una oración que al final nadie soporta.

Fue en tiempos de intercesión cuando Dios me mostró una visión: Veía ante mí un globo terráqueo, de aspecto gelatinoso, que latía como un corazón. Desde el interior de ese «pequeño mundo» salían alaridos, gritos de terror, de pánico, de dolor, de desesperación; gritos de alguien que era violado o que estaba muriendo; clamores y alaridos de todo tipo y calibre. En medio de todo eso, oí una voz que me dijo: «El mundo gime, ¿a quién enviaré?». Tres veces consecutivas escuché la misma voz y el mismo llamado. Recuerdo que en ese momento, luego de escuchar por tercera vez la misma pregunta, dije: «Señor, envíame a mí, yo iré». Por supuesto, no me imaginaba lo que iba a pasar posteriormente. Simplemente dije: «Señor, envíame a mí».

Dios sigue con esa misma expectativa, buscando gente que esté dispuesta a sacrificar su tiempo, no solo para predicar el evangelio sino para interceder, para gemir, clamar, llorar por aquellos que están en necesidad.

La Biblia enseña que el propio Jesús, al elevar sus oraciones al Padre, lo hacía de esta manera: «*Y Cristo, en los días de su carne, ofreciendo ruegos y súplicas con gran clamor y lágrimas al que le podía librar de la muerte, fue oído a causa de su temor reverente*» (Hebreos 5:7). Tomemos como sumo ejemplo a nuestro Salvador y comencemos a orar, clamar, gemir, llorar con gran clamor y lágrimas por aquellos que se pierden. No dejemos pasar un solo día sin que esto sea una realidad en nuestras vidas.

El mundo gime... ¿A quién enviaré?

BREVE HISTORIA DE NUESTRO MINISTERIO

La historia de nuestro ministerio comienza el 29 de mayo del año 1979, en la ciudad de San Justo, cuando Carlos Annacondia y esposa María entregaron su vida a Cristo y Dios comenzó a cambiar la historia de ellos y de su familia. A la semana de haber conocido al Señor, en una reunión íntima muy pequeña, en la que se encontraban algunos de los nuevos convertidos orando a Dios por el Espíritu Santo, Dios bautizó a Carlos y a María con su Espíritu Santo. A partir de ese momento nada fue igual.

El fuego de Dios comenzó a arder en sus corazones y la pasión por predicar el evangelio comenzó a inundarlos. En ese mismo momento, mientras Carlos Annacondia era bautizado por el Espíritu Santo, Dios le dio una visión en la que divisó multitudes en diferentes partes del mundo. Sin entender lo que eso quería decir, comenzaron a vivir una nueva realidad de vida aferrados a la mano del Espíritu Santo.

A los días de haber ocurrido ese encuentro personal con Dios, el evangelista Carlos Annacondia comenzó a visitar los hospitales con el fin de predicar y orar por los enfermos confinados allí. Así fue como Dios empezó a hacer milagros y las multitudes se convertían al evangelio viendo las cosas que Jesús hacía.

En el transcurso de los años, Dios siguió haciendo cosas maravillosas a través de la predica de este ya diácono de la iglesia, que se encargaba de visitar amigos, familiares y gente necesitada con el objeto de predicarles el poderoso evangelio de Jesucristo. En ese tiempo Dios, a través de diferentes palabras y profecías, iba confirmando el llamado ya dado a este sencillo hombre y a su esposa.

Un día inesperado, un matrimonio pastoral llegó a la iglesia donde la familia Annacondia se congregaba, y le pidió al pastor de la iglesia que le permitiera al diácono Carlos Annacondia que fuera a predicar a unas reuniones evangelísticas que realizarían. El problema era que Annacondia no era evangelista, sino un simple diácono de la iglesia, pero ese matrimonio insistió diciendo que Dios le había mostrado en sueños que él era el indicado para ir a predicar a su pequeña congregación, ubicada en un lugar muy pobre del Gran Buenos Aires.

Así fue como se preparó todo y, llegado el día, sucedieron los acontecimientos. Allí Dios hizo milagros increíbles y liberaciones asombrosas. Algunos pastores que estuvieron en esas reuniones creyeron oportuno unirse para invitar a ese diácono a celebrar reuniones de sanidad y liberación al aire libre. Así fue como comenzaron a llegar las invitaciones, y empezaron a organizarse las cruzadas en distintos lugares muy humildes del Gran Buenos Aires. El tiempo fue haciendo que los milagros y las liberaciones extraordinarias trascendieran la provincia y luego el país. Así comenzaron a llegar invitaciones de muchos lugares de Argentina como también de todo el mundo.

Treinta y nueve años se cumplen en este 2021, desde ese pequeño comienzo un 2 de abril del año 1982. Una fecha en la que Argentina estaba comenzando la tan conocida Guerra de las Malvinas, un año triste para la Argentina. Pero un año en el que Dios estaba comenzando a realizar cosas increíbles que luego estremecerían a millones de personas en todo el país y más adelante al mundo entero.

Cuando Dios empezó a usar a ese empresario, dado que Carlos Annacondia continuaba con su empresa, el Señor comenzó a marcarle pautas muy claras de trabajo, que hasta el día de hoy son fuertes bases de este ministerio. Algunas de ellas son: la predica del evangelio respaldada por las señales prometidas por Jesús, para que miles de inconversos puedan llegar a conocer al único Camino; el servicio a la Iglesia de Jesucristo y trabajar en forma incansable por la unidad de la Iglesia de Jesucristo, conscientes de que esta es una de las bases más importantes para ver el avivamiento hecho realidad.

Así fue como se comenzó a trabajar, con estas bases espirituales, para servir a la Iglesia en muchos lugares, y a su vez buscando la unidad pastoral en todas las ciudades donde se realizaban las campañas. Dios comenzó a respaldar el trabajo en unidad y las ciudades fueron conmovidas por campañas de 30, 40, 50 y hasta 60 días ininterrumpidos de trabajo por amor a Dios y a las almas que necesitaban a Jesús.

Desde entonces y hasta ahora, sin parar, la historia continúa escribiéndose, las cruzadas evangelísticas se suceden en decenas cada año, y la tarea es mayor a medida que el tiempo transcurre. Dios no ha dejado de desafiarnos y animarnos a hacer más en su obra cada día que transcurre.

Hay algo que como ministerio queremos declarar en cada lugar, luego de cada cruzada y tras cada testimonio y cada vida salvada; tenemos que decir: ¡A Dios sea toda la gloria por lo ocurrido y por lo que vendrá!

ACERCA DEL AUTOR

Carlos Alberto Annacondia nació el 12 de marzo de 1944 en la localidad de Quilmes, provincia de Buenos Aires, Argentina. Hijo de Vicente Annacondia y María Alonso. Sus dos hermanos son Ángel y José María. En 1970 se casó con María Rebagliatti, con quien tiene nueve hijos.

En 1977 funda su empresa comercial en la misma ciudad donde nació. Esta se convierte en una de las más importantes del país en su campo. Conoció al Señor en una campaña celebrada el 19 de mayo de 1979. A partir de allí comenzó su servicio a Dios.

El 30 de abril de 1982 inicia su ministerio de evangelización y, en 1984, se funda el hoy conocido ministerio «Mensaje de Salvación». Desde entonces, comenzó a celebrar campañas multitudinarias en todo el mundo. Se calcula que, en sus campañas, alrededor de dos millones de personas han aceptado a Cristo como su Salvador.

PARA CONTACTAR AL AUTOR ESCRIBA A:

Asociación Evangelística Mensaje de Salvación
Evangelista Carlos Annacondia
Urquiza 1547. Quilmes (1879).
Provincia de Buenos Aires, Argentina

O en las redes sociales, en:

@cannacondia

@CAnnacondia

@cannacondia

PRESENTAN:

Para vivir la Palabra

w w w . c a s a c r e a c i o n . c o m

Te invitamos a que visites nuestra página web, donde podrás apreciar la pasión por la publicación de libros y Biblias:

www.casacreacion.com

f @CASACREACION

t @CASACREACION

@CASACREACION

Para vivir la Palabra